DR. A

NUBES NEGRAS

NEGRAS

CON INTERIOR DE PLATA

La depresión puede ser una emoción
sanadora cuando usted sabe
cooperar con ella.

EDITORIAL
UNILIT

Publicado por
Editorial **Unilit**
Miami, Fl. 33172 U.S.A.

Primera edición 1996

Originalmente publicado en inglés con el título:
Dark Clouds, Silver Linings por Focus on the Family Publishing
Colorado Springs, Colorado 80995

Los nombres de las personas y ciertos detalles de casos de estudio
mencionados en este libro han sido cambiados para proteger la privacidad
de las personas envueltas.

Traducido al español por Silvia Bolet de Fernández

Citas bíblicas tomadas de Reina Valera
revisión 1960 © Sociedades Bíblicas Unidas
Usada con permiso

Producto 498593
ISBN 1-56063-570-3
Impreso en Colombia
Printed in Colombia

Contenido

Reconocimientos

*T*engo una profunda deuda de gratitud con el Dr. Carl Tracie, quien me ayudó a recopilar las preguntas para este libro. El también consiguió y editó las historias de la *Sección tercera*, las cuales aportan un toque personal a las sugerencias que estoy presentando en este libro. A pesar de que he revisado considerablemente el material desde que fuera publicado por primera vez, todavía sigo agradecido al Dr. Tracie por su inmensa contribución y continuada amistad a través de los años.

También estoy en deuda con Paul Schultheis, quien publicó el trabajo original, por darme permiso para utilizar el material de ese libro. Sé que su oración es que este material continúe siendo de bendición al pueblo de Dios.

Finalmente, estoy en deuda con Nova Hutchins, mi secretaria, por su inmensa ayuda en completar este proyecto. Su incansable servicio a Dios es cómo un ministerio hacia mí.

ARCHIBALD D. HART

Introducción

La depresión es epidémica. Uno de cada 18 adultos en los Estados Unidos –cerca de 10 millones de personas– sufre de depresión, un problema que parece estar en aumento. El frenético estilo de vida de nuestra sociedad, en combinación con la desintegración de los valores tradicionales, está cobrando sus víctimas. La vida es demasiado incierta, y sus muchas desilusiones producen una desagradable sensación de pérdida. Muchas de nuestras pérdidas son tangibles, cosas como empleos y amistades. Más significativas son nuestras pérdidas abstractas, tales como la seguridad, el valor personal y el control de las situaciones. En nuestra cultura americana quizás hayamos entrado en nuestra propia «Gran Depresión» a nivel emocional.

Hablando en términos económicos, el costo global de «estar deprimido» en los Estados Unidos se estima en más de dieciséis mil millones de dólares anuales. Estimar el costo emocional y humano de la depresión –tanto en las vidas de los que la sufren como en las vidas de los miembros de sus familias a quienes afecta– es imposible. Esas vidas frecuentemente se resquebrajan a tal punto que las familias se desbaratan, y muchos ven sus existencias como si estuvieran patas arriba.

En el pasado, la depresión estuvo siempre asociada con un severo colapso mental y parecía estar limitada a unas cuantas personas mal adaptadas y usualmente anónimas. Hoy en día ha asumido una identidad real, familiar y muy personal. La hallamos con inquietante frecuencia en nosotros mismos, así como en nuestros parientes y amistades.

La depresión no respeta edad, ni sexo, ni ocupación. Estamos observando un alarmante aumento en la depresión infantil. De hecho, el rejuvenecimiento y el envejecimiento de la depresión son dos de sus características que más asustan. Ya no es simplemente un problema de la mediana edad o de la vejez.

Nada es más difícil de combatir que la depresión. Para algunos llega súbitamente, en ocasiones sin previo aviso. Para otros va apareciendo poco a poco, sutilmente, a través de los meses. Para cuando nos damos cuenta, ya estamos en sus garras, nos ha robado la energía para pelear y nos ha nublado la mente para entenderla. Nos tira al piso antes que tengamos la oportunidad de defendernos.

Sin embargo, asombrosamente, sólo una tercera parte de las personas severamente deprimidas buscan ayuda. Algunas no saben que se las puede ayudar. Otras no saben con exactitud cómo clasificar lo que sienten. La mayoría no busca tratamiento porque están muy deprimidas y se sienten demasiado desesperanzadas y abatidas para creer que se pueden mejorar. Muchos prefieren hacerle frente en sus propias fuerzas por meses y años, en lugar de buscar tratamiento.

Entre estas personas deprimidas y sin tratamiento se encuentran, desde luego, muchos cristianos. Ellos no se dan cuenta de que, con el tratamiento adecuado, pueden reponerse en cuestión de semanas, y muchos podrían evitar recaídas en episodios de depresión. Es lamentable que no busquen ayuda.

¿Qué puede hacer usted en cuanto a la depresión? ¿Cómo puede hacerle frente, y al mismo tiempo ayudar a otros a que lo hagan? *Nubes negras con interior de plata* está diseñado para ayudarlo a usted a hacerle frente desde una perspectiva cristiana. Quiero desenmascarar a este adversario y revelar sus complejas (aunque comprensibles) naturaleza y causas. El material que sigue a continuación lo va a ayudar no solamente a sobrevivir en la batalla, sino también a emerger como un guerrero más saludable y sabio.

Este libro está dividido en tres secciones principales. En la primera brindo respuestas a las preguntas más generales en cuanto a la depresión: en especial aquellas que tienen que ver con su definición, naturaleza y causas. También he incluido algunos capítulos acerca de la depresión en la mujer, los niños y los adolescentes.

En la segunda sección ofrezco un vistazo sistemático acerca de cómo podemos traer sanidad a nuestras depresiones. El capítulo 9 está dirigido específicamente a los cónyuges o amistades que desean comprender y brindar apoyo a las personas deprimidas. Sin embargo, esta particularidad no tiene la intención de restringir el uso de las distintas partes. Cualquier persona que sufra de depresión se habrá de beneficiar leyendo todo el material.

En la tercera sección, tres personas muy conocidas describen sus experiencias con la depresión y nos muestran cómo, con la ayuda de Dios, obtuvieron la sanidad. Joni Eareckson Tada luchó contra la depresión resultante de un accidente que la dejó permanentemente paralizada de los hombros hacia abajo. La depresión de Florence Littauer fue consecuencia del nacimiento de dos hijos con severas lesiones cerebrales. Los ministros cristianos se pueden deprimir también, y la historia de Ben Patterson ilustra cómo la fatiga, la tensión y la enfermedad pueden inmovilizar hasta a un exitoso pastor cristiano a través de la depresión. Usted recibirá aliento al ver la manera en que Dios, en formas muy prácticas, usó la depresión para enseñar y fortalecer a estas personas, y las preparó para un ministerio más efectivo hacia los demás.

Una lectura cuidadosa y en oración de este material no solamente lo ayudará a comprender mejor la depresión, sino que también lo ayudará a entenderse a sí mismo. Dios nos suple de recursos espirituales para que podamos hacerle frente a la depresión. Para usar estos recursos con eficacia necesitamos comprendernos a nosotros mismos y saber cómo funcionan nuestras mentes y nuestros cuerpos. Es mi oración que usted llegue a ser un consejero más efectivo y comprensivo, y a la vez amigo de aquellas personas deprimidas que lo rodean. Pero sobre todo, oro pidiendo que usted pueda llegar a comprender que el crecimiento a través del trauma de la depresión solamente es posible de lograr en el contexto de la fe en Jesucristo.

Preguntas y respuestas sobre la depresión

Si usted es una persona promedio, habrá de experimentar una depresión importante por lo menos una vez en su vida. Típicamente, usted responderá de dos formas: se entregará a ella, sumergiéndose en desesperanza y autoconmiseración, o apretando sus dientes espirituales y emocionales, peleará contra ella con toda su fuerza de voluntad.

La primera forma de responder casi de seguro resultará en una batalla con la depresión más larga que lo necesario. La segunda forma posiblemente le garantizará acumulación de sentimientos de culpa y frustración, los que se manifestarán en una de dos maneras: un creciente aumento en la intensidad de la depresión, o en el desarrollo de una variedad de dolencias físicas –tales como presión alta, úlceras, «problemas con los nervios»– que parecen no tener orígenes identificables.

En muchas ocasiones, no se dará cuenta de que su problema es depresión. Esa es la naturaleza de la depresión. Es difícil reconocerla.

Usted tal vez también tenga amistades y parientes propensos a la depresión. Una parte suya tiene temor de la melancolía de ellos. Usted no sabe cómo interpretarla. Le gustaría ayudarlos, pero no sabe qué hacer ni qué decir. De hecho, si en verdad es sincero, debe admitir que tiene miedo de lo que les ocurre. Después de todo, no están actuando como lo hacen normalmente. ¿Debe compadecerse de ellos o intentar sacarlos de su melancolía con algunas palabras fuertes? Lo más probable es que usted tenga miedo de que algo que diga o haga sea incorrecto y solamente sirva para causar más daño. Pero no haciendo nada, ¿no está usted ayudando a prolongar esa depresión?

Si está luchando con depresión en su vida, la sección primera lo ayudará a desarrollar una comprensión más exacta de su naturaleza y propósito. Aprenderá que la depresión es parte de un sistema de aviso, una respuesta normal a eventos en su vida que apuntan a valores y actitudes que necesitan atención. Aprenderá a reconocer los síntomas de la depresión en su etapa inicial; qué provoca la depresión, y cómo debe ser tratada.

UNO

La depresión:
su naturaleza y sus síntomas

Comencemos explorando la naturaleza de la depresión. ¿Qué es? ¿Cómo se siente? ¿Cuáles son sus síntomas? Si usted es como muchas personas, podría no reconocer su propia depresión por lo cual necesitaría que otro lo ayudara a comprender la situación. Si la reconociera, podría considerarla como una condición «ajena» a usted, un indicio de debilidad o de fracaso.

Las preguntas y respuestas que aparecen aquí tienen la intención de brindarle un entendimiento exacto de la depresión y de rectificar conceptos erróneos que pudiera tener en cuanto a esta condición tan común.

¿Qué es la depresión?

La depresión es la más complicada de todas nuestras emociones y sin embargo, es uno de los problemas sicológicos más comunes que cualquier persona pueda experimentar. Alguien ha llamado a la depresión el «resfriado» de nuestras emociones.

Es un sentimiento de pesadumbre o tristeza que usualmente va acompañado de una disminución en las reacciones de nuestro cuerpo. No es simplemente un asunto de la mente, sino que se siente a través de todo el cuerpo. La sentimos tanto en la mente como en el estómago. Todos hemos sido creados para experimentar la depresión. En algún momento de sus vidas, posiblemente dos de cada diez personas habrán de experimentar una depresión lo suficientemente seria como para que obstruya el curso normal de su vida.

¿Cuál es la naturaleza de la depresión?

La depresión puede ser vista como un síntoma, una enfermedad o una reacción. Como síntoma, es parte de un sistema de aviso de nuestro cuerpo, llamando la atención hacia algo que está mal. Nos pone sobre alerta en cuanto a que ha habido algún tipo de violación; que algo se ha perdido. También puede ser un síntoma de que algo anda mal en nuestro organismo. A la depresión la acompaña una amplia variedad de desórdenes físicos, tales como influenza (gripe), cáncer y ciertos trastornos de nuestro sistema endocrino.

No obstante, la depresión es además una enfermedad en sí misma. Su forma más severa, la depresión sicótica, constituye una categoría de enfermedad por sí sola. Conocida como *depresión mayor*, tiene dos formas: la depresión *unipolar* (la persona se deprime gravemente) y la depresión *bipolar* (donde concurren alternadamente períodos de conducta depresiva y maniática)

Finalmente, la depresión puede ser una reacción a lo que sucede en la vida, o más específicamente, a pérdidas significativas que uno experimenta. Esta última forma es conocida como *depresión reactiva*. Esta es la clase de depresión con la cual la mayoría de las personas tienen que lidiar en la vida diaria. Si somos sanos en el aspecto emocional, lidiamos con las pérdidas rápidamente, y la depresión nos dura poco tiempo. De lo contrario, se prolonga y puede aun empeorarse o convertirse en algo crónico.

¿Existen diferentes categorías de depresión?

Hablando en sentido amplio, existen tres categorías mayores de depresión. La primera es la *depresión endógena*. Esta viene de adentro del cuerpo. Por lo general se entiende que es ocasionada por trastornos bioquímicos en el cerebro, el sistema hormonal o el sistema nervioso. Algunas son consecuencia directa de las infecciones o de cierta enfermedad. No entendemos completamente cómo puede ser trastornada la química en el cerebro, pero estas depresiones responden tan bien a medicamentos antidepresivos, que por lo general se acepta que tienen una base bioquímica.

Estas depresiones frecuentemente ocurren en forma cíclica. De vez en cuando la persona se deprime, sin haber –aparentemente– razón alguna para ello. Estas depresiones se agravan por la fatiga y la tensión.

Las depresiones sicóticas son la forma más severa de depresiones endógenas. No tienen nada que ver con la clase de personalidad que uno tenga, y pueden ocurrirle aun a la persona más alegre y activa. Se les llama sicóticas porque sus síntomas son extremadamente severos. A menudo la persona tiene delirios de estar desvalida y rodeada de una maldad tan descomunal que resulta evidente que la persona está fuera de contacto con la realidad.

La segunda categoría de depresiones se conoce como *depresiones exógenas* (que significa «desde afuera»). Estas son reacciones a lo que sucede externamente; son las depresiones que experimentamos en el diario vivir. Son sicológicas.

Yo las describiría como una forma de *pesar*. Son reacciones a pérdidas –parte del proceso de aflicción a través del cual llegamos a aceptar esas pérdidas. Es un proceso de «desahogo». Nos lleva a un estado de ánimo bajo para que podamos dar solución a nuestra experiencia de pérdida. Esta es una categoría de depresión tan importante que le he dedicado la mayor parte del capítulo 2.

La tercera categoría de depresiones se conocen como *depresiones neuróticas*. Estas difieren de las reactivas en que son respuestas a las tensiones y ansiedades de la vida que se van acumulando a través de un largo período. Ocurren cuando no sufrimos por nuestras pérdidas en una forma sana. En lugar de darles solución, desarrollamos un estilo de vida caracterizado por autocompasión. Comenzamos a envolvernos en sentimientos de tristeza. Nos retraemos hacia la depresión como una forma de escapar de la ansiedad.

Como podrá apreciar claramente, la depresión neurótica es malsana. Se alimenta de su propia miseria. La persona que la sufre rehúsa salir de la cama y enfrentarse a la vida. Hay un marcado sentimiento de temor, y los sentimientos depresivos son un escapismo. Estas depresiones, por lo tanto, son crónicas y pueden terminar siendo patrones de vida con el paso del tiempo. Son también las más difíciles de tratar, especialmente si quien las sufre no desea que se lo ayude.

A medida que avancemos, las diferencias entre las distintas clases de depresiones se harán más claras.

¿Por qué la depresión es tan difícil de diagnosticar?

Como la depresión puede asemejarse a otras enfermedades, frecuentemente no se la diagnostica como tal durante mucho tiempo. Entre las enfermedades que puede «imitar» se encuentran problemas generales de salud, desórdenes del sistema nervioso central, problemas gástricos, musculares, cardíacos, respiratorios y aun problemas de la piel. La depresión se puede disfrazar de ira, dolor de cabeza, dolor de espalda, fatiga, irritabilidad, hipersensibilidad y una amplia variedad de sensaciones de molestia.

El tracto gastrointestinal (estómago–colon) es un lugar donde comúnmente suelen ocurrir síntomas de depresión. A menudo hay pérdida de peso o lo opuesto, aumento de peso. La comida y las bebidas alcohólicas son tranquilizantes habituales usados para encubrir la depresión. En ocasiones sus síntomas son meramente un nudo en la garganta o dificultad para tragar.

Otros síntomas que pueden enmascarar a la depresión son:

- Crujir de los dientes, con dolor en los músculos del maxilar.

- Aclararse la garganta frecuentemente de secreciones en la parte de atrás de la misma.
- Intolerancia hacia algunas comidas por su textura.
- Tragar demasiado aire, con la consiguiente hinchazón del estómago que conduce a una sensación de llenura estomacal.

Distintos tipos de dolores de cabeza frecuentemente enmascaran a la depresión. En ocasiones la persona con depresión se somete a una variedad de exámenes neurológicos, del cerebro, de la columna vertebral y otros similares, pero el verdadero problema por lo general escapa al médico.

¿Es la depresión una enfermedad mental?

La mayoría de las depresiones no son formas de enfermedades mentales. Sólo las más severas pueden ser llamadas así. Realmente no me gusta esa terminología ya que no siempre se puede apreciar con claridad en qué punto de la escala de intensidad –de mediana a severa– podemos afirmar con certeza que la depresión es una enfermedad mental. A menudo la depresión es una enfermedad biológica. Pero cuando es tan grave que altera la vida de una persona, hasta el punto de impedirle trabajar, o de poner en peligro su vida, entonces ciertamente puede ser considerada una enfermedad mental.

La mayoría de nosotros sufrirá, en algún momento, de depresión «normal», y sería inapropiado que en ese caso nos clasificáramos como «enfermos mentales».

¿En qué se diferencian la depresión y el pesar?

El *pesar* (o proceso de aflicción) es una forma de depresión reactiva. No todas las depresiones incluyen pesar, pero no puede haber pesar sin depresión o tristeza. Una particularidad notable es que en la aflicción propiamente dicha, hablando en sentido hipotético, no hay sentimientos de culpa o pérdida de la autoestima. En la depresión, sin embargo, hay una tendencia hacia los sentimientos de culpa y de poco mérito personal. Pocas veces se da el pesar o congoja puros, así que aun los que están en tiempo de duelo experimentan sentimientos de culpa ante la pérdida de algún ser querido, y cierto grado de indignidad y poco mérito personal.

¿Cuándo un sentimiento de pesar apropiado se convierte en depresión inapropiada?

Mayormente bajo dos condiciones. Primeramente, cuando nos culpamos a nosotros mismos de no haber sido lo suficientemente amorosos, amables, etc. hacia nuestros seres queridos que han fallecido, o cuando nos sentimos culpables por cosas que les hicimos mientras estaban vivos. Entonces vamos del pesar por la pérdida, hacia las redes de sentimientos enfermizos por algo que ya no podemos arreglar.

Segundo, el pesar se convierte en depresión inapropiada cuando el proceso del pesar dura demasiado tiempo. Esto generalmente es el resultado de excesivos sentimientos de culpa.

¿Es la melancolía una forma de depresión?

Sí, aunque en menor escala. Por ejemplo, muchos experimentan la llamada «melancolía de los lunes» al prepararse para enfrentar los rigores de la semana. Para algunos, estas melancolías son los períodos bajos en su ciclo de emociones normalmente seguidos por períodos altos de gran agitación. Estos ciclos son normales y están determinados por nuestra fisiología particular, hasta cierto punto por el clima, por las infecciones, y muchas otras circunstancias. Son formas en que el cuerpo regula nuestras funciones de inmunidad y nos obliga a descansar. Estas melancolías no deben alarmarnos. Si cooperamos con ellas, mejoraríamos nuestro estado general de salud en cuerpo y mente.

¿Podemos estar ansiosos y no estar deprimidos?

La ansiedad y la depresión son emociones distintas, pero pueden coexistir. Podemos estar ansiosos pero no deprimidos, y deprimidos y no ansiosos. Cuando coexisten, como en el caso de depresión con mucha ansiedad, estamos ante una condición muy perturbadora llamada *depresión agitada*. La ansiedad intensifica la depresión y entorpece mucho la actividad.

¿Cuál es la relación entre la depresión y lo que comúnmente se conoce como un «colapso nervioso»?

Existe una compleja relación que se hace todavía más confusa por la imprecisa definición de la frase *colapso nervioso*. La frase es usada en forma corriente para describir muchos problemas. Pueden ser problemas sicológicos o físicos. Se usa frecuentemente para describir un agotamiento extremo, cuando por causa de uno de los mecanismos del cuerpo, el individuo se ve incapacitado para continuar haciendo frente a las demandas de la vida.

Pero la relación entre la depresión y el colapso nervioso es todavía más compleja. En ocasiones, la depresión acompaña al colapso nervioso. Otras veces, es la causa de un colapso nervioso. En otras palabras, un colapso nervioso es simplemente un caso severo de depresión. La reacción de la persona hacia una pérdida es depresión, lo cual la pone en una espiral descendente hasta que su cuerpo ya no la puede sustentar más. Esto lleva al colapso por el cansancio extremo y la fatiga.

En ocasiones, el colapso nervioso es un desorden sicótico —como la esquizofrenia, una grave enfermedad biológica tratable en la mayoría de los casos. No existe conexión entre la esquizofrenia y la depresión de la que estoy hablando aquí.

¿Cuáles son los primeros síntomas de la depresión?

Lo curioso de la depresión es que generalmente no podemos reconocerla en sus comienzos. Sólo cobramos consciencia de ella cuando está completamente desarrollada. Una de las primeras señales de peligro es descubrir que estamos yendo cada más profundamente hacia la depresión. Este aumento en la intensidad debe alertarnos al hecho de que algo anda mal.

No podemos quitarnos la sensación, y gradualmente se pone peor.

¿Es posible estar deprimido y no saberlo?

Desde luego que sí. De hecho, es muy común. La depresión elude el reconocimiento. Parece como si opacara la conciencia de nuestros sentimientos. Además, el ánimo caído, la tristeza que normalmente asociamos con la depresión, es por lo general un aspecto muy insignificante de la misma. Es posible que las personas no se den cuenta de que están deprimidas cuando no sienten la tristeza, y lo único que sienten es una sensación de letargo y de falta de interés.

¿Cómo puedo saber si estoy deprimido?

La mayoría de las personas con depresión no buscan tratamiento adecuado porque no saben identificar los síntomas de la depresión. Por lo general hacen un mal diagnóstico de su condición y buscan el remedio equivocado. Debido a que la depresión lo hace sentir a usted como si valiera poco como persona, es muy común espiritualizarla y echarle la culpa de ella a Satanás. Esto no ayuda mucho.

¿Cuáles son, entonces, los síntomas más comunes de la depresión?

- Tristeza persistente, ansiedad, una sensación de vacío.
- Sensación de desesperanza y pesimismo.
- Sentimiento de culpa, baja estima de sí mismo, desamparo (las personas deprimidas pueden comenzar a llorar por el motivo más insignificante).
- Pérdida del interés o del placer por cosas habituales, incluyendo las relaciones sexuales.
- Trastornos del sueño, tales como insomnio, despertarse muy temprano o dormir demasiado.
- Trastornos en los hábitos alimenticios (pérdida de apetito y peso, o bien aumento de peso y del apetito).
- Disminución de la energía, fatiga, lentitud.

- Pensamientos de muerte y suicidio, y hasta intentos de suicidio.
- Intranquilidad e irritabilidad.
- Falta de concentración, pérdida de memoria y dificultad en tomar decisiones.
- Síntomas físicos tales como dolores de cabeza, trastornos digestivos y dolores crónicos que no responden a tratamientos.

En casi todos los casos de depresión existe un estado de fatiga. Ese es uno de los síntomas principales. También existe una falta de interés general por la vida, falta de energía para llevar a cabo los deberes más corrientes o para emprender actividades normales. El deprimido se convierte en aletargado, pasa mucho tiempo acostado, rehúsa salir de la cama o trata de escapar mirando la televisión o haciendo actividades que no exigen esfuerzo.

¿Existen síntomas espirituales en la depresión?

Sí, y son tan importantes como los síntomas físicos y los sicológicos. Los síntomas espirituales pueden llevar a dos extremos:

1. El más común es retraerse de Dios; sentirse como que El nos rechaza. Esta reacción es provocada por la excesiva culpa sicológica que se experimenta en la depresión. Debido a que nos sentimos culpables, suponemos que Dios nos está castigando a través del rechazo. Esta idea irracional nos conduce a retraimiento de nuestra parte. Ponemos a un lado la Biblia; descuidamos la oración; no mostramos interés en cosas espirituales. Esta situación es desafortunada, porque nos aleja de la fuente misma que puede ayudarnos. Los deprimidos tal vez necesiten que se les asegure constantemente que Dios no los ha abandonado y que El está presente para ayudarlos y consolarlos.

2. La reacción opuesta es abrumarse con actividades espirituales. En un intento desesperado por volver a la normalidad o hacerle frente a la depresión, una persona se puede

volver fanática de cosas religiosas. Esto sirve para compensar sentimientos de culpa. Pasamos muchas horas en oración, no por el hecho de orar, sino para aquietar nuestra conciencia. No dejamos la Biblia tranquila. Nos aferramos a ella como si fuera un amuleto. Yo he conocido personas deprimidas que en su desesperación pasaban cinco, seis, hasta siete horas al día en oración y «con la Biblia en la mano», en su desesperación. Desafortunadamente, este involucramiento excesivo no es siempre saludable. Algunas personas se incapacitan con la preocupación por las cosas espirituales. Las convierten en rituales sin significado. Afortunadamente Dios comprende lo que nos sucede y lo acepta. Tenemos un Dios muy paciente, que no se ofende por nuestro mal uso de sus recursos. Hasta puede cambiar esto para nuestro bien; no siempre podemos entender sus caminos.

¿Es posible que la falta de concentración esté relacionada con cierta depresión no reconocida?

La depresión puede ocasionar problemas con la concentración y con otras actividades mentales. Debido a que la depresión nos aísla de lo que nos rodea, podemos llegar a sumergirnos tanto en nuestros propios pensamientos que no prestamos atención a lo que sucede a nuestro alrededor. Enfatizo, sin embargo, que la falta de concentración por lo general es causada por malos hábitos. Algunas personas sencillamente no prestan la suficiente atención; se distraen con facilidad. La ansiedad también puede interferir con la concentración. Cuando estamos preocupados, no podemos enfocar nuestra atención en lo que estamos haciendo.

¿Cuál es la secuencia de eventos cuando una persona se deprime?

Tal vez la mejor forma de entender lo que ocurre en la depresión sería separar lo que sucede en nuestro cuerpo de lo que sucede en nuestra mente, a pesar de que cuando hablamos de emociones y sentimientos, nos estamos refiriendo en realidad a una combinación de ambas.

En la depresión reactiva, nuestro proceso mental se afecta primero. Percibimos algún tipo de pérdida. Pensamos en ello (aunque sea por unos cuantos segundos) y nos damos cuenta de que ahora falta algo en nuestra vida. Tal vez hayamos perdido un empleo, o tal vez hayamos sido criticados o hayamos perdido aun la esperanza.

Estos pensamientos ocurren de forma paralela con ciertas alteraciones en nuestro cuerpo. No entendemos exactamente los sutiles cambios químicos que acompañan nuestro pensar, pero creo que ellos han sido diseñados por Dios para que aminoremos el paso, para retraernos de nuestro ambiente, haciendo que perdamos el interés en actividades normales de modo que podamos hacer frente a la pérdida.

La combinación de estos procesos (sicológicos y físicos) es lo que crea el sentimiento de depresión. Nos sentimos tristes y aletargados. Pero también ocurren intercambios entre estos dos elementos. Algunas sensaciones las sentimos por la manera en que nuestro pensar evalúa los cambios bioquímicos. Quizás no nos gusten esas sensaciones, así que se nos despiertan otras (tales como el enojo o la desilusión), y esas emociones a su vez afectan la manera de reaccionar de nuestro cuerpo. Así entonces, el ciclo continúa. Nos ponemos tristes, enojados y desilusionados, y nuestra autoestima disminuye.

Por eso hablamos de nuestras emociones «complejas». Cada cambio provoca otros cambios en la mente y el cuerpo, los cuales interaccionan para mantener en actividad el ciclo de emociones. Finalmente, cuando logramos controlar nuestro pensamiento, podemos detener este patrón negativo. Pero cualquiera sea el cambio bioquímico que haya comenzado, tardará en serenarse. Un proceso de reajuste debe tener lugar antes que la bioquímica del cuerpo sea restaurada a su nivel normal.

Por eso es tan importante que le demos tiempo a nuestro cuerpo para que se ajuste, después que hemos rectificado los componentes mentales de nuestra depresión. Aún nos sentiremos deprimidos porque la química corporal se ha alterado. Solamente después que el cuerpo se ha puesto a la par con la mente otra vez, entonces nos volveremos a sentir normales.

¿Existen etapas claramente definidas en la depresión?

La depresión es una sucesión de sensaciones. Va desde una tristeza moderada hasta un abatimiento severo. Abarca desde una melancolía menor hasta la forma más severa de trastorno mental. Pero esto no quiere decir que vamos de un nivel a otro. Es erróneo creer que terminaremos con una severa depresión tan sólo porque nos sentimos un poco desanimados. Hay grandes escalones entre los distintos niveles de depresión. Por ejemplo, la diferencia entre una depresión reactiva y una depresión sicótica grave es enorme.

No existe conexión entre las dos. Sin embargo, existen etapas identificables en la depresión reactiva. Comienza con una fase donde estamos muy ocupados analizando la pérdida que hayamos experimentado. Según comenzamos este proceso de aflicción, nos encontramos yendo en una forma cada vez más profunda hacia la depresión, a medida que las implicaciones de la pérdida se hacen más evidentes. Finalmente, sin embargo, «tocamos fondo» y comenzamos a poner las cosas en perspectiva según vamos aceptando la pérdida. Esta es la etapa de recuperación.

En realidad no podemos hablar de etapas en las formas severas de depresión. Ocurren súbitamente y se pueden intensificar en cuestión de días. Pero también pueden detenerse súbitamente, en especial cuando han sido tratadas con eficacia.

¿Cómo podemos identificar la intensidad de la depresión?

En este caso es de mucha ayuda clasificar la intensidad de la depresión en las siguientes categorías:

1. Depresión ligera: se caracteriza por un bajo estado de ánimo, o la pérdida temporal del interés en lo que nos rodea, junto con alguna sensación de desánimo. Por lo general nuestra forma de pensar no es alterada y se mantiene racional. Físicamente, experimentamos como un nudo en el estómago. Nuestros hábitos de alimentación y el sueño se mantienen medianamente normales. Espiritualmente, puede que nos aísle en forma temporal, pero no en una forma significativa. Nos parece que somos capaces de atravesar la depresión espiritualmente.

2. Depresión mediana: los síntomas antes mencionados se intensifican, pero la sensación de desesperanza se hace mucho más patente. Puede haber algún llanto, y el proceso de pensamiento es ahora algo lento y doloroso. Según nos ensimismamos, la depresión parece dominar nuestra vida. Emerge un poco de culpa. Hay cierto grado de pérdida del apetito. Podemos tener dificultad en dormir, pero cuando logramos hacerlo, logramos pasar la noche. En realidad no estamos incapacitados en forma alguna. En lo espiritual, tenemos tendencia a alejarnos de Dios. No oramos y rehusamos ir a la iglesia o el compartir en reuniones de compañerismo.

3. Depresión severa: todo lo ya mencionado ocurre pero con más intensidad. Tenemos una extremada tristeza, melancolía, abatimiento acompañado de frecuente llanto, desánimo extremo, muchos sentimientos de culpa y de conmiseración. En lo físico ocurre una severa alteración del apetito y del sueño, con extremos de exceso o privación. No somos capaces de hacer frente al ambiente que nos rodea y comenzamos a descuidar nuestra persona y nuestra apariencia. No deseamos bañarnos, ni cambiarnos de ropa. No deseamos afeitarnos o maquillarnos. Se nos hace extremadamente dificultoso llevar a cabo nuestras labores cotidianas. En lo espiritual, nos retraemos por completo de toda actividad o nos involucramos febrilmente en actividades religiosas.

En este breve bosquejo, usted puede apreciar que una persona deprimida puede ir de un nivel de depresión a otro. Las diferencias son más en grados que en clases.

¿Es la depresión una causa o una consecuencia de la baja autoestima?

Puede ser una u otra. Si experimentamos un fracaso notable en nuestra vida, el fracaso no solamente causará depresión, sino que también nos quitará toda buena sensación que podamos tener hacia nosotros mismos. Nuestra autoestima disminuye y nos dirigimos hacia el autorrechazo; comenzamos a odiarnos. La pérdida de la autoestima, entonces, produce más depresión.

Por el otro lado, la depresión por sí misma produce una disminución de la autoestima. Parte del estado de ánimo en la depresión es una sensación de autorrechazo y odio. Por lo tanto, si estamos deprimidos, vamos a experimentar una disminución en la autoestima. No siempre es fácil determinar cuál es causa y cuál la consecuencia, y posiblemente no sea tan importante determinarlo. Existe un fuerte vínculo entre la depresión y el odio hacia uno mismo. En los capítulos 4 y 9 diré más acerca de esto.

¿Qué factores en nuestro trasfondo pueden propiciar una tendencia hacia la depresión?

El experimentar la separación a una edad temprana puede ser un factor significativo en la tendencia a la depresión. Los niños que son separados de sus padres –aun por períodos cortos– a menudo se deprimen con facilidad cuando son adultos. Esto está vinculado a sentimientos de inseguridad, y mi opinión es que a las personas inseguras la depresión les ocurre con más frecuencia que a las que no lo son.

Las personas con un amplio historial de dificultad para relacionarse con otros son también más propensas a la depresión. Posiblemente la situación más significativa en cuanto a la tendencia a la depresión es haberse criado en una familia disfuncional. Los afectados son víctimas de abuso físico o sexual, así como niños que sufren la desintegración de sus familias por causa del divorcio.

¿Cuándo debe una persona buscar ayuda profesional?

Cuando descubrimos que la depresión dura más de lo que estamos dispuestos a soportar, o si nos encontramos profundamente deprimidos, comenzando a pensar ya en formas escapar, evadiendo responsabilidades familiares, o contemplando el suicido, ha llegado el momento para buscar ayuda profesional.

Además, algunas veces, las depresiones reactivas provocan severas reacciones biológicas, y el proceso de aflicción se contamina con trastornos biológicos. Usted entonces necesita ayuda profesional para descifrar qué es sicológico y qué es biológico, así como para facilitar la recuperación. Por lo tanto, si su depresión es severa, hable con su pastor o vea a su médico inmediatamente para que lo recomiende a un especialista.

¿Aumenta la necesidad de ayuda profesional según se va de una depresión ligera a una severa?

Ciertamente que sí. Según vamos subiendo en la escala de intensidad hacia la depresión severa, mayor será la necesidad de ayuda externa, y esto se debe a que cada vez podemos menos –y estamos menos dispuestos– a ayudarnos a nosotros mismos. Las depresiones ligeras son ocurrencias comunes. Todos debemos saber qué hacer en esos casos. Pero las que van de medianas a severas necesitan que se las trate desde afuera, y mientras más severa sean más debemos inclinarnos a que esa ayuda sea brindada por un profesional.

¿En qué punto es esencial la ayuda profesional?

Con el vislumbre de una depresión de mediana intensidad, la ayuda que nos puede ofrecer el hablar con algún amigo comienza a llegar a su límite. Según aumenta la intensidad, aumenta el riesgo de que las personas se quiten la vida. También va en aumento la posibilidad de una depresión biológica.

Cuando las personas lloran a menudo y sienten que su situación no tiene remedio, definitivamente necesitan ayuda profesional.

¿Existe el peligro de que una persona deprimida intente el suicidio?

Los pensamientos suicidas no aparecen por lo menos hasta que la depresión es de mediana intensidad. Las depresiones ligeras frecuentemente nos mueven a utilizar los recursos con más eficacia y hacerle frente a nuestra situación. En este sentido, pueden ser buenas. Si hemos perdido un empleo, por ejemplo, salimos a buscar otro, como un medio de aliviar la depresión.

Pero en la depresión de mediana intensidad, comenzamos a sentir desesperanza y a pensar cuán grato sería escapar de todos nuestros problemas. Estos pensamientos nos incapacitan, y hasta podríamos llegar a comenzar a pensar en el suicidio.

En las depresiones severas las personas se enfrascan totalmente en escapar y en deseos de morir. Quiero enfatizar nuevamente que el tener pensamientos suicidas no significa que la persona esté planeando suicidarse. Sin embargo, debemos suponer que existe un alto riesgo y debemos tomar medidas para con esos pensamientos. Se estima que un 15% de las personas deprimidas terminarán quitándose la vida.

¿Cuáles son los indicios de una depresión suicida?

Voy a contestar en dos partes. Primero, deben existir ciertas condiciones antes que exista la posibilidad de suicidio. Una de ellas sería que la depresión sobreviniera como consecuencia de una pérdida muy severa, ese tipo de pérdidas que no pueden ser reemplazadas (ver capítulo 2). Si bien es cierto que en algunas depresiones endógenas los trastornos bioquímicos que producen la depresión también crean el deseo de escapar, la mayoría de los suicidios son el resultado de una pérdida irreemplazable.

Segundo, usualmente hay un intenso enojo por la pérdida o por la persona responsable de ella. Cuando esas dos condiciones existen en forma combinada, conllevan un alto riesgo de suicidio.

¿Por qué a veces ocurre la depresión en ciclos?

Esto hace referencia a lo que dije anteriormente acerca de la naturaleza cíclica de nuestras emociones. Ellas dependen mucho de nuestro cuerpo, y nuestro cuerpo atraviesa por ciclos altos y bajos. Estos ciclos a menudo son causados por cambios hormonales o por fluctuaciones en el sistema inmunológico. Durante los puntos altos, es asombrosa la facilidad con que le hacemos frente a la vida, y raras veces experimentamos depresión. Durante los puntos bajos, la pérdida más pequeña puede· llevarnos a la depresión. Necesitamos entender cómo funciona nuestro organismo de modo que podamos estar atentos a esos períodos bajos. No debemos esperar demasiado de nosotros durante esos tiempos sino que debemos dejar que nuestro sistema se recupere. Si cada uno de nosotros hiciera esto, evitaríamos muchas depresiones.

¿Existe entonces el «biorritmo»?

No en la forma que el concepto es presentado en la literatura y las enseñanzas de la Nueva Era. La idea de que ciertos ciclos físicos, emocionales e intelectuales pueden ser computarizados desde el día del nacimiento, es demasiado simplista. Existen fluctuaciones, pero no están determinadas por la fecha de nacimiento.

Sabemos que existen fluctuaciones fisiológicas normales, afectadas hasta por el tiempo climático. La más obvia es la que ocurre a una mujer durante su ciclo menstrual. Pero ni siquiera eso opera con absoluta regularidad. La menstruación está influenciada por las enfermedades, la tensión nerviosa y muchos otros factores (ver capítulo 3). Es una tontería intentar predecir el estado físico, emocional o intelectual en base a ciclos fijos.

¿Cuál es la diferencia entre biorritmo (*biorythm*) y biofeedback?

Son dos cosas distintas. Biofeedback es una técnica altamente científica (a diferencia del biorritmo), para lo cual se utilizan instrumentos con el fin de monitorear cambios fisiológicos determinados, tales como tensión muscular, temperatura de la piel, presión arterial, pulsaciones, etc. Esta información es transmitida al individuo para ayudarlo a comprender cómo controlar estas funciones de su cuerpo. Básicamente, es una técnica para enseñar a las personas a relajarse profundamente como una forma de evitar o reducir la tensión. Las clínicas de biofeedback ayudan al tratamiento de dolores de cabeza, menstruación dolorosa, presión arterial elevada, y una amplia gama de trastornos asociados con la tensión.

¿Son los síntomas de la depresión distintos en el hombre y en la mujer?

Básicamente, los síntomas son similares. Las causas, sin embargo, pueden ser diferentes. También puede existir una pequeña diferencia en la forma en que ambos sexos experimentan la depresión. Las mujeres son claramente más propensas a la depresión (ver capítulo 3).

¿Está la depresión relacionada con variables socioeconómicas?

Hasta cierto punto, la depresión reactiva debería estar relacionada con la pobreza económica, sin embargo los grupos socioeconómicos más bajos son menos propensos a ella. Ellos se enfrentan a pérdidas diariamente y les resulta más fácil hacer frente a las pérdidas en la vida que lo que ocurre con los grupos de mayor poder adquisitivo. Las clases media y alta, por el otro lado, son más propensas a la depresión porque tienen más para perder y porque sus valores son más materialistas.

Las depresiones endógenas, desde luego, no tienen favoritismo. Ocurren con la misma frecuencia a lo largo de la escala socioeconómica, ya que son de naturaleza biológica y genética.

Las personas menos exitosas, ¿son más propensas a la depresión que las de éxito?

Así es. La experiencia del fracaso es una pérdida significativa en nuestra cultura. Rendimos culto al éxito y no sabemos cómo hacerle frente al fracaso. Eso nos prepara para sufrir una depresión tras otra. También conduce a un estilo de vida depresivo en el que aprendemos a hacerle frente a los reveses de la vida a través de la depresión. De hecho, algunos sicólogos han intentado desarrollar una fórmula a través de la cual predecir la probabilidad de que una persona sufra de depresión, basándose en el número de éxitos y fracasos en la vida de la persona. Mientras mayor sea la experiencia de fracaso, mayor será la frecuencia de la depresión.

¿Son algunos temperamentos más susceptibles a la depresión que otros?

Sí, la susceptibilidad a la depresión frecuentemente se relaciona con la personalidad del individuo. La combinación de factores de herencia y el efecto del ambiente pueden desarrollar una personalidad propensa a la depresión. Tales personas reaccionan en forma exagerada ante las pérdidas, y ven la vida de forma negativa. Se puede decir que prácticamente buscan las oportunidades para el pesimismo y la autocompasión.

¿Tenemos alternativa a deprimirnos?

Algunas veces sí; otras veces no. En cierta medida, tenemos la opción de escoger cómo vivir nuestras vidas y los valores que habremos de adoptar. En este sentido, nosotros determinamos si nos deprimiremos o no. Aun al experimentar una pérdida, a menudo tenemos alternativa. Podemos permitir que la depresión continúe. Pero en ocasiones es posible evitar la depresión que inevitablemente pudiera ocurrirnos, desarrollando el entendimiento de lo que Dios valora, mientras que consideramos su perspectiva en nuestra vida.

Diciéndolo de otra manera, muchas de nuestras depresiones menores ocurren porque no vemos las cosas como las ve Dios. Exageramos nuestras pérdidas y las convertimos en catástrofes.

¿Hay personas que inconscientemente desean estar deprimidas?

Sí, desde luego. Algunas personas han experimentado la depresión por tanto tiempo que ésta se ha convertido en un estilo de vida, una forma de hacer frente a sus problemas y ansiedades –aun a toda su vida. A la menor señal de problemas, inmediatamente se refugian en la depresión. En ese sentido inconscientemente desean estar deprimidas.

¿Puede formar hábito la depresión?

Aquellos para quienes la depresión es un estilo de vida, se convierte en un hábito en el sentido de que la usan para escapar de las realidades de la vida. La química del organismo puede llegar a adaptarse de tal modo a un estado de depresión, que ésta se convierte en requisito. Entonces a la persona se le hace difícil abandonarla, aun cuando no exista la necesidad sicológica ni física para estar deprimidos.

¿Puede una depresión severa dejar a una persona sicológicamente incapacitada, incapaz de lidiar con las circunstancias de la vida en una forma normal?

En realidad no, y sobre todo si la depresión se trata adecuadamente. Aun la forma más severa de depresión –la depresión sicótica o la sicosis maníaco depresiva (llamada ahora *desorden afectivo bipolar*) tiene límite de tiempo, pasa y no deja lesiones que incapaciten en forma permanente. Sólo cuando una persona desarrolla un estilo de vida depresivo y neurótico por un largo tiempo, se lesionará su habilidad para hacer frente a la vida. No tenemos por qué tener miedo a esas depresiones severas. Como veremos, pueden ser tratadas eficazmente en la mayoría de los casos.

¿Puede a veces la depresión ser una sana respuesta a las circunstancias?

Sí. Si aprendemos a cooperar con ella, la depresión puede ser una respuesta sana, y hasta puede llegar a ser una emoción sanadora. El lado positivo se puede apreciar en dos de sus funciones: 1) nos alerta a que ha ocurrido una pérdida, y 2) nos ayuda a separarnos de lo perdido a través del proceso de ir soltándolo y «dejarlo ir». Estos son pasos normales y necesarios.

Tal vez el mejor ejemplo que puedo brindarles sea la experiencia del fallecimiento de un ser querido. Una gran cantidad de evidencia muestra que a las emociones que siguen al fallecimiento de un ser querido (o la pérdida de un empleo, etc.) debe permitírseles plena expresión para que la sanidad tenga lugar. Mientras mayor libertad nos permitamos en el proceso de aflicción, más rápidamente nos recuperaremos de ese dolor.

La depresión puede ser también un factor positivo en el ámbito físico. Ella es un síntoma de muchas enfermedades, incluyendo la gripe. La depresión ayuda a la sanidad «sacándonos de circulación» por un tiempo. Si no nos retraemos y aminoramos la marcha, la enfermedad podría matarnos. Así que nuestra tristeza y pérdida de interés en las actividades normales nos ayudan en el proceso de sanidad.

Creo que la depresión fue creada por Dios para advertirnos que estamos metiéndonos en aguas profundas, para frenarnos, para sacarnos de los negocios de la vida, y para que podamos volver a prestar atención a lo que ocurre. Me atrevería a decir que fue diseñada hasta para conducirnos de vuelta a Dios, para que volvamos nuestra confianza a El y encontremos recursos que nos ayuden.

¿Existe diferencia entre la depresión espiritual y la sicológica?

Sí, existen importantes diferencias entre ellas y es necesario aclararlas.

La depresión espiritual tiene que ver con la profundidad

de la sensación de descontento o falta de satisfacción con la vida que sentimos cuando estamos fuera de contacto con Dios. Esta sensación podemos verla con claridad cuando violamos alguna de sus leyes, o puede ser una sensación más general provocada por el vivir con una escala de valores equivocados. En ambos casos, esta depresión resulta por dejar de estar conscientes de Dios, o por dejar de sentirnos bien con El. En otras palabras, la depresión espiritual es lo que sentimos cuando nos alejamos de Dios. Podría llegar a tener ingredientes sicológicos, pero es más una experiencia espiritual que sicológica.

La verdadera depresión sicológica tiene que ver con ser, simplemente, seres humanos. En muchos sentidos, es una respuesta normal y natural a las pérdidas en la vida. Como tal, la depresión sicológica no debe separarnos de Dios. Para muchos de nosotros, sin embargo, las depresiones sicológicas sí lo logran, y puede que sintamos que El nos ha abandonado, pero nada está más lejos de la verdad. Necesitamos aferrarnos a nuestra fe y creer que Dios siempre está a nuestro lado, consolándonos de nuestras pérdidas.

¿Puede dar un ejemplo de la diferencia entre ellas?

La depresión espiritual y la sicológica se diferencian de muchas maneras, aunque a menudo van de la mano. Supongamos que tenemos un joven muy ambicioso. Quiere ser ascendido rápidamente y está preparado para hacer lo que sea necesario a fin de obtenerlo. Es así que se involucra en actividades que promueven ventas deshonestas. Las personas son engañadas. El joven pronto se ve atrapado en una situación en que él sabe no hay ética, y tal vez hasta es ilegal. Sus ventas fracasan, todo sale al descubierto y el joven se deprime. Su reputación ha sido manchada. ¿Podrá conseguir otro empleo?

Yo llamaría a ésta una depresión espiritual, con consecuencias sicológicas. La causa principal es una violación de principios que él sabe son correctos y que ha recibido de Dios. Como resultado, Dios le da convicción de pecado. El siente la pérdida de Dios. También siente la pérdida de su empleo, por lo que se torna sumamente deprimido. El interpreta mal la convicción que ha producido Dios, y esto complica su depresión. Si él pudiera realmente oír lo que Dios le está diciendo, su depresión sería espiritual y mucho más fácil de resolver. ¿Cuál es el mensaje de Dios? «No me agradó lo que hiciste. Algo no es correcto. Deseo que vuelvas a encaminar tu vida en la senda recta.» Dios no se está alejando de él para castigarlo. Tampoco lo está abandonando, aunque así es como el joven se siente. En cambio, Dios lo está llamando a sanidad. La misma pérdida de Dios que él experimenta tiene como objetivo señalarle el verdadero problema. El necesita escuchar y ser rectificado para que su pérdida sea restaurada.

Es también importante comprender que la depresión espiritual tiene dimensiones sicológicas. El joven de nuestro ejemplo pudiera necesitar ayuda sicológica, pero su condición es principalmente una depresión espiritual, y los factores espirituales deben ser atendidos antes de que él pueda esperar sanidad. Desafortunadamente, esta distinción no la hacen los sicoterapeutas seculares.

Permítame brindarle un ejemplo de depresión sicológica sin componentes espirituales. Usted está conduciendo su automóvil una mañana yendo hacia su trabajo, cuando de repente y sin aparente razón, usted es parte de un accidente automovilístico. Usted ha golpeado el auto que va al frente, y el automóvil de atrás lo ha chocado a usted. Los tres automóviles han quedado seriamente averiados. Usted no sabe si su póliza de seguro cubrirá los gastos, ni siquiera sabe si usted ha tenido la culpa o no. Sin embargo, se siente responsable y como si fuera un idiota.

Pronto usted se encuentra en una depresión. Es natural. Ha sufrido una pérdida. Puede ser –o no– que usted haya sido responsable; los accidentes ocurren. Los perros se atraviesan en la calle; los conductores se sobresaltan y aplican los frenos en forma repentina. ¿Quién sabe por qué ocurren los accidentes? No obstante, usted está deprimido y este estado de ánimo le puede durar varios días o hasta semanas.

Esta depresión no tiene factores espirituales. Es puramente sicológica, con algunas reacciones biológicas siguiendo a su conmoción. Usted no se ha alejado de Dios ni ha violado sus principios. Sencillamente ha tenido un desafortunado accidente.

Sin embargo, este accidente puede causar reacciones espirituales. Usted puede culpar a Dios de no haberlo protegido. Pudiera también enojarse con El por haber permitido el accidente y por lo tanto se retrae de El (ésa es la forma adulta de quejarse en silencio). Esta actitud es desafortunada, porque usted no está utilizando los recursos de Dios para ayudarlo a salir de la depresión.

Afortunadamente, Dios comprende cómo se siente usted. Lo que usted debe hacer es aceptar el hecho de que está experimentando una depresión sicológica, y debe volverse a Dios para ayuda. El puede ayudarlo con el proceso de aflicción.

Aunque las depresiones espirituales y sicológicas son diferentes, los recursos para la sanidad de ambas están disponibles para nosotros a través de nuestra fe en lo que creemos que Dios puede hacer. Dios nunca debe ser dejado afuera en nuestras depresiones, no importa cuáles sean las causas. El desea ayudarnos a atravesarlas y a que aprendamos más acerca de nosotros mismos según lo hacemos.

¿Por qué muchos cristianos le añaden cierto estigma a la depresión?

Desafortunadamente el estigma existe, especialmente entre los círculos cristianos evangélicos. Su origen es la ignorancia. Las personas temen a lo que no entienden. Posiblemente existen muchas causas para el estigma, pero permítaseme sugerir tres.

Primero, en nuestra cultura estamos plenamente convencidos de que las personas deben tener control sobre sus emociones y sobre ellas mismas. La depresión es vista como una señal de que hemos perdido el control, así que le tememos.

Segundo, este miedo es por lo general exagerado en los círculos cristianos por nuestro énfasis en conceptos de «perfección». Creemos erróneamente que nadie debe ser débil. La depresión es vista como una falla y por lo tanto se estigmatiza.

Tercero, tememos que la depresión en su forma más severa sea una enfermedad mental. Hasta cierto punto esto es cierto, pero es una enfermedad física, no mental. Solamente los síntomas son mentales. Tal vez sintamos que vamos hacia abajo, hacia una severa enfermedad mental. Tal miedo no es necesario, de la misma forma que tampoco lo es estigmatizar la depresión.

¿Qué dice la Biblia sobre la depresión?

Como cristiano, encuentro mucho consuelo al ver en las Escrituras que la depresión existe desde hace mucho tiempo. Pero la Biblia nos ayuda de otras maneras también. Primero, ella es un recurso excelente para hacerle frente a la depresión. Los Salmos, por ejemplo, durante siglos han servido de consuelo a las personas deprimidas. Las Escrituras restablecen nuestra confianza en Dios y nos ayudan a poner las cosas en perspectiva, un paso vital para resolver la depresión.

La Biblia también me dice que la depresión es algo común, una reacción normal a la vida. Los santos del Antiguo y del Nuevo Testamento la experimentaron. Las Escrituras me recuerdan que soy humano, pero también me animan a entender que no tengo que estar siempre deprimido. Si rectifico mis valores y desarrollo una fe y una confianza significativa en Dios, puedo evitar muchas depresiones.

¿Es pecado la depresión?

No todo lo que creemos como cristianos es necesariamente bíblico o verdadero. Algunas creencias nos hacen ser más propensos a la depresión que los no cristianos, y muchos escritores bien intencionados han causado mucho dolor emocional innecesario condenando la depresión como si fuera un pecado. A menos que tengamos un claro entendimiento bíblico del pecado, podemos causarnos depresiones significativas.

Sin embargo, cuando una persona se vuelve cristiana, es muy común que cobre más consciencia de su propia pecaminosidad. A menos que esto vaya acompañado de un profundo sentido del perdón de Dios, puede agravar las depresiones relacionadas con el pecado. Esta es una depresión legítima, un síntoma de que algo anda mal. Pero no debe ser la causa de otros sentimientos de calamidad. La conscientización intensificada acerca de nuestra pecaminosidad debe ser un medio de crecimiento espiritual. Desafortunadamente, algunos grupos cristianos exageran esta conscientización del pecado al punto que se convierte en patológica. El que sufre es incapaz de recibir el perdón de Dios. Debo decir nuevamente que no toda depresión es pecado. La depresión puede ser la *consecuencia* del pecado, pero también puede ser la reacción normal y natural a una pérdida. No sentir esas pérdidas sería negar nuestra propia humanidad.

En el caso de depresiones endógenas, clasificarlas como pecado es tan erróneo como decir que una apendicitis es pecado.

La depresión causada por el pecado, ¿es distinta de la causada por la pérdida de un ser querido?

Sí. Cuando la depresión es causada por el pecado, no solamente experimentamos la pérdida de la autoestima y la pérdida del control de los eventos que siguen al pecado, sino que también perdemos la paz de Dios en nuestra vida. Esto puede tener un efecto mayor que experimentar una pérdida legítima, como la de un ser querido. La pérdida de los recursos espirituales a nuestro alcance como cristianos es muy significativa cuando la depresión es causada por el pecado. Así que hay diferencias cuantitativas (la intensidad es mayor) y cualitativas (el dolor emocional es más profundo). Podríamos decir que la pérdida de un ser querido probablemente nos hará acercarnos a Dios, mientras que la depresión por pecado nos hará alejar de El.

¿Debe un cristiano sentirse culpable por estar deprimido?

¡Qué Dios no lo permita! Una de las consecuencias de la depresión es un aumento en los sentimientos de culpabilidad.

Por ese motivo tantas personas se sienten culpables cuando están deprimidas. Si la culpabilidad se sale de control, la depresión aumenta, lo cual no es saludable. La depresión debería ser vista como si se tratara de algún dolor. Como ya hemos dicho, es una señal de alarma en cuanto a que algo anda mal. Si la *causa* de la depresión es una actividad o una actitud pecaminosa (robar u odiar), *debemos* sentirnos culpables por ese pecado. Pero la culpa no está por encima de la depresión. Sin embargo esto es un poco paradójico. La depresión misma a menudo aumenta o exagera los sentimientos de culpabilidad. Si permitimos que los sentimientos de culpa por la actividad pecaminosa, se mezclen con los sentimientos de culpa por la depresión misma, fácilmente nos podemos colocar en una espiral de desaliento en la cual nuestra depresión se intensifica lentamente y nos volvemos más y más deprimidos. Precisamente por eso, lo animo a ser muy cauteloso en cuanto a sentir demasiada culpa por su depresión.

¿Es posible que la depresión sea la falta de confianza en las promesas de Dios?

Esta es otra idea a menudo sugerida por cristianos bien intencionados, aunque mal informados. Nuevamente debo decir que no es la depresión misma, sino lo que conduce a ella, lo que puede ser falta de confianza en las promesas de Dios. Por ejemplo, puede que no estemos confiando en Dios en el área de nuestros valores o en la seguridad. La depresión que sigue es consecuencia o síntoma de esa falla. Pero la depresión misma es una reacción normal a esa falla, y debe tener su proceso.

Si Dios nos ama, ¿por qué permite que nos deprimamos?

Esta pregunta en realidad se une a la pregunta más amplia de por qué Dios permite las tiranías, las guerras, la pobreza y el hambre, o por qué nos enfermamos y sufrimos. Como seres humanos, fuimos creados para experimentar muchas emociones, no solamente la alegría. La tristeza también es necesaria.

No entendemos totalmente el propósito de las emociones dolorosas, pero ellas parecen acercarnos más a Dios. Si estuviéramos siempre alegres, tal vez no sentiríamos la necesidad de El. El dolor físico es esencialmente un sistema de alarma; sin él, podríamos morir en el momento de salir a la calle ya que no sabríamos qué cosas evadir. Y de la misma manera, Dios nos creó con la habilidad de sentir dolor emocional para que estuviéramos avisados cuando las cosas sean emocionalmente peligrosas.

¿Nos castiga Dios a través de la depresión?

Dios no utiliza la depresión como castigo. De hecho, El ha diferido todo castigo hasta «su día» para arreglar cuentas. El puede disciplinarnos o reprendernos, pero no nos castiga mientras vivamos bajo la gracia. El llamado de Dios a nosotros es al arrepentimiento. Cristo murió en la cruz para llevar nuestros pecados; El ha llevado nuestro castigo. Eso es pasado. Se terminó.

No obstante, la depresión es la consecuencia de ir por nuestro propio camino. Es la señal de que algo anda mal. La podríamos considerar como una forma de castigo en el momento de padecerla, pero se parece más a la consecuencia de habernos roto una pierna por haber tratado de desafiar la ley de gravedad.

Yo veo la depresión como una emoción sanadora. Si respondemos a su mensaje y lidiamos con lo que ha ido mal, será mejor. Ella nos debe conducir de regreso a Dios y a los recursos que El ha provisto. Nos debe motivar al arrepentimiento y a pedir perdón. La depresión, entonces, es una puerta de acceso a la salud.

¿Es posible que la depresión sea la voluntad de Dios para mí?

¡*Sí* y no! *Sí*, en el sentido de que Dios tiene leyes morales así como leyes físicas en la naturaleza. Si salto desde cierta altura, me quebraré una pierna. Esa es la voluntad de Dios encarnada en sus leyes naturales.

Pero *no* en el sentido de que Dios no envía la depresión para castigarnos o para hacernos volver al camino. Muchos de quienes se deprimen sin razón aparente pueden utilizar su depresión para provecho propio. Podemos convertir una depresión endógena en la voluntad de Dios si podemos confiar en que El tuvo algún propósito al crearnos y aceptamos que lo que estamos experimentando es su voluntad.

¿Es la depresión una señal de que no hemos vivido por encima de nuestras circunstancias?

Debemos distinguir claramente entre los principales tipos de depresión antes de contestar esa pregunta. Las personas que sufren de depresión endógena no pueden pensar en sobreponerse a ella. Los factores biológicos sobre los que no tienen control directo estarán en funcionamiento. Lo que ellos necesitan es medicamento para la depresión y un apoyo terapéutico continuado. Decirles que deben sobreponerse a la depresión y conquistarla es como decirle a una persona que tiene una pierna fracturada: «Usted necesita sobreponerse a la fractura y debe seguir viviendo y caminando como si la tuviera sana». Lo que la persona necesita es un médico que le arregle la pierna de modo que se sane.

En algunas depresiones reactivas, sería igualmente impropio hablar de sobreponerse a las circunstancias. En caso del luto, por ejemplo, se nos debe permitir que la aflicción se exprese completamente. Eso nos permite poner la pérdida en su perspectiva correcta y dejar que nuestro ser querido se vaya definitivamente.

Sin embargo, existe un tipo de depresión, donde es apropiado decirle a la gente que se sobreponga a las circunstancias: a saber, cuando están deprimidos porque no están contentos con sus vidas (ver Filipenses 4:11). Todos debemos aprender a contentarnos.

¿Se deprimen los cristianos tan a menudo como los no cristianos?

En mi experiencia, sí. El ser cristianos no nos hace inmunes a la depresión. En todo caso, podemos adquirir más sensibilidad hacia las injusticias y los dolores de la vida, de modo que sintamos el dolor de otros. Pero los cristianos tienen recursos disponibles que los ayudan a hacerle frente a la vida y a sus depresiones con más efectividad. Desafortunadamente, la iglesia no ha enseñado adecuadamente cómo esos recursos pueden ser aplicados a problemas emocionales como la depresión. Tristemente, algunos cristianos sospechan de cualquier forma de ayuda sicológica, aun cuando sea ofrecida por sicólogos evangélicos expertos. Tenemos mucho por recorrer para que nuestro cristianismo considere atender a la persona total –cuerpo, mente, y espíritu.

DOS

Las causas de la depresión

¿Qué causa la depresión? En el primer capítulo hablé de tres clases de depresión –*endógena*, de adentro del cuerpo; *exógena*, de afuera; y depresión *neurótica*. En este capítulo deseo considerar las causas principales de la depresión, con énfasis particular en el concepto de pérdida y cómo debemos aprender a lidiar con las pérdidas en la vida.

La vida está llena de posibles pérdidas. Desde el día en que nacemos, comenzamos a «perder» cosas. Con el transcurso del tiempo, crecemos y comenzamos a dejar atrás (una forma de pérdida) la seguridad de nuestros hogares, padres e infancia. Nos lanzamos al matrimonio y pronto descubrimos la pérdida de nuestra autonomía e independencia. Cuando llegamos a la etapa final de la vida, no solamente perdemos amistades a través de la muerte, sino que comenzamos a darnos cuenta en forma aguda de la pérdida de nuestras propias facultades y finalmente de nuestra propia vida.

La vida entera, por lo tanto, está llena de pérdidas, y a lo largo del camino tenemos que aprender a hacerles frente. Si no lo hacemos, nos volvemos propensos a la depresión.

¿Puede describir la clase de pérdidas de las que está hablando?

Vamos a dar un vistazo a algunas de las pérdidas que usted puede haber experimentado. Tal vez usted creció en una familia disfuncional y en realidad nunca tuvo una buena niñez. Esa es una pérdida. Tal vez un amigo se ha mudado de la ciudad y ahora vive lejos, en otra parte. Usted ha perdido un amigo. Tal vez un hijo o hija se ha convertido en misionero en algún país lejano. Aunque parte de usted se regocija en que sirvan a Cristo, otra parte añora su compañía. Esa es otra pérdida.

Tal vez usted sea un estudiante, y ese proyecto especial que le entregó a la maestra o al profesor no le rindió la alta calificación que usted esperaba. Ese es una duro golpe a su autoestima. Tal vez, como resultado, se siente inseguro de usted mismo. Eso representa aun más pérdida.

Quizás usted es una persona de negocios y ha hecho inversiones en el mercado financiero. Repentinamente el mercado se hunde y usted va de sentirse bastante seguro a enfrentar el desastre financiero. La pérdida de la estabilidad económica puede ser devastadora en nuestro mundo, ya que dependemos mucho del dinero para sobrevivir.

Quizás usted sea una madre que ha descubierto que su hijo es adicto a las drogas o que el matrimonio de su hija está en problemas. Estas son pérdidas mayores. O quizás su corazón añore a sus nietos, y sus propias emociones de repente se tornan en desesperación.

Tal vez usted sea un hombre joven que le ha echado el ojo a una joven en particular en el grupo juvenil en la iglesia. Usted está indeciso, no sabe cómo acercársele para invitarla a salir. Un día usted se entera de que ella está saliendo con otro joven del grupo. Usted perdió una oportunidad de conocerla, su corazón está devastado y cae en una profunda tristeza. Por varios días o semanas se siente incapaz de concentrarse o de interesarse en sus actividades normales.

Tal vez usted sea una persona mayor, y justamente el otro día se dio un buen vistazo ante el espejo con las luces encendidas. Los años comienzan a mostrar grietas profundas en una piel flácida, y de pronto se da cuenta de cómo va envejeciendo. Esa idea no le agrada.

Envejecer es un tipo de pérdida. Usted está por celebrar un nuevo cumpleaños, y teme que llegue ese día, porque le recordará una vez más lo rápidamente que pasa la vida. ¿Qué tienen en común todas estas experiencias? Todas producen reacciones de tristeza porque representan experiencias de pérdidas, y hay muy poco que podamos hacer para evitar la mayoría de ellas. Tenemos que buscar el valor para hacerles frente y aceptarlas. Mientras más eficaces seamos al hacerlo, menos tendremos que luchar con la depresión. Cuando no nos amoldamos a las pérdidas, nos deprimimos.

¿Qué formas pueden adquirir las pérdidas?

Las pérdidas pueden adquirir muchas formas. Puede ser la pérdida de algún objeto amado, o puede ser la pérdida de algo abstracto, como lo son la autoestima o la ambición.

Algunas veces la pérdida toma la forma de separación o cambio. Recientemente debí aconsejar a la esposa de un pastor cuya hija mayor se había casado poco tiempo antes. La madre y su hija eran muy unidas. Aunque el casamiento era algo emocionante, representaba una pérdida significativa para la madre. No era sólo que la hija se mudaba de la ciudad, sino que además comenzaba a formar su propia familia, convirtiéndose a la vez en menos dependiente de la madre para apoyo y amor. No fue sorpresa que la madre cayera en una profunda depresión temporal.

Cambiar de empleos también puede representar una pérdida. Hacemos amistades en nuestros trabajos, y aun cuando el cambio de empleo nos traiga la alegría de un aumento de sueldo o el reto de una nueva experiencia, el separarnos de nuestros antiguos compañeros de trabajo puede representar una pérdida significativa. Pérdidas de todo tipo, a veces sutiles o complejas, constituyen la base de formas sicológicas de depresión.

¿Exactamente cómo es que las pérdidas causan depresión?

Hay una reacción universal que se encuentra entretejida profundamente en la mente y cuerpo de cada ser humano, y responde a la pérdida a través de la depresión. Es automática y natural. De hecho, también lo podemos observar en varios animales, aunque en menor grado. Es la forma en la que el cuerpo y la mente hacen frente a la pérdida; en cierto modo es un mecanismo de protección. Se activa para ayudarnos a entrar en una época de «hibernación», mientras lidiamos con la pérdida.

En otras palabras, la depresión tiene una función específica. Está diseñada para ayudarnos a aceptar las pérdidas y nos obliga a adaptarnos de tal manera que podamos dejar ir el objeto perdido.

¿Se imagina usted lo que sería si no pudiéramos «dejar ir» aquello que hemos perdido? Algunas personas que han perdido a seres queridos no pueden enterrarlos. Los embalsaman, los colocan dentro de una urna de cristal, y hacen todo lo posible para mantener la presencia de ese ser querido con ellos. Eso es muy triste. Tales personas nunca hacen frente a la pérdida y terminan siendo desdichados. Dios desea que experimentemos las pérdidas con madurez, y que estemos dispuestos a dejarlas ir de nuestra vida.

Esta función de la depresión tal vez se entiende mejor cuando hablamos de la pérdida de seres queridos, pero es igual en el caso de otras pérdidas. Por ejemplo, se aplica al hecho de ser criticados por un amigo, o al escuchar de repente que su esposo tiene una amante y quiere abandonar su matrimonio.

En muchos aspectos, todas las pérdidas son similares. Es solamente un asunto de diferentes grados. Aunque algunas de nuestras pérdidas más complejas son abstractas, sin embargo son significativas y hay que hacerles frente.

Cuando alguien nos critica, la pérdida es por lo general una combinación del rechazo que sentimos de parte de esa persona y la pérdida de estima que sentimos por nosotros mismos. La crítica implica que la otra persona no nos acepta totalmente o encuentra faltas en nosotros, y nosotros tenemos la tendencia de aceptar como válida una parte de toda crítica, así que también nos rechazamos a nosotros mismos.

Todo esto quiere decir que las pérdidas son experiencias complejas. Pueden tomar la forma de pérdidas concretas, como perder la billetera o la cartera, o puede tomar la forma de pérdidas sutiles y abstractas, tales como el amor, la estima, la ambición, los ideales, y varios tipos de desilusiones y desamparo.

¿Es siempre necesario deprimirse después de una pérdida importante?

Siempre. Si usted no siente alguna depresión, posiblemente algo ande mal. La depresión pudiera ser leve, pero debe ocurrir. La única cuestión es la intensidad. Mientras que la depresión como respuesta a la pérdida es siempre algo válido, usted no tiene que deprimirse tan severamente como ocurre a menudo con otros. Muchas de nuestras depresiones son innecesariamente severas porque valoramos las cosas equivocadas y no confiamos en Dios. Mientras más confiamos, mejor capacitados estaremos para apropiarnos de los recursos que El tiene para nosotros, y nuestras depresiones serán menos intensas.

¿Pueden ser clasificadas estas pérdidas?

Es de mucha ayuda colocar nuestras pérdidas en una de las siguientes cuatro categorías, porque de esa forma podremos manejar mejor lo que nos sucede. Estas cuatro categorías principales son:

1. *Pérdidas concretas:* Estas tienen que ver con objetos tangibles. Incluyen tener un accidente automovilístico, dejar caer y romper una cámara fotográfica, o que se muera nuestro perro. La vida está llena de pérdidas de este tipo.

2. *Pérdidas abstractas:* Estas son pérdidas tan reales como las de la primera categoría, pero están compuestas de elementos intangibles, tales como la pérdida del amor, la ambición, el

respeto de sí mismo, o el control de determinadas situaciones. Muchas cosas que consideramos de valor son de naturaleza abstracta. Las pérdidas abstractas no siempre son una creación de nuestra mente; pueden alcanzar realidad en sí mismas. Tal vez yo no pueda ver el amor, pero ciertamente puedo sentirlo.

3. *Pérdidas imaginarias:* Estas vienen de nuestra activa imaginación. Podemos imaginar tanto pérdidas concretas como abstractas. Nos imaginamos que un amigo nos ha hecho un desaire o que no le caemos bien a otra persona. Podemos imaginar que otras personas están hablando de nosotros o que podemos llegar a perder cierto empleo. La imaginación nos prepara para tener pérdidas y depresiones, tal y como si en verdad la pérdida hubiera ocurrido.

Por ejemplo, vamos a suponer que usted súbitamente descubre un abultamiento en alguna parte de su cuerpo. Eso lo preocupa, por lo que desea ver a su médico. Sin embargo, no le es posible conseguir una consulta hasta dentro de dos días. Así que por los próximos dos días su imaginación corre alocadamente. Comienza a imaginarse que tiene toda clase de males. Usted le da tantas vueltas a esto en su imaginación hasta el punto que en su mente las pérdidas son tan reales como las más concretas. La depresión que resulta de esto es exactamente la misma que la que hubiera experimentado si hubiera sufrido una pérdida real.

En ocasiones la depresión que experimentamos por las pérdidas imaginarias es mayor aun que la de pérdidas reales, porque no podemos ponerle límites adecuados. La imaginación es incontenible; va más allá de la realidad y provoca reacciones depresivas que exceden lo razonable.

Una imaginación vívida, por lo tanto, es un impedimento serio en cuanto a depresión se refiere. Cuando siente la amenaza de una pérdida o prevé alguna experiencia que tiene el potencial de convertirse en pérdida, usted debe tener mucho cuidado de no dejar que la imaginación lo domine. Las pérdidas imaginarias son difíciles de manejar simplemente porque no han ocurrido.

Frecuentemente podemos solucionarlas poniendo a prueba la realidad de nuestra imaginación. ¿Han ocurrido realmente tales cosas? El tan sólo darnos cuenta de que nuestra imaginación ha tenido una falla puede despejar nuestra depresión.

4. *Amenazas de pérdida:* La cuarta categoría es la amenaza de pérdida. Como ésta todavía no ha ocurrido, el proceso de aflicción no se puede completar. Imagínese que su padre o su madre, ya ancianos, están al borde de la muerte. Usted comienza a sentirse deprimido, y el proceso de aflicción comienza, pero hasta que ocurra la muerte usted no lo puede completar. Usted se seguirá sintiendo deprimido mientras la amenaza de pérdida penda sobre su cabeza.

¿Por qué es tan fácil crear pérdidas imaginarias?

Por dos razones. Primero, la mente humana es capaz de producir pensamientos ricos en imaginación. No conoce límites. Segundo, vivimos en una sociedad que no se comunica claramente. Ambas cosas contribuyen a alimentar nuestra imaginación.

Jugamos muchos juegos unos con otros. Enviamos mensajes escondidos, y no somos del todo sinceros, así que dejamos pensando a las demás personas. Tampoco entendemos del todo lo que los demás están diciendo. El resultado es que dejamos toda clase de cosas libradas a la imaginación, y frecuentemente nos imaginamos mucho más de lo que en realidad es cierto. Nuestras mentes fértiles pueden alimentarse de las cosas más pequeñas –un gesto, una sugerencia, o un error– y convertirlas en grandes pérdidas.

¿Esto es cierto también en los cristianos?

Por cierto. Es un hecho triste que los cristianos no siempre son sinceros con los demás. A veces no queremos revelar mucho de nosotros mismos, porque tememos que los demás nos rechacen, así que evitamos abrirnos. Esto fomenta muchas pérdidas imaginarias en los demás.

¿Es la «transparencia» un buen guardián contra esta clase de depresión?

Pienso que sí, dando por sentado que la aceptación acompaña a la transparencia. Generalmente, mientras más transparente somos y más aceptamos a los demás, más sinceros podemos ser en el amor. Esto reduce una gran cantidad de pérdidas imaginarias. Podemos experimentar alguna pérdida real como consecuencia de esta transparencia, pero las pérdidas reales siempre son más fáciles de manejar. Tienen límites claros, mientras que las imaginarias no. Personalmente, prefiero lidiar con una pérdida real que tener que vivir con diez pérdidas imaginarias y toda la depresión que ellas desatan.

¿Qué clase de pérdida es más difícil de manejar?

La amenaza de pérdida es tal vez la más seria de todas y la que puede crear la depresión más debilitante. No podemos evitar totalmente la depresión porque existe la posibilidad de una pérdida real. Por otro lado, no podemos completar nuestro proceso de aflicción y resolver la depresión porque la pérdida en realidad todavía no ha ocurrido. Así que estamos atrapados en una especie de estado de «suspenso», lo que prolonga la depresión mientras la amenaza de pérdida continúa colgando sobre nuestras cabezas.

¿Qué determina la intensidad en una depresión?

La intensidad en una depresión está determinada en gran parte por la importancia y el significado de la pérdida. En ocasiones la pérdida es relativamente pequeña, así que la tristeza que la sigue es poca y dura poco. La mayoría de nosotros probablemente no nos damos cuenta de estas depresiones menores.

No hace mucho me encontraba viajando a alta velocidad por la carretera yendo hacia el trabajo. Antes que me pudiera dar cuenta, un auto negro y grande con luces rojas intermitentes apareció en mi espejo retrovisor, y tuve que tirarme sobre un lado de la carretera. El oficial de la policía fue muy amable mientras escribía el boleto de multa. No fue gran cosa. Cinco millas por sobre el límite de velocidad no era algo para ponerse a llorar. Sin embargo, me sentí humillado, y la suma de dinero que tendría que pagar por el boleto me hacía sentir irritado. El resto del día lo pasé ligeramente desganado, y hasta un poco triste. Afortunadamente, cuando llegó la noche ya se me había quitado. Muchas depresiones menores se resuelven por sí mismas automáticamente y no requieren atención especial ni ajustes.

Pero no todas las pérdidas son menores. Y mientras más importancia tenga el objeto perdido, más profunda será la depresión y mayor será el ajuste que tendremos que hacer para aceptar la pérdida. Esta es la razón por la que tal vez la forma más profunda de depresión reactiva ocurre después de la muerte de un ser querido.

Frecuentemente, muchas pérdidas menores se pueden acumular para convertirse en pérdidas grandes. Si yendo hacia el trabajo soy detenido por una pequeña violación del tránsito, tal vez me sienta un poquito deprimido. Si después que se ha marchado el policía comienzo a sentir que el auto tiembla y descubro que tengo una de las llantas rotas, podría comenzar a deprimirme más.

Ahora imagínese que, al abrir el maletero, encuentro que la rueda de repuesto también está inutilizada. Entonces miro mi agenda de trabajo y descubro que se supone que debo estar presente en una reunión que va a comenzar dentro de cinco minutos y todavía me quedan por lo menos 20 minutos de viaje para llegar a mi oficina. Ahora tengo cinco pérdidas. Más aun, estoy parado en la carretera con la rueda rota en la mano y nadie se detiene para ayudarme. Usted puede darse cuenta de qué manera esta acumulación de pérdidas, menores en sí misma cada una de ellas, comienzan a producir una reacción significativa en mí.

Uno de los principios clave que necesitamos aprender, por lo tanto, es no permitir que se nos acumulen las pérdidas. Necesitamos tratar con cada pérdida por separado, o por lo menos no permitir que nuestras conversaciones internas alienten tal acumulación. Si cuando descubrí la llanta desinflada me hubiera dicho a mí mismo que este incidente no tenía nada que ver con haber recibido un boleto de tránsito, entonces hubiera podido romper el vínculo entre ellos. El descubrir la goma de repuesto también en mala condición y el llegar tarde al trabajo debieron haberse mantenido como dos cosas independientes a través de una saludable conversación interna.

¿De qué manera nuestra propia historia nos hace sensibles a las pérdidas?

La tendencia a acumular pequeñas pérdidas hasta llegar a hacer una montaña frecuentemente es consecuencia de haber experimentado muchas pérdidas anteriores. Mientras más pérdidas hayamos tenido a una edad temprana –particularmente durante la infancia– mayor será luego nuestra probabilidad de reaccionar en una forma exagerada ante las pérdidas.

Yo experimenté varias pérdidas grandes cuando tenía 12 años de edad. Mis padres decidieron divorciarse, lo cual por sí mismo produjo un significativo disgusto y depresión. Más tarde supe también que mi madre tenía la intención de mudarse del lugar donde habíamos estado viviendo, así que existía la amenaza de tener que cambiar de escuela. El pensar que pudiéramos perder nuestra casa, nuestros amigos y aquellos lugares conocidos para jugar era devastador.

Durante algunos años después del divorcio de mis padres, otras pérdidas importantes ocurrieron. Como resultado, me puse muy sensible a las pérdidas. Llegué a esperar, casi diariamente, que algo malo me iba a suceder. Con esta mentalidad, cada pequeña desilusión y cada pequeño rechazo se tornaban en grandes asuntos en mi mente. Una pérdida parecía colocarse encima de la otra, y en mi mente joven no sabía como separarlas. Como resultado, la depresión me ocurría fácil y frecuentemente. Sólo más tarde en la vida pude aprender a corregir mi forma de pensar y a detener la reacción exagerada.

He trabajado con muchos pacientes que han sufrido pérdidas significativas durante la infancia y que afectan ahora su

vida adulta. Un hombre joven, que admite no ser un intelectual, experimentó un buen número de fracasos durante su infancia. Su padre era autoritario y lo forzaba a actividades en
las cuales el joven no era apto. En la escuela lo obligaban a es-
tudiar asignaturas en las cuales él sabía que no era competente, y como resultado de aquellos fracasos ahora es muy sensible a cualquier tipo de frustración.

Aun la simple tarea de cambiar un neumático desinflado
le produce tensión. El se siente que a menos que pueda hacer
el trabajo en menos de un minuto, no ha tenido éxito. Todo lo
mira a través de ese mismo filtro: «fracaso». Constantemente
evalúa sus acciones como exitosas o fallidas. La mayoría de
las veces considera que sus acciones son fracasos, y acumula
pérdida sobre pérdida. No es sorprendente que tan a menudo
esté deprimido.

Las pérdidas, por lo tanto, deben mantenerse separadas si
es que vamos a ser emocionalmente sanos y si vamos a tener
una vida feliz. Debemos también ser capaces de aceptar benig-
namente las pérdidas inevitables de la vida. Mientras que la
tristeza es una reacción natural e inevitable, hay muchas cosas
que podemos hacer para reponernos más rápidamente de
nuestras depresiones. Mientras más rápido y eficientemente le
hagamos frente a nuestras pérdidas, más felices seremos.

Dios entiende el papel de las pérdidas en el proceso de
nuestra tristeza. Hasta el mismo Jesús se entristeció. Recuerde
cómo lloró ante la tumba de Lázaro; había perdido a un querido amigo. El lloró lágrimas verdaderas porque sintió tristeza
ante lo sucedido, aunque bien sabía que podía devolverle la
vida. Existen ocasiones en que también tendremos que llorar;
llorar puede ayudarnos en el proceso de aflicción.

¿Pueden nuestra actitud y conducta causar depresión?

Sin lugar a dudas. Por ejemplo, examine la siguiente lista,
y vea cuántos de estos asuntos le han traído depresión en el
pasado:

Descontento: Tendencia de envidiar a otros y no estar
satisfecho con lo que usted tiene o resentirse por lo que
tiene.

Escala de valores equivocada: Juzgar equivocadamente lo que es importante en la vida, y la tendencia a concentrarse demasiado en cosas insignificantes.

Creencias equivocadas: Tendencia de creer que todo debe serle favorable, o que la vida solamente debe presentarle bendiciones.

Reacciones equivocadas: Ser demasiado sensible en cuanto a lo que le dicen o le hacen, o ser inmaduro y no ser capaz del equilibrio adecuado.

Además, muchas de la circunstancias de la vida pueden dar paso a pérdidas que producen depresión. Estas incluyen:

Dificultades económicas:

Vivimos en una sociedad materialista que depende del dinero. Ese es nuestro símbolo de valor. Trabajamos por dinero, no directamente por alimento o vestido.

Mientras más materialistas seamos, más propensos seremos a experimentar depresiones reactivas. Mientras más valor le demos a las cosas materiales de esta vida, por buenas que sean, más experimentaremos pérdidas y por consiguiente depresión.

Con la inestabilidad de la economía mundial, más y más personas tienen menos para vivir. Esto representa una pérdida significativa y puede ser una causa importante de la depresión.

Problemas de trabajo:

Puesto que debemos trabajar para ganarnos la vida, las relaciones laborales se convierten en una fuente importante de tensión y de dificultades. Tenemos que aprender a trabajar en un ambiente cada vez más conglomerado, así como a relacionarnos con personas que normalmente no contaríamos entre nuestras amistades. Estos problemas pueden ser una causa importante de depresión.

Problemas con la familia y los hijos:

Aquellos que están más cerca de nosotros son frecuentemente la causa de nuestros dolores más profundos. Los padres cuyos hijos no llegan a ser lo que ellos deseaban pueden experimentar pérdidas significativas. Y en casi todo hogar existen conflictos por causa de la disciplina. En ocasiones, este conflicto es entre los padres, pero ocurre con mayor frecuencia entre padres e hijos. Esta es una seria fuente de depresión.

Problemas con los hábitos:

Algunos se hacen adictos a ciertos patrones de conducta y desarrollan hábitos que pueden convertirse en fuentes de depresión. Hábitos tales como el fumar, el alcohol y las drogas pueden ocasionar serios problemas biológicos, y a la vez causantes de otros problemas, incluyendo la discordia en la familia y la desintegración de matrimonios. Las personas que se acostumbran a conductas emocionales y vibrantes, también pueden terminar sufriendo desilusiones. Hasta los adictos al trabajo pueden ser propensos a la depresión.

Poca autoestima:

Para algunos, la escasa autoestima es causa de depresión y al mismo tiempo un síntoma de ella. Como he dicho anteriormente, la baja autoestima puede hacer que usted se deprima, pero también puede ser la consecuencia de su depresión.

Envejecer:

Para muchos, el envejecer habrá de ser una experiencia traumática. Cuando somos jóvenes, rara vez pensamos en la muerte o en morir. Pero a medida que nos acercamos al tiempo de promediar nuestra vida y hacia el final de la misma, la conciencia de que tenemos un tiempo de vida limitado se hace muy real. Es en estos tiempos cuando hombres y mujeres comienzan a pensar acerca de lo que no han logrado hacer, y lo que todavía les queda por alcanzar. Esto puede ser una significativa causa de depresión.

Soledad y aburrimiento:

Nos hemos venido convirtiendo en una sociedad solitaria. Mientras más nos amontonamos en las ciudades, mayor es la probabilidad de aislarnos en nuestros pequeños compartimientos, separados de los demás. Conozco muchas iglesias grandes donde la gente se siente sola y aislada, a pesar de verse rodeada de una gran cantidad de feligreses.

La soledad y el aburrimiento, por consiguiente, pueden ser serias causas de depresión. Si usted no tiene una clara idea de los propósitos de Dios en la vida, de modo que lo ayude a sobreponerse a tales depresiones, o si no tiene una clara idea de cómo Dios está obrando para llevarlo a ser la clase de personas que El desea, la soledad y el aburrimiento pueden ser abrumadores.

En este punto, muchos estudios han demostrado que el rápido aumento en incidentes de depresión desde la Segunda Guerra Mundial es mayormente el resultado de la pérdida de la fe y la esperanza en nuestra sociedad, además de una disminución en el compromiso con la religión, la familia, la comunidad y el país. A medida que la sociedad moderna abandona los valores cristianos que tradicionalmente hemos considerado buenos, podemos esperar un mayor aumento en la depresión. La persona moderna está confundida, solitaria, abandonada y desesperada. Todas estas cosas contribuyen significativamente a la depresión.

Falta de vínculos:

Las personas sin vínculos de familia o de iglesia y sin una existencia con significado, habrán de luchar para hallarle propósito a sus vidas y experimentarán más depresión. Una condición necesaria para encontrarle significado a la vida es estar vinculado a algo mayor que uno mismo. Las personas que no toman en serio su relación con Dios, carecen del ingrediente principal para hacerle frente a la vida y a las pérdidas. Las personas desvinculadas de la familia o que no le hallan significado a sus vidas, corren mayor riesgo de tener depresión.

Esto quiere decir entonces que, como cristianos, tenemos un recurso incomparable para ayudar a otros a hacer frente a la depresión. Tenemos, además, una gran oportunidad evangelística y misionera allí donde vivimos.

¿De qué manera la desilusión con la actuación personal se relaciona con la depresión?

En nuestra cultura, donde le atribuimos tanto valor al éxito y a la actuación personal, cualquier cosa que nos haga fallar es un rudo golpe a nuestra autoestima y nos llevará a la depresión. Los fracasos representan una profunda sensación de pérdida personal, mayor aun que la pérdida de cosas materiales. Es posiblemente la causa principal de pérdidas que conducen a estados depresivos y es también la base para la forma más severa de depresión reactiva.

¿Es la llamada «crisis de la mediana edad» una causa de depresión?

Muchas crisis de la mediana edad –especialmente en los hombres– son provocadas por la depresión, pero el asunto es mucho más complejo. Esa crisis es, a la vez, *causa* y *consecuencia* de la depresión.

Déjeme ilustrarle primero esto último, ya que a menudo las personas no se dan cuenta de que las crisis de la mediana edad pueden ser precipitadas por la depresión. Supongamos que un hombre pase los cuarenta y se dé cuenta de que las cosas no le están yendo muy bien. Está fracasando en su empleo, no ha logrado alcanzar sus metas, y sus ambiciones están comenzando a desaparecer. A la vez se da cuenta de que está envejeciendo, de que la juventud y las oportunidades se le están escapando. El considera estas cosas como pérdidas y comienza a deprimirse.

Esta depresión puede conducirlo a una crisis en la que frenética e impulsivamente intenta reemplazar sus pérdidas. Mira a su matrimonio y dice: «Lo primero que debo hacer es buscarme otra esposa. Si estuviera casado con otra persona, estoy seguro de que podría alcanzar mis metas». Así que abandona su matrimonio y se va con otra mujer, usualmente mucho más joven. Así, la depresión que sentía por causa de su fracaso en el trabajo lo llevó a una crisis mayor y dio lugar a una serie de eventos concebidos para aliviar la depresión.

Pero la crisis de la mediana edad puede ser también causa

de la depresión. Una mujer con cuarenta y tantos años de edad sale a trabajar por primera vez. Sus hijos ya no dependen de ella así que desea hacer algo significativo con su vida. Pero según comienza a desarrollar una carrera, comienza a pensar que se ha privado de muchas cosas en la vida. Así que comienza a «vivir la vida», tiene varios incidentes amorosos y de repente vuelve a sus cabales. Pero ahora está deprimida. Se siente estúpida y avergonzada por haber perdido la cabeza. Su crisis terminó, pero no su depresión.

Sería mejor, tal vez, ver la crisis de esta etapa de la vida y la depresión como cosas que se han relacionado y vinculado entre sí.

¿Puede la depresión, por así decirlo «salir de la nada», sin ninguna razón aparente?

La depresión puede parecer que proviene de la nada, pero siempre hay una causa, ya sea física o sicológica. El problema consiste en que nosotros no siempre podemos identificar la razón. Aún no podemos entender la complejidad del cuerpo o la mente. Cuando una persona se fatiga, por ejemplo, puede que la depresión parezca salir de la nada, pero por supuesto es el resultado de la fatiga. El cuerpo no es capaz de sostener a la persona en su lidiar con la vida. Puede ser que parezca que se está «mistificando» al individuo. Algunas depresiones endógenas pueden surgir aparentemente de imprevisto, pero una vez más, hay una causa real para la depresión.

¿Y qué de las depresiones que provienen de nuestras experiencias?

Las depresiones que surgen de experiencias pasadas también parecen surgir de la nada. Una vez más, siempre hay una razón para la depresión, aunque no se muestre claramente en el momento. Muchos tenemos en nuestro pasado asuntos sin resolver: hogares infelices, padres abusivos, desencantos y fracasos. Estos no han sido resueltos y puede que en algún momento u otro surjan como depresiones, cada vez que percibamos las pérdidas asociadas con ellos. Cuando esto sucede, puede que necesitemos volver a sentir el dolor una vez más.

¿Son las depresiones súbitas algo frustrante de tratar?

Sí, lo son. Porque se presentan de momento y sin ninguna razón aparente, aumentan nuestra frustración y nuestra reacción puede añadir mayor depresión.

Sin poder ver una explicación inmediata, comenzamos a buscar las razones. Es algo común para las personas el culpar a sus cónyuges, sus hijos, sus padres o sus trabajos. Cierto número de mis clientes se han acercado a mí con largas listas de «causas» que producen sus depresiones. «Bueno, es porque mi esposo nunca me habla». «Se debe a que mi esposa no es cariñosa». «Sufro depresión porque mis padres nunca me amaron lo suficiente». Todas suenan creíbles, pero muy poco puede ser probado.

Este modo de pensar no hace mucho bien, porque externalizas la culpa de la depresión, cuando en realidad las personas debieran estar buscando la causa en su interior. Tenemos que recordar que los demás no causan nuestra depresión; es que nosotros nos permitimos el estar deprimidos. Y somos los únicos que podemos abrir la puerta de la prisión y librarnos de nuestra depresión. Muchas circunstancias de nuestro pasado y de nuestro presente no pueden ser cambiadas. Lo mejor es sufrir la pérdida conectada con estas circunstancias y seguir adelante con nuestras vidas.

¿Podemos entrar en depresión con nuestros pensamientos?

Todas las reacciones depresivas son el resultado de procesos mentales. Surgen porque nosotros *percibimos* algo como pérdida. Esto significa que pensamos, razonamos, y procesamos la pérdida. No es la pérdida en sí la que nos vuelve deprimidos sino nuestra percepción de ella y la forma de pensar que adquirimos una vez que lo percibimos. Si nos han robado, probablemente no experimentemos depresión hasta que lleguemos a la casa y se nos pase la primera impresión. En ese punto, nuestros pensamientos comenzarán a enfocarse en nuestros temores y pérdidas, y se iniciará la depresión.

Pero no necesitamos un evento traumático para comenzar el proceso. Nosotros podemos literalmente entrar en depresión con nuestros pensamientos con tan sólo meditar en pequeños eventos e interpretarlos como algo catastrófico. Es por esta razón que estoy firmemente convencido de que la mejor forma de minimizar la depresión es modificando nuestra forma de pensar –es decir, aprendiendo a pensar con claridad y de forma racional.

¿Cómo se relacionan nuestros «afectos» con las pérdidas?

Para entender la depresión reactiva no solamente tenemos que entender el concepto de pérdida y ver cómo hemos sido creados para que nuestra respuesta incluya el proceso del dolor, sino que también necesitamos entender cuál es la idea del «afecto», aquello a que estamos apegados. Mientras mayor sea nuestro afecto hacia alguien o algo –y mientras nos adhiramos a ello con más firmeza– mayor será la experiencia de depresión.

Tenemos muchos afectos en la vida. Una madre da a luz un hijo, e inmediatamente ocurre un vínculo que es una forma de afecto. El joven padre que ve a su bebé por primera vez también desarrolla un marcado afecto con la criatura. Recuerdo esta experiencia claramente cuando nacieron cada una de nuestras tres hijas. Fue como si desde ese momento ellas fueran una parte permanente de mí.

Cuando hacemos amistades, también formamos afectos. Cuando nos enamoramos, nos casamos y nos establecemos en una comunidad, formamos afectos. Estos son un aspecto necesario de la vida. Dios nos ha creado para que los formemos, pero llegará el día en que nos separaremos de todo afecto, con la excepción de nuestro afecto hacia Dios en Cristo.

El resolver la depresión, entonces, es cuestión de «desconectarnos» del objeto al cual nos hemos apegado. Algunos estamos quizás muy apegados a la vida y a las cosas materiales. Jesús, precisamente por entender cómo nosotros formamos estos afectos, nos advierte: «Porque, ¿qué aprovechará al hombre, si ganare todo el mundo, y perdiere su alma?» (Mateo 16:26a). El apóstol Pablo nos exhorta: «Poned la mira en las cosas de arriba, no en las de la tierra» (Colosenses 3:2). Estos son avisos hechos muy a tiempo por un Dios que nos conoce bien. Estos avisos necesitan ser atendidos, si es que vamos a tratar con la depresión de forma efectiva. En otras palabras, es posible estar demasiado apegado a las cosas de este mundo, lo cual termina resultando en nuestra contra.

Finalmente, la sanidad de la depresión viene cuando dejamos libres a las cosas o personas a las cuales nos estamos aferrando. Esto también es cierto en cuanto a nuestra reputación, nuestros desencantos y nuestra necesidad de estar en control de la situación. Hablaremos más sobre este asunto en el capítulo 5.

¿Tienen ventaja los cristianos?

La superioridad de nuestros recursos como cristianos se demuestra claramente en esta área. Cada desencanto, cada crítica, y cada persona que nos defrauda o traiciona es una oportunidad para que la gracia de Dios obre en nosotros, para producir crecimiento espiritual. ¡Sabemos que Dios tiene el control! ¡Creemos que El tiene un plan para nuestras vidas! Hemos experimentado su intervención en el pasado. Esta perspectiva puede ayudarnos a soltar las cosas del mundo y acelerar el proceso de aflicción.

Permítame añadir rápidamente que esto no es razón para que si alguien está deprimido se sienta culpable. Todos nosotros estamos en diferentes niveles en nuestro crecimiento espiritual. Algunos, como el apóstol Pablo, pueden decir: «Y ciertamente, aun estimo todas las cosas como pérdida por la excelencia del conocimiento de Cristo Jesús, mi Señor, por amor del cual lo he perdido todo...» (Filipenses 3:8). Otros encontrarán que aun las pérdidas pequeñas resultan difíciles. Dios no nos juzga por esto. Pero nos llama a crecer en madurez de carácter para que podamos aceptar nuestras pérdidas más rápidamente.

Lo que es importante, espiritualmente hablando, no es si estamos libres de la depresión, sino si usamos cada experiencia de pérdida como una oportunidad de ver con más claridad la voluntad de Dios para nuestras vidas. La mayoría tal vez tendrá que luchar con cada experiencia de pérdida. ¡Aprendemos lentamente! En ocasiones puede que demostremos una fe monumental, y hasta los traumas importantes no nos molestarán. En otras ocasiones, puede ser que las cosas más pequeñas nos provoquen una depresión de importancia. La llave para estar gozosos, sanos, y tener una vida espiritual madura descansa en el poder recibir nuestras pérdidas con benignidad, sufrirlas con la ayuda de Dios, y finalmente llegar al punto en que estemos, sin «ataduras» a la mayoría de las cosas de este mundo.

La habilidad de enfrentarse con la pérdida en forma constructiva es básicamente una habilidad de salud mental que toda persona debe desarrollar. Debiéramos enseñarla en la escuela desde el preescolar, reforzarla en la adolescencia y seguirla desarrollando a través de la vida. Nuestro nivel de felicidad y satisfacción depende de ello.

¿Acaso la experiencia de la depresión no lleva consigo la semilla de su propia profundidad?

Parece lógico el pensar que la depresión en sí misma es una pérdida tan importante que crea aun más depresión, pero no es lo que sucede. La depresión no se perpetúa automáticamente sino que tiene la tendencia de regresar hacia la normalidad. La mente y el cuerpo tienen su «equipo» de autorrestauración. Solamente se perpetúa cuando hay interferencias en este ciclo normal de depresión. El factor determinante, la llave de la sanidad es la manera en que las personas consideren de su pérdida.

¿Cómo difiere la depresión endógena de la reactiva?

Como ya explicara en el primer capítulo, la depresión endógena es causada por un trastorno bioquímico y puede ser activada por muchos factores, incluyendo defectos genéticos, tensión, fatiga, enfermedad, o algún mal funcionamiento glandular.

La baja de adrenalina es otra causa común, y varía desde un fin de semana de depresión moderada a un abatimiento mucho más serio. En ocasiones, el período que sigue inmediatamente a un éxito o victoria puede activar este tipo de depresión. La llamamos depresión de «posadrenalina», porque sobreviene cuando nuestra adrenalina baja súbitamente, después de haber sido elevada.

La experiencia de Elías después de su asombrosa victoria en el Monte Carmelo (ver 1 Reyes 18–19) es un buen ejemplo de este abatimiento después de una excitación. Cuando hubo derrotado a los profetas de Baal, corrió hacia el desierto, se recostó debajo de un arbusto de enebro, y le pidió a Dios que le quitara la vida.

Esta depresión posclimática tiene una raíz fisiológica importante. Durante períodos de éxito usamos mucho nuestra adrenalina y nuestros sistemas de estímulo. En el momento que el exceso de adrenalina no es más necesario, es como si nuestro sistema dijese: «Apágate. Necesitamos tiempo para recuperarnos». Las depresiones de posadrenalina se convierten en algo muy positivo a fin de proveer las condiciones apropiadas para ese tiempo de recuperación.

Las depresiones endógenas también pueden convertirse en la forma más seria de depresión, como lo es el desorden bipolar, antes conocido como sicosis maníaco–depresiva. Si es tratada con prontitud, estas depresiones pueden ser controladas rápidamente, y se puede evitar el sufrimiento innecesario.

¿Cuáles son las causas fisiológicas más comunes de la depresión?

Los problemas glandulares, las fatigas causadas por tensión, y muchas enfermedades –incluyendo cáncer y gripe– pueden causar depresión tanto en mujeres como en hombres. Muchos medicamentos también causan depresión. En la mujer, el ciclo menstrual es una causa muy importante (ver capítulo 3). Algunas de las causas fisiológicas son un misterio –no hemos podido descubrir qué son, aunque podemos ver sus efectos.

¿Pueden las depresiones ser motivadas por las drogas?

Las drogas, o mejor dicho los «efectos secundarios» de las drogas, pueden crear depresión. El alcohol, por ejemplo, inicialmente puede aliviar la depresión y es usado por muchas personas como un tranquilizante. Cuando se sienten tristes, buscan el alcohol, pero éste es en realidad un depresivo, así que una vez que pasa su efecto, la depresión es peor que antes. Otras drogas son estimulantes. Crean una sensación de bienestar, pero no por largo tiempo. La depresión es peor cuando pasa el efecto de la droga.

¿Es hereditaria la depresión?

Algunas formas de depresión son claramente hereditarias, especialmente en la mayoría de las depresiones endógenas. Los estudios de gemelos idénticos, por ejemplo, han establecido una asociación genética. No sabemos si todas las depresiones que se repiten en las familias son causadas por herencia, puesto que no hemos podido establecer el mecanismo específico de su inicio.

Algunas depresiones endógenas menores no son necesariamente genéticas sino que son causadas por exceso de tensión o un mal funcionamiento en el sistema endocrino. Sin embargo, algunas evidencias indican que en las personas que experimentan una depresión sicológica por un largo tiempo, el cuerpo se acostumbra a ese bajo nivel de funcionamiento. La perturbación bioquímica se vuelve relativamente permanente, pero la causa es toda una vida de depresiones.

En ocasiones los padres enseñan a sus hijos a enfrentarse con la vida en forma depresiva. Estos padres recibieron la misma enseñanza de sus padres, así que el problema pasa de generación a generación.

En líneas generales, las depresiones genéticas responden bien a tratamientos antidepresivos. Personalmente opino que es mejor sufrir de una de las depresiones causadas por problemas genéticos (que pueden ser tratadas) que sufrir depresiones neuróticas las cuales son más difíciles de vencer.

¿Cuál es la relación entre el nivel bajo de azúcar en la sangre y la depresión?

Muchas personas reportan sentir depresión o bajo estado de ánimo poco tiempo después de haber comido o aun más común, justo antes de su próxima comida. Esto es causado por un nivel bajo de azúcar en la sangre, y algunos son más sensibles a esto que otros. El bajo nivel de azúcar en la sangre interrumpe todo nuestro equilibrio emocional: nos volvemos irritables, intolerantes, o nos molestamos con facilidad. Los problemas con los niveles de azúcar en la sangre a menudo pueden precipitar depresiones porque se perturba nuestro ambiente social.

Considere esta escena familiar. Su esposo llega del trabajo. Usted no ha podido probar bocado desde temprano en la mañana porque ha estado muy ocupada. Eso significa que su bajo nivel de azúcar en su sangre la vuelve irritable. Hay un poco de discusión y su esposo se violenta. Usted tiene una sensación de pérdida y se deprime. Su depresión no es causada por la escasez de azúcar en su sangre, sino por consecuencias secundarias de ésta. Este es el tipo de ciclo complejo que puede perturbar nuestro equilibrio emocional.

¿Puede acaso la dieta contribuir a una tendencia hacia la depresión?

Algunas personas sostienen que la dieta es un componente importante de la depresión. Con certeza, si nuestras dietas no están bien balanceadas, o si estamos deficientes en ciertas vitaminas esenciales, nuestros sistemas no van a funcionar satisfactoriamente. La consecuencia resulta en la depresión. Algunos sostienen que el azúcar intensifica los ciclos altos y bajos de nuestras emociones con sus «alturas artificiales», pero eso es una exageración para aquellos que no son diabéticos. Sin embargo a fin de cuentas la buena nutrición es importante para nuestro bienestar físico, y posiblemente también lo sea para nuestro bienestar mental.

¿Cuál es la relación entre el buen estado físico y la depresión?

Las evidencias sugieren que los ejercicios físicos son muy importantes para mantener un equilibrio en la vida emocional. Los cuerpos enérgicos, como resultado de hacer buenos ejercicios, funcionan con mucha más eficiencia que los cuerpos físicamente inactivos; y las personas aptas, manejan mejor la tensión y no son tan propensas a las enfermedades. Algunos hospitales siquiátricos, usan programas de ejercicios con los pacientes que sufren de depresión severa, porque el ejercicio actúa como un estimulante al sistema. Entendemos que el ejercicio ayuda tanto para evitar como para tratar la depresión. Este no reemplaza los tratamientos acostumbrados, pero sí le ayuda.

¿Es posible que algunas enfermedades causen directamente la depresión?

En realidad sí. Por ejemplo, la depresión es un síntoma común de la gripe. La depresión ayuda al proceso de recuperación al hacer que disminuyamos la actividad y hacernos sentir desinteresados en nuestra rutina acostumbrada. Ciertas formas de cáncer, crean una profunda depresión, aunque en el caso de enfermedades que amenazan la vida, hay muchas pérdidas amenazadoras y reales a las que tenemos que enfrentarnos también. En esos casos la depresión es un mecanismo de defensa. Nos remueve de la vida, nos obliga a disminuir la actividad y nos hace sentir desinteresados en nuestro ambiente, para que nuestros cuerpos puedan disponer del tiempo necesario para combatir la enfermedad.

¿Cómo podemos enfrentarnos a la depresión que acompaña el envejecimiento?

La depresión no tiene que ser parte del envejecer, pero muchas personas mayores sufren de depresión. No sólo cambia su cuerpo, limitando sus habilidades de hacer las cosas que usted acostumbraba a hacer, sino también usted comienza a sentir el poco tiempo restante; aumenta una sensación de que las cosas están llegando a su fin, lo cual le hace estar más consciente de los límites de la vida. Duele perder el empleo cuando uno es joven, sin embargo no puede ser comparado con lo catastrófico que es perder el empleo a finales de la vida laboral. Todo tipo de ajustes es necesario en las pérdidas asociadas con el envejecimiento.

El proceso de ajustarse al envejecimiento tan saludable y realísticamente como sea posible envuelve el hecho de aceptar que se está envejeciendo, que todos tenemos que volvernos viejos, y finalmente morimos, no puede ir para atrás en la vida; sólo puede seguir hacia adelante. Y una vez más como sicólogo cristiano, pienso que en el proceso tenemos maravillosos recursos disponibles a nuestro alcance. El envejecer no es una perspectiva tan sombría para nosotros, como para aquellos que no creen en Dios.

Posiblemente el mejor ajuste para una edad avanzada es el haber estado bien en la etapa anterior. Por ejemplo, si sus años de adolescencia disfrutaron de buen ajuste, sus primeros años de adulto también posiblemente estarán bien ajustados. Si no lo fueron, sufrirá de problemas en la próxima etapa. Cada etapa se edifica en la anterior. Puede que este hecho, provea poca esperanza a la persona mayor que no pudo ajustarse bien anteriormente. *Sin embargo la realidad, es que nunca es muy tarde para empezar.* Haga lo mejor con la etapa de su vida presente. Esa es la mejor forma de asegurar que estará bien ajustada para su etapa final.

¿Será acaso depresión, mucho de lo que se considera senilidad en la vejez?

La senilidad y la depresión son dos fenómenos diferentes, pero es difícil separar la una de la otra. No hay duda de que los trastornos seniles tienen la tendencia a crear mucha depresión. Cuánto es fisiológico y cuánto es sicológico, no siempre se aprecia con claridad. Cuando alguien desarrolla un trastorno senil como la enfermedad de Alzheimer, muchas pérdidas pueden acompañar la decadencia de la habilidad mental. Esto incluye la pérdida de amistades y la pérdida de actividades. Tales pérdidas pueden causar depresión tanto como los cambios físicos que ocurren en el cerebro. Los dos están tan entrelazados que es difícil separar el uno del otro.

¿Cómo puede la depresión neurótica ser diferenciada de las demás?

Las depresiones neuróticas son causadas por reacciones inadecuadas a las exigencias de la vida. Por lo general, se crean a través de largos períodos de patrones en estilo de vida, y son neuróticas porque son una forma no saludable de enfrentarse a las ansiedades y las presiones. Este tipo de depresión se conoce hoy día como trastornos de distimia, aunque a mí no me gusta ese nombre.

¿Cuáles son las características de un estilo de vida depresivo?

Muchas personas se esconden en la depresión para evitar hacer frente a las presiones de la vida. Después de años de retraerse desarrollan un estilo de vida de cobardía. Cada vez que se encuentran con un poco de tensión, angustia o ansiedad, ellos se esconden en la depresión. Despiertan a la mañana, y la idea de encararse con el día les resulta abrumadora. Así que se refugian en la cama todo el día.

Las características de este estilo de vida incluyen una tendencia hacia la depresión ante la menor señal de ansiedad, una baja tolerancia a la tensión, una conducta que evita cosas, y una falta de enfrentarse a la vida. Sin embargo debo hacer una aclaración importante: en ocasiones la depresión perpetua es un síntoma de un problema mayor de depresión endógena. Antes de poder considerar las depresiones que persisten como un estilo de vida neurótico, tenemos que eliminar la posibilidad de que la depresión sea producto de perturbaciones fisiológicas.

TRES

La mujer y la depresión

Estudios realizados entre pacientes siquiátricos y en la población en general indican que la depresión es más común entre las mujeres que entre los hombres. De acuerdo a un informe en el *Observador de Stanford*, las mujeres sufren de depresiones serias en un promedio del doble que los hombres. Además, una de cada cuatro mujeres norteamericanas serán afectadas por la depresión en algún momento de sus vidas. De todas las mujeres que sufren depresión, probablemente no hay dos exactamente con las mismas circunstancias, y experimentan una amplia variedad de sentimientos, pensamientos y comportamientos.

Muchas veces ellas mismas no saben que están deprimidas y a través de sus vidas sufren penalidades severas desde un punto de vista personal y social. Ellas probablemente están aisladas y no tienen muchas amistades por causa de sus depresiones frecuentes. Que la depresión está en estos momentos en proporciones epidémicas en nuestra cultura en general es una realidad, y eso ocurre de manera especial en la población femenina.

Por cierto necesitamos una mejor comprensión de las depresiones particulares que afectan a las mujeres.

¿Por qué las mujeres se deprimen con más frecuencia que los hombres?

Hay muchos argumentos para explicarlo. Muchas teorías han sido propuestas, las cuales varían desde las condiciones sociales y las diferencias de ingreso económico, hasta razones biológicas y hormonales. No hay una teoría más correcta que la otra. Probablemente todas estén acertadas hasta cierto punto, mientras que juntas ofrecen una mejor explicación que por separado.

Antes de continuar, permítame expresar la validez de las estadísticas que muestran que las mujeres sufren más de depresión que los hombres. Algunos han desafiado estas estadísticas en base a que hay un prejuicio en la forma de informar y recopilar la información sobre las mujeres. Muchos piensan que el rótulo de depresión es usado con más frecuencia con la mujer que con los hombres. No tengo dudas de que en ocasiones en el pasado –y probablemente hoy día hasta cierto punto– ha habido algunos prejuicios negativos hacia las mujeres en cuanto a los diagnósticos sicológicos o siquiátricos. Las mujeres a menudo tienen más posibilidades que los hombres de que se les diagnostique una perturbación severa, pues los trabajadores de salud mental son predominantemente del sexo masculino.

Sin embargo, en años recientes, los prejuicios han sido corregidos por el cuidado consciente de aquellos que han tratado de hacer del sistema algo más justo hacia las mujeres. Además, la profesión de salud mental se encuentra ahora bien poblada de mujeres. No obstante este cambio, las estadísticas de que las mujeres son más propensas hacia la depresión aún existen.

¿Cuáles son las causas básicas de la depresión en las mujeres?

Ofreceremos un breve resumen de las causas principales, y luego consideraremos las más serias en detalle a través del resto del capítulo.

1. *Factores sociales*

Durante mucho tiempo, las condiciones sociales y aptitudes en nuestra cultura han puesto a la mujer en desventaja. A las niñas se le enseñaba a ser dependientes y sumisas, y un estado particular de desamparo era nutrido en sus corazones. La depresión para muchas mujeres ha resultado ser una estrategia de supervivencia. En otras palabras, cuando las condiciones de vida se vuelven intolerables, muchas mujeres se esconden en la depresión, muestran indiferencia hacia el ambiente, y se vuelven pasivas y desvalidas pues es la única forma en que pueden funcionar.

Esto es algo particularmente cierto cuando hay abusos físicos. Se estima actualmente que hay entre dos y seis millones de mujeres en los Estados Unidos de Norte América que son abusadas anualmente. Un alto porcentaje de estas mujeres son víctimas de incesto. Más aun, un gran número de mujeres son violadas y/o asesinadas por sus esposos o novios. Tales condiciones sociales claramente producen un impacto severo en el estado mental de la mujer promedio, y la depresión es a menudo la única forma que estas mujeres pueden hacer frente a sus situaciones.

2. *Cambios de papeles que afectan a las mujeres*

Muchos cambios de papeles están tomando efecto para las mujeres. Estas están tomando con más frecuencia posiciones de liderazgo en el gobierno, la industria, los negocios, y aun en las iglesias. Más y más estamos viendo a muchas de ellas llegar a ser las proveedoras principales en sus familias; no es cosa rara el encontrarse con mujeres que están ganando más dinero que sus esposos. El bienestar financiero de la familia cada día depende más y más del ingreso de la mujer. Con el aumento de los divorcios, más mujeres se encuentran siendo el único medio de sostén de la familia y los hijos, por lo que ellas tienen que ser más que simplemente madres. El peso del trabajo diario y la tensión por tener muchos papeles, pueden hacer sentir su efecto con colapso biológico y emocional.

3. *Problemas con la autoestima*

La conexión entre la baja autoestima y la depresión se conoce desde hace mucho. La depresión no solamente causa una baja autoestima, sino que también cualquier persona cuya estima haya sido corroída va a ser más propensa a la depresión. En forma clara, en nuestra cultura más mujeres que hombres tienden a sufrir de baja autoestima.

En parte se debe en que, a pesar de que ahora hay más oportunidades para encontrarse con el éxito, las mujeres tienen menos probabilidad de lograrlo. En parte se debe a una posición social más baja para la mujer, que tiende a ganar menos dinero por el mismo tipo de trabajo. Pero en su mayoría se debe a ser mujer en una cultura dominada por el sexo masculino. La virilidad es preferida sobre la feminidad en muchos sectores de nuestra sociedad, y este prejuicio es aun mayor hacia la mujer de color.

Por supuesto que están ocurriendo cambios. En muchos sectores de la sociedad las oportunidades para las mujeres han crecido grandemente. No obstante, aún faltan unas cuantas generaciones antes que veamos un cambio en los estereotipos y actitudes básicas hacia las mujeres, a fin de no corroer su autoestima y hacer que corran más riesgo de depresión.

4. *Factores biológicos*
La función reproductora de las mujeres ha contribuido grandemente a una mayor incidencia de depresiones. Esto no quiere decir que todas las consecuencias relacionadas con la función reproductora son biológicas. Los problemas con la infertilidad, la soltería (y por lo tanto no poder concebir hijos), y tratar de encontrar al compañero idóneo, han sido unidas hasta cierto punto con la carga de la reproducción de las mujeres y probablemente causen serias deficiencias sicológicas.

Definitivamente, la consecuencia más seria y común de la función de reproducción estriba en el complejo hormonal y en los cambios fisiológicos que la acompañan. Las dos consecuencias biológicas más serias son el *síndrome premenstrual* (SPM) y la *menopausia*. Más adelante en este capítulo le daremos una atención cuidadosa a este tema.

Algunos rechazan enfáticamente las explicaciones biológicas sobre la depresión en la mujer. Ellos no niegan que algunas mujeres tienen serios problemas con las hormonas, pero

DEA # _____

THIEM DANG, M.D.
GRETNA FAMILY MEDICINE CLINIC
1221 AMELIA STREET
GRETNA, LA 70053
364-1844
PROVIDER No. 1339229

NAME _MARTINEZ ANA_

ADDRESS _____ DATE _5/13/96_

R _MACROBID 500mg_

_#30_

SIG 1 q
day as directed

☒ LABEL

REFILL _____ TIMES   PRN   NR

_____M.D.   _____M.D.
PRODUCT SELECTION PERMITTED   DISPENSE AS WRITTEN
08/29/95   01-K10853753

insisten en que estas últimas no influyen en el estado de ánimo de la mayoría de las mujeres. También argumentan que los hombres y las mujeres son igualmente susceptibles a la depresión, pero que la depresión en los varones a menudo toma la forma de comportamiento –como la pasividad, el llanto, o inclusive el alcoholismo– y que en esto se encuentra la aparente diferencia.

Nosotros definitivamente necesitamos más investigaciones antes que podamos hacer declaraciones tan categóricas sobre cómo los factores biológicos contribuyen a la tendencia a la depresión. Por ahora, parece haber evidencia suficiente para sugerir que al menos en un porcentaje de las mujeres norteamericanas hay factores biológicos que afectan grandemente sus emociones.

¿Cuáles son algunos de los factores de riesgo para las mujeres?

Sea que hablemos de una forma particular de depresión completamente sicológica y causada por factores sociales, o bien biológica y causada por cambios hormonales, existen factores significativos que pueden producir un riesgo mayor para la depresión. En otras palabras, los factores sicológicos y biológicos a menudo trabajan juntos para producir un estado específico de depresión. ¿Cuáles son estos factores?

1. El vivir solas

De acuerdo al censo de 1980, en los EE.UU. casi once millones de mujeres mayores de 14 años de edad viven solas (sin ningún otro adulto). De ese número, más de ocho millones son madres solteras que viven con sus once millones de hijos. Es evidente, que son mujeres valientes, habilidosas, flexibles y que saben buscar recursos. Ellas viven una vida de grandes tensiones y demandas. Tienen que ganarse el pan de cada día, son madres y padres, amas de casa y amigas, y luego tratan de encontrar un poco de tiempo para ocuparse de sí mismas. La mayoría de estas mujeres, sean ricas o pobres, no importa su raza o profesión, tienen algún tipo de dolor. El vivir solas, de acuerdo a estadísticas, duplica el riesgo de sufrir depresión.

Para evitar caer en el creciente riesgo de depresión, las mujeres solteras –y especialmente las madres solteras– necesitan desarrollar una base adecuada de amistades y contactos sociales. El aislamiento alienta demasiada introspección y no provee suficiente equilibrio en la distracción para controlar los estados de ánimo. Las mujeres tienden a darle más atención a sus sentimientos y son más propensas a considerar demasiado las causas posibles de sus estados de ánimo. El aislamiento sólo hace que las cosas se vuelvan peor.

En general, los hombres parecen tener un mejor sistema de apoyo social que las mujeres. Cuando ellos se depriman, tienden a involucrarse en actividades que los distraigan de su estado de ánimo, mientras que las mujeres tienden a involucrarse en actividades que pueden intensificar sus estado de ánimo.

Aun las mujeres casadas pueden estar socialmente aisladas. He recibido un sinnúmero de cartas de mujeres que me cuentan que, aunque están casadas, se sienten extremadamente solas. Sus esposos casi nunca hablan con ellas y rara vez las sacan a eventos sociales. Estas mujeres, como las mujeres solteras, pueden tener más riesgo de sufrir depresión a menos que establezcan una red adecuada de amistades y participen en actividades sociales con regularidad, fuera de su hogar.

2. *Ser deseable sexualmente*

Ya que nuestra cultura pone primeramente en las mujeres la responsabilidad de ser atractiva a los hombres para poder noviar con ellos y casarse, muchas mujeres tienen más riesgo de depresión si no se ven deseables sexualmente. Esto las lleva a una preocupación creciente por sus cuerpos, su apariencia, y en cómo son percibidas por los hombres. Los desórdenes en el comer son, ante todo, un problema en las mujeres y se relaciona claramente con el peso y los sentimientos negativos hacia el cuerpo. De forma indirecta esto también afecta la autoestima y la percepción individual de lo sexualmente deseable que uno es.

3. *Falta de identidad*

Para muchas mujeres, especialmente aquellas que no desarrollan una carrera propia, su identidad se envuelve demasiado en el papel de madre y ama de casa. Si sucede algo que perturba esos papeles o que amenaza con quitárselos, la depresión puede volverse un problema serio. Nuestros egos se definen por lo que hacemos. Una buena madre que cuida de sus hijos, les enseña buenos modales, y finalmente los guía hacia el mundo de los adultos como personas de éxito, encontrará su identidad seriamente disminuida una vez que ellos se hayan ido de su lado. A esto le llamamos «el síndrome del nido vacío», pero es algo más que un simple «nido vacío» lo que pone a este tipo de madre en el riesgo de la depresión. Es el sentido de vacío y falta de satisfacción que se manifiesta una vez que ella no es necesaria. De pronto se encuentra sola, a la deriva, en un inmenso océano sin dirección y sin ningún sentido de logro. Esto aumenta el riesgo de la depresión. También alrededor de este tiempo es que la menopausia se manifiesta para complicar aun más la situación.

Las mujeres que se divorcian tarde en su vida, también experimentan esta reacción de soledad y abandono. Cuando usted ha pasado 20 ó 25 años de su vida edificando un hogar para su esposo y sus hijos, donde puedan refugiarse de sus vidas ocupadas y tensionadas a un refugio de paz y satisfacción, el rechazo es devastador. Cuando usted ha provisto comidas, cuidado a esposo e hijos enfermos durante enfermedades críticas, y luego, de súbito, se encuentra echada a un lado, la depresión que usted experimenta es más que la pérdida de un matrimonio. Es la pérdida de la identidad. Su propia esencia es destruida.

Lo triste del caso es que esto puede ser prevenido. Mientras que valoro grandemente el papel de la maternidad y de edificar y mantener un hogar feliz, las mujeres necesitan desarrollar un sentido más fuerte de su propia identidad fuera del hogar. Necesitan otros niveles de competencia además de los quehaceres domésticos.

Mi esposa Kathleen es un buen ejemplo de esto. Ella nos ha provisto a mí y mis tres hijas de un hogar maravilloso. Ella nos ha servido diligentemente, y aparte de todo esto ha trabajado arduamente para desarrollarse y lograr un sentido de competencia que complementa a la buena madre y ama de casa.

Después de criar tres hijas, Kathleen comenzó a buscar otras oportunidades de realización. Ella también sintió la necesidad de hacer algo que ella escogiese. Así que se matriculó en el Seminario de Fuller para tomar unos cuantos cursos. No deseaba la presión de lograr un título, pero sí quería mejorar su crecimiento espiritual.

Una vez que completó esos cursos, comenzó a trabajar algunas horas para una organización misionera, desarrollando un proyecto para ayudar a los niños que se estaban muriendo de inanición en el África. Este proyecto le dio un gran sentido de satisfacción, y también le ayudó a conocer dónde estaban sus dones: sintió el llamado a trabajar con otras mujeres. Al mismo tiempo, Dios abrió una oportunidad para que ella comenzara un estudio bíblico semanal y reuniones de oración con las esposas de los estudiantes del seminario, y ha estado haciendo esto con alegría durante los últimos seis años. Además, ella ofrece charlas conmigo en los seminarios, y también tiene cuatro nietos a quienes amar.

Todo esposo debe nutrir tal desarrollo en su esposa, y realmente cada mujer se debe a sí misma el reclamarlo. Sin una identidad mayor que simplemente tener cuidado de la casa y el esposo, cualquier mujer se expone a un alto riesgo de depresión. Esto no quiere decir que la mujer tiene que vivir con el temor de ser abandonada. Mi oración es que usted nunca experimente el rechazo de su cónyuge, pero hay algunos eventos en la vida sobre los cuales la mujer no tiene control. Sus hijos la dejarán un día, y su cónyuge puede sucumbir a una enfermedad. Y aun cuando sus hijos nunca se vayan y su esposo viva más que ella, la mujer necesita un sentido claro de su propia identidad y un sentido de competencia para poder definir quién es, desde una plataforma amplia.

¿Cómo puedo hacer esto?

• Tan pronto pueda, regrese al colegio y disfrute el crecimiento personal y el realce del intelecto que la educación provee.

• Conviértase en una ávida lectora. Los libros son una maravillosa fuente para expandir su mente y desarrollar su identidad.

• Trabaje como voluntaria y dése a sí misma en servicio a otros fuera de su casa.

• Mantenga un fuerte compromiso con el desarrollo espiritual, que trata temas de identidad y provee una más amplia perspectiva sobre nuestras vidas y sobre la función y papel que jugamos en las vidas de los miembros de nuestra familia.

• Mantenga la comunicación abierta con su esposo sobre su necesidad de identidad y de sentir que es una persona en crecimiento. Pídale a su esposo que participe en la nutrición de su crecimiento. Esto ayudará a evitar sentimientos que él pueda tener de que usted está abandonando las responsabilidades familiares.

¿Cómo afecta a la mujer el síndrome premenstrual (SPM)?

Durante los últimos diez de sus veintiocho años, Paula ha vivido una vida dividida. La mitad del mes ella es una mujer atractiva, inteligente, bien amoldada y contenta, pero en las otras dos semanas antes de su período de menstruación, sólo hay en ella desorden físico y emocional. Particularmente experimenta cambios extremos en el humor, lo que provoca a su vez dramáticos cambios de personalidad.

Durante la «buena» parte del mes, ella es una persona tranquila, competente en su trabajo como trabajadora social y de buena disposición. Ella y su esposo casi nunca discuten. Durante la segunda parte del mes, se convierte en una persona irracional, profundamente deprimida y agresiva. Ella discute sobre cualquier cosa, ha traspasado con su puño varias puertas, ha tratado de cortarse las venas y ha tenido un serio accidente de automóvil.

Paula sufre de una forma común de depresión, la que acompaña el síndrome premenstrual (SPM). Por supuesto, el SPM tiene muchos otros problemas que lo acompañan; físicos y emocionales. Pero para Paula, la experiencia de la depresión es el síntoma dominante y es el que le causa el mayor sufrimiento. El SPM es una de las formas de depresión que sólo ocurre en la mujer.

Muchas mujeres han aprendido a aceptar y vivir con el SPM. Otras han tenido que recurrir a la histerectomía[1] mientras que otras necesitan un tratamiento intensivo para sus muchos síntomas.

El SPM es posiblemente la causa más común de depresiones biológicas en las mujeres. En años recientes, muchos estudios han provisto datos beneficiosos sobre este tema, mientras que años atrás los médicos sugerían que el problema era principalmente sicosomático, y agravado por tendencias neuróticas. Ya nadie piensa así. El SPM es un problema *real*, y su causa es primordialmente –si acaso no exclusivamente– un factor biológico.

En 1981 el periódico *American Journal of Obstetrics and Gynecology* reportó que entre 20% y 40% de mujeres norteamericanas sufrían de alguna incapacidad física o mental durante sus períodos menstruales. ¿Cuántas de esas mujeres sufren de SPM? La Dra. Katharina Dalton, una médica de Londres que ha estado tratando durante 30 años el padecimiento de SPM, piensa que cinco millones y medio de mujeres norteamericanas (alrededor de un 10% de la población que puede tener hijos) sufre de este desorden a tal grado que necesita ayuda médica.[2] Para algunas es algo tan severo que sus violentos cambios de estado de ánimo pueden interrumpir sus vidas y las vidas de sus familiares.

Desde principios de la década de 1980 hemos logrado dar pasos agigantados hacia la comprensión y tratamiento del SPM. Confiamos que hayan pasados los días cuando los médicos, siquiatras y sicólogos les decían a las mujeres con este síndrome que no había ningún problema y que lo único que necesitaban hacer era calmarse. Ahora podemos decir que algo no anda bien; ellas *no son* neuróticas, sino que tienen un desorden fisiológico real que necesita tratamiento consistente y agresivo, como cualquier otro desorden.

Los efectos emocionales del SPM que acompañan a los físicos (dolores de cabeza, torpeza, dolor, y hasta convulsiones)

---

1. Proceso quirúrgico mediante la cual se extrae todo el aparato reproductivo de la mujer
2. *Family Circle*, 4 de junio de 1982, p. 28.

son primordialmente depresión, fatiga, tensión, ansiedad e irritabilidad. Quiero hablar primordialmente de la depresión, ya que es el tema principal de este libro y es a menudo eclipsado por síntomas más dramáticos como el enojo e irritabilidad.

Puesto que no hay mujer que tenga todos los síntomas asociados con el SPM, los períodos de depresión a menudo pueden no ser considerados como una característica importante del desorden, que rápidamente se estereotipa como un problema de tensión y enojo. Como lo describiera una paciente, «es como estar poseída. Siempre que se acerca mi período, pierdo los estribos con mi esposo, castigo a mis hijos, rompo la ropa, quiebro vasos, tiro las cazuelas, e incluso le doy martillazos a mis jarrones valiosos. Me siento completamente fuera de control y cuando todo pasa me siento avergonzada».

¿Cuáles son los otros síntomas?

Muchas mujeres experimentan tristeza y depresión –lo suficientemente significantes como para perjudicar sus vidas. Ellas se sienten indiferentes y sin energías. Pierden todo interés en sus actividades normales, y comienzan a pensar sobre ellas mismas en forma degradante. Lloran excesivamente y comienzan a considerar la posibilidad de quitarse la vida. Los deseos de morir son extremadamente comunes durante estos períodos.

Estos estados de ánimo tan desagradables pueden precipitar otros problemas, como el abuso de drogas y del alcohol. Muchas se vuelven al alcohol, por ejemplo, como una forma de aturdir sus sentimientos y quitarse su dolor emocional. Esta depresión, junto a los otros síntomas de SPM, puede llevar a la discordia marital y al abuso de niños, y puede hacer propensa a los accidentes a la persona que lo padece.

¿Qué causa el SPM?

Se piensa que la causa básica del SPM es una insuficiencia de la hormona femenina llamada *progesterona*, normalmente producida por los ovarios para preparar el revestimiento del útero para el embarazo. El tratamiento médico básico es reponer la deficiencia de progesterona, una estrategia que ha tomado mucho tiempo para ser aceptada en los Estados Unidos. Muchas clínicas pueden ahora ofrecer este tratamiento, y muchos médicos también lo ofrecen.

Si usted sufre de depresión severa como resultado de SPM, su primera reacción debe ser el buscar tratamiento para esta deficiencia. También hay que prestarle atención a la fluctuación del azúcar en la sangre y las deficiencias de vitaminas. El tratamiento debe incluir, invariablemente, enseñanza sobre control del estrés y estrategias preventivas.

¿En qué se diferencia el SPM de la TPM (*tensión premenstrual*)?

No toda mujer sufre de forma aguda de SPM como para necesitar un tratamiento suplementario de progesterona. Es importante distinguir entre la forma severa del desorden –la cual tiene claras manifestaciones clínicas, tanto físicas como emocionales– y la «tensión premenstrual» o angustia. Este último término describe el malestar que algunas mujeres sienten durante su ciclo mensual, el que tiende a empeorar alrededor del tiempo de la menstruación, pero donde el equilibrio hormonal es completamente normal, y la suministración de progesterona no ayuda para nada.

En otras palabras, la TPM es una forma menor de SPM, y es probablemente mucho más común de lo que pensamos. Por ejemplo, he visto a mujeres en terapia que nunca habían sospechado que pudieran sufrir de problemas de SPM, y sin embargo han dicho que se deprimen mucho en algún momento del mes. Dado que nunca coincide exactamente con las menstruaciones, nunca lo han relacionado. De manera general, ellas pueden controlar sus emociones, y muy pocas veces va más allá de ser un malestar personal. Los miembros de la familia no lo notan de forma particular, pero quien lo sufre se siente bastante miserable.

¿Cómo puedo saber si mi depresión está relacionada con la TPM?

¿Cómo puede saber una mujer si experimenta estas formas más leves del SPM? La única forma efectiva que conozco es manteniendo un «diario de estados de ánimo», y anotar cuidadosamente cómo se siente. Por ejemplo, puede pensar en una escala del 0 al 10 para sus sentimientos de bienestar general. El 0 significará que se siente absolutamente terrible, por el piso, extremadamente deprimida, mientras que el 10 es el mayor sentimiento de bienestar, lo mejor que pueda sentirse, cuando está libre de toda tristeza y la vida parece ser feliz. Un 5, obviamente, sería algo en el medio, cuando no se siente ni muy contenta ni muy deprimida.

Al final de cada día, otórguese usted misma una calificación entre 0 y 10, de acuerdo a cómo se sintió la mayor parte del día. Si le sucedió algo particularmente devastador o desagradable, también haga una nota, porque puede que eso sea el resultado de su estado de ánimo decaído. Si nada importante sucedió, su calificación reflejará con exactitud su estado de ánimo general de acuerdo a la química de su cuerpo.

Siempre que tenga el período menstrual, marque los días de comienzo y fin en su diario. Después de varios meses de mantener dicho diario, deberá resultar claro en qué momentos del mes comienza su depresión, y asimismo cuánto tiempo dura. El saber que hay una conexión entre su depresión y la química de su cuerpo, puede liberarla de muchas culpas falsas y evitar la búsqueda innecesaria buscando una explicación en su entorno. Esto mantiene la depresión en su común denominador más bajo, es decir como uno biológico. No exagera ni produce otra reacción sicológica secundaria que pueda empeorar las cosas.

¿Puede sugerir alguna ayuda?

¿Qué puede hacer usted, cuando se da cuenta de que está en un período de depresión conectado con las variaciones premenstruales? He aquí algunas sugerencias:

1. Cambios de estilo de vida
Los desagradables síntomas físicos de su SPM pueden ser aliviados con pequeños cambios en el estilo de vida. Por ejemplo, hinchazones, dolor en los senos, aumento de peso y dolores de cabeza son a menudo el resultado de retención de líquidos. Ellos causan una incomodidad que termina añadiendo más dolor a la depresión emocional que usted ya siente. Al reducir la hinchazón – por ejemplo con cosas como una dieta baja en carbohidratos y sal– usted puede reducir la cantidad de agua retenida en el cuerpo. Eso reduce la incomodidad física y puede ayudarla a mejorar su estado de ánimo. Tal vez desee conversar con su médico para ver si podría ser beneficioso un diurético suave (esto ayuda a eliminar el agua del cuerpo), tomado una semana o antes del esperado cambio emocional premenstrual.

2. Cambios en el régimen de comidas
Los cambios en la dieta pueden ayudar de forma significativa a disminuir sus cambios de ánimo. Los estimulantes como los hallados en los alimentos con cafeína (café, té, bebidas cola y chocolate) la ayudarán a reducir tensión y ansiedad. Algunas personas también han encontrado beneficioso el comer más a menudo pero en cantidades más pequeñas cada día, durante el período premenstrual, manteniendo el nivel de las calorías ingeridas pero no cargando el sistema gastrointestinal con comidas grandes. Esto ayuda a balancear el nivel del azúcar en la sangre, que produce dolores de cabeza cuando dicho nivel baja de súbito.

Aunque no hay una prueba científica de su beneficio, algunos han encontrado que la vitamina B6 puede serles de ayuda también.

3. Ejercicio físico
El ejercicio físico regular beneficia a las mujeres con SPM en cualquiera de sus formas. Estos ejercicios la ayudan a tonificar el cuerpo y a relajarlo. También ayuda a quemar el exceso de adrenalina, disminuyendo de esta forma el nivel de tensión.

4. *Control de la tensión*

La tensión agrava de gran forma el problema de SPM. No sólo que las deficiencias hormonales asociadas con SPM reducen su tolerancia a la tensión, sino que además la tensión crónica y prolongada también afecta el sistema endocrino y podrá agravar cualquier deficiencia existente. El cuerpo no puede luchar todas sus batallas al mismo tiempo. Durante tiempos de alta tensión, los niveles de adrenalina aumentan, la tensión muscular aumenta, y el volumen de sangre dentro del cuerpo es enviado a las áreas que lo requieren para responder en emergencia (cerebro, estómago, músculos y pulmones).

Estos cambios, puestos todos juntos, reducirán las habilidades del cuerpo para luchar con la deficiencia hormonal primaria que es el origen del SPM. La tensión hará las cosas peores. El manejo correcto de la tensión es, por lo tanto, esencial, y también lo será aprender ejercicios de relajación que ayudarán a bajar los niveles de adrenalina del cuerpo y a reducir su estado de emergencia.

¿Cuál puede ser un buen ejercicio de relajación?

El relajamiento puede ser alcanzado al pasar un mínimo de 30 minutos al día en un lugar tranquilo, relajando totalmente su cuerpo y mente. Comience por los pies; ponga en tensión los músculos de los pies por cinco segundos y luego reléjelos. Siga con las pantorrillas y haga lo mismo. Prosiga a través de los diferentes sistemas musculares del cuerpo, primero poniendo sus músculos tensos durante cinco segundos y luego relajándolos, hasta que haya cubierto todo el cuerpo.

Habiendo hecho esto, quédese inmóvil por el resto del tiempo de relajamiento. Trate de no mover ningún músculo. Ayuda si pone un reloj por 20 ó 30 minutos, y también un letrero de «no molestar» en su puerta. Usted no puede descansar mientras niños pequeños corren alrededor o jovencitos interrumpen y piden favores. Aun su cónyuge necesita dejarla tranquila. Al final de su relajamiento, respire profundamente varias veces, y siga haciendo sus quehaceres.

Otras actividades, como la natación lenta o descansar en un *jacuzzi*, también pueden ayudar a crear un cuerpo más relajado.

El manejo de la tensión es mayormente un asunto de «filtrar» lo que le causa tensión y tratar de concentrarse solamente en asuntos esenciales. Hay muchas fuentes de ayuda disponibles, y le aconsejo mi libro *Adrenalin and Stress* (La adrenalina y la tensión), que le proveerá de algunas estrategias para hacer esto.

¿Cómo se relaciona la menopausia con la depresión?

Quizás usted se haya encontrado con la depresión de la menopausia, la haya sufrido o conozca a alguien que la padezca. Quizás su primer pensamiento es «¿Cómo puede sucederme esto a mí?» Permítame asegurarle que de todas las depresiones que afectan a las mujeres, ésta es una de las más comunes. Viene en todos los tamaños, de tan sólo una tristeza pequeña a cosas mayores como la melancolía. Está asociada con los cambios de vida, y no es de sorprenderse que afecte tanto al hombre como a la mujer. Sin embargo, ya que es algo más serio en las mujeres, ellas serán el centro de mi discusión.

No hay nada fuera de lo natural en cuanto a la menopausia. No es una enfermedad, y no es una señal de debilidad. En realidad, es el cese natural del proceso reproductivo provisto por la creación. Tiene una función importante, prevenir el nacimiento de un hijo deficiente o enfermizo a una mujer cuyo cuerpo y hormonas probablemente no son adecuados para producir un hijo sano. También asegura que el hijo no nazca de una persona muy mayor que no pueda cuidarlo adecuadamente. Todo es parte de una creación inteligente.

Por mucho tiempo se creyó que ninguna mujer debiera esperar incomodidades o desequilibrio emocional durante la menopausia. Se pensaba que el problema era puramente sicológico y que reflejaba un ajuste inadecuado en el pasado. Yo no lo creo. La mayoría de los problemas menopáusicos son *completamente* biológicos y tienen que ver con el descenso natural de los estrógenos y el cese de la capacidad de tener hijos.

La menopausia comienza típicamente en algún momento después de los 40, aunque hay evidencia que la edad ha bajado, como también ha bajado la edad de la pubertad en los últimos 75 a 100 años. Como un 50% de las mujeres experimentan depresiones importantes durante el período de la menopausia, y para algunas este proceso de cambio puede durar mucho tiempo.

Los médicos tienen una lista de síntomas alarmantes que pueden acompañar la menopausia: calores repentinos por causa de la inestabilidad del sistema circulatorio; palpitaciones o latidos fuertes del corazón, los que pueden producir insuficiencia respiratoria, alteraciones en el estómago y del movimiento del vientre; dolores de cabeza; artritis; fatiga; y aun diabetes.

Cuando llega el momento de la menopausia muchas mujeres se preocupan de si están en sobrepeso. En vez de cambiar a una dieta razonable, se someten a alguna dieta de moda que las priva de los nutrientes adecuados que su cuerpo necesita. Esto puede agravar grandemente los síntomas de la menopausia. Otras personas puede ser que tomen grandes cantidades de café, y me refiero a café fuerte, con la esperanza de que le suprima los dolores del hambre. No toman el desayuno y generalmente ignoran las reglas de una buena dieta.

Las deficiencias producidas por estos hábitos pueden también agravar los síntomas menopaúsicos, como también producir significativas deficiencias de vitaminas, especialmente la vitamina E y el complejo B. Esto casi le garantiza un aumento de nerviosismo, desórdenes digestivos, dolores de cabeza y fatiga.

¿Cuánto dura la depresión menopáusica?

La depresión de la menopausia puede variar considerablemente. Puede durar solamente unos días y luego irse de la misma forma misteriosa en que apareció, o puede durar meses e inclusive extenderse por años. He visto casos donde la tensión biológica de la menopausia ha producido una gran depresión, la que ha requerido terapia intensiva y medicina extensiva. Afortunadamente, tenemos tratamientos efectivos para la variedad de depresiones que se sufren durante la menopausia, así que quien las sufre necesita ser animada para que busque el tratamiento apropiado.

Recuerde que no es tan sólo su imaginación; usted no está exagerando sus males, Dios no la ha abandonado y usted ciertamente no ha fracasado como cristiana. Esas ideas son ridículas, y cualquier intento de culparse a sí misma por los sentimientos desagradables y tristes solamente contribuirán a aumentar la depresión al crear más pérdidas. Si su depresión la incapacita, usted debe buscar un médico comprensivo que la ayude inmediatamente.

¿Debo ver a mi médico de cabecera o necesito un especialista?

No todos los médicos son buenos en el tratamiento de la depresión menopáusica. Puede que usted necesite ir a otro médico que no sea el de la familia. Usted debe consultar primero a un ginecólogo, ya que este médico está entrenado especialmente para tratar los problemas de la menopausia. Si después de la primera visita usted no se siente cómoda con el ginecólogo que ha seleccionado, busque a otro rápidamente y trate de nuevo. Puede ser que usted también necesite ver a un siquiatra. Muchos ginecólogos son excelentes tratando aspectos biológicos de la menopausia, pero puede ser que no sean muy comprensivos o habilidosos tratando los componentes emocionales.

Sea franco con su doctor. Pregúntele si puede tratar adecuadamente su depresión. En casos severos, puede ser necesario para el ginecólogo consultar con un siquiatra para encontrar el equilibrio correcto del medicamento. Por supuesto, no espere hasta que usted haya alcanzado una depresión total para buscar ayuda. Tan pronto como comience a tener calores repentinos, palpitaciones del corazón, insomnio prolongado, irritabilidad extrema, dolores en las articulaciones, sequedad en la vagina, flujo de sangre excesivo o irregular, o fatiga crónica aunque haya tenido suficiente descanso, consulte a su doctor enseguida.

En el tratamiento de la depresión menopáusica hay dos aspectos importantes que se deben tener siempre en mente. Está el aspecto biológico, la disminución de estrógeno y otras hormonas femeninas. Luego está el aspecto sicológico. En otras palabras, la depresión biológica primaria y fundamental puede tener una significativa cubierta de depresión reactiva o sicológica.

Después de todo, el envejecer no es algo que disfrutamos, y la menopausia puede señalar la pérdida de muchos aspectos significativos de la vida de la mujer. Significa el fin de tener hijos, así que una mujer que tenía esperanza de otro hijo puede deprimirse por causa de esto. Para muchas mujeres la pérdida de la capacidad de concebir también es una pérdida. Esta y muchas otras pérdidas pueden acompañar el comprender que la menopausia es el fin de un período de la vida y puede contribuir a aumentar la depresión.

Es muy posible, por lo tanto, que el médico que la trata sugiera que usted busque asesoramiento o sicoterapia como parte del tratamiento. Si su médico recomienda esto, o si usted se siente que una gran parte de su depresión es causada por pérdidas que no está manejando satisfactoriamente, busque a un consejero o siquiatra que la ayude. Recomiendo firmemente que usted comience hablando con su pastor para buscar referencias. Vuelvo a repetirlo, la llave de una recuperación pronta es buscar tratamiento pronto. Esto es así en todas las depresiones.

¿Hay algo más que puedo hacer?

El ajustarse a una nueva etapa de la vida puede ser el comienzo de nuevas áreas de aventuras emocionantes. Usted necesita ver el lado positivo de estas transiciones en la vida. Ellas pueden representar la pérdida de algunas cosas, pero también son el comienzo de muchas otras experiencias nuevas. Un reajuste de su actitud y la eliminación de ideas irracionales sobre la capacidad de concebir hijos puede ayudarla a apresurar su recuperación.

Además del tratamiento que el médico pueda prescribir, como ser una terapia de reposición de estrógeno, puede que sea necesario añadir un antidepresivo para los casos más severos de depresión. Tal vez usted desee tratar primero la terapia de reposición de estrógeno, pero no espere mucho tiempo. Las medicinas antidepresivas *no son* adictivas, ni tampoco causan ningún daño si las tomara sin necesidad. Generalmente recomiendo a las mujeres que al menos traten con un antidepresivo al principio del proceso del tratamiento. Si usted no logra poner bajo control la depresión biológica, lo más probable es que agrave cualquier depresión sicológica causada por la menopausia.

Si la recomendación de su médico es no iniciar la terapia de reposición de estrógeno por causa de tumores, presión sanguínea elevada, diabetes u otro desorden, puede que usted deba depender completamente de los antidepresivos para ayudarla durante su depresión.

Hay un pensamiento que nos consuela, al cual puede aferrarse: todas las depresiones menopáusicas tienen un fin. Usted puede mirar hacia un momento en el futuro en donde su malestar quedará detrás. La menopausia es tan sólo un acontecimiento en su vida, no es todo el viaje. Puede ser un tiempo de rededicarse a una vida con más propósito y productividad en Cristo. Realmente no es el momento para tenerse lástima o castigarse. Torne sus dolencias temporales en oportunidades para crecer.

¿Qué es la depresión *posparto*?

Es una forma especial de depresión a las que las mujeres son propensas. Es aquella que le sigue al nacimiento de un hijo. Se la conoce técnicamente como *depresión posparto*. Al igual que la menopausia, durante mucho tiempo esta depresión fue considerada como un desorden neurótico, y las mujeres eran culpadas de no estar preparadas adecuadamente para la maternidad. Ellas estaban, supuestamente, temerosas de la responsabilidad. En algunos casos esto puede ser cierto, pero en la mayoría de los casos, otra vez el problema es biológico. La mayoría de las madres abrazan sus hijos y se sienten unidas a ellos de tal forma que hay una reacción feliz para la crianza del hijo.

La intensidad de la depresión posparto puede variar desde suave –donde uno puede sentir sólo un poco de tristeza por algunos días– hasta sicosis severa –donde uno es incapaz de cuidar al hijo. Mientras más severa sea la depresión, más claramente señala que es causada por factores biológicos. Pero aun las formas suaves pueden ser causadas por cansancio y los cambios hormonales que acompañan el nacimiento. La depresión posparto tampoco está confinada a las madres primerizas. Algunas mujeres tienen un período de depresión inmediatamente después del nacimiento de cada hijo. Otras sólo lo tienen en algunas ocasiones.

Casi toda madre pasa por unos cuantos días «tristes» después del nacimiento de un hijo. Esto coincide más o menos con el tiempo que demoran los senos en producir la leche. Muchas más mujeres, sin embargo, experimentan una depresión más severa cuando dejan el hospital. En ocasiones esto es debido a cansancio físico, pero a menudo es causado por cambios hormonales que siguen al nacimiento del hijo.

¿Requiere tratamiento la depresión posparto?

Solamente las depresiones severas requieren tratamiento. Entre los sentimiento más comunes que se experimentan en la depresión posparto está el de inseguridad, temor a no poder atender al bebé, desencanto por el sexo del hijo o su apariencia, confusión, temores generales, y ansiedad. Las madres jóvenes con depresión posparto necesitan combatir la idea de que hay algo mal en ellas. Claro que puede haber algo malo con sus hormonas, pero eso no se refleja en ellas como personas.

El cuestionarse sobre sus habilidades de ser una madre amorosa y cuidadosa o sentirse culpable por no ser la madre perfecta, agravará definitivamente su depresión. Para ayudarla a limitar esos pensamiento y controlar sus sentimientos, un breve período de asesoramiento puede ser extremadamente beneficioso. Pídale a su pastor o médico que la recomiende a un terapeuta competente, preferiblemente una mujer, que pueda ayudarla a poner en orden sus sentimientos y prevenir más pérdidas. Si usted puede recibir apoyo emocional y confianza de su familia, amigos, madre o consejero, lo más probable es que la depresión pasará rápidamente y su recuperación será completa.

Haga lo que hiciere, no glorifique demasiado la maternidad. Ser madre es duro, y no todo bebé es el hijo perfecto. Simplemente acepte la realidad de lo que requiere ser madre, y usted se desenvolverá mucho mejor. En poco tiempo, sus sentimientos regresarán a la normalidad.

CUATRO

La depresión en los niños y en los adolescentes

Un estudio importante ha demostrado que 20 de cada 100 niños (uno en cinco) pueden estar sufriendo de importantes síntomas de depresión.[1] Esto puede parecer un número alarmante, pero cuando usted se da cuenta de que muchos de estos niños manifiestan su depresión en alguna forma «enmascarada», no es tan difícil de aceptar.

Para muchos niños, sus depresiones son temporales y no requieren ningún tratamiento especial. Son causadas por pérdidas normales con las que cada niño tiene que aceptar. Los niños pierden animales que corren hacia la calle y terminan muertos, amigos que se mudan lejos, parientes que mueren, y en ocasiones no pueden obtener lo que desean. Todas estas son pérdidas que los niños tienen que atravesar, pero por no

1. Archibald D. Hart, *Counseling the Depressed*, Waco, Word, 1987, p. 150.

haber desarrollado aún las habilidades para hacer frente a esas pérdidas importantes, invariablemente caen en alguna forma de depresión.

La depresión en los niños puede también ser muy seria, no solamente por la intensidad de la depresión, sino también porque son casi totalmente incapaces de responder a su entorno y hacer los ajustes apropiados frente a la pérdida.

Quizás el punto más importante que debemos mencionar sobre la depresión infantil es que en esas primeras etapas de desarrollo son establecidos los patrones para las depresiones que seguirán. La forma en que un niño maneja la frustración y aprende a manejar su pérdida, prepara el escenario para cómo se manejarán más tarde las depresiones, particularmente la depresión neurótica y la reactiva.

Si usted siente que su hijo está deprimido, por favor no titubee en buscar ayuda. Juntando su apoyo al de un profesional solícito, su hijo podrá salir como una persona más fuerte y más sana.

¿Qué es la depresión de la niñez?

Es un problema encontrar consenso sobre una definición adecuada de la depresión en la niñez. Algunos investigadores solamente reconocen como depresión un desorden en el estado de ánimo que incapacita totalmente. Por otro lado, yo creo que la depresión abraza todo el espectro, desde una experiencia normal de tristeza hasta una gran depresión. No siempre es fácil el trazar una línea entre lo que es normal y lo que es un problema clínico. Para un niño, sin embargo, probablemente no haya mucha diferencia. La depresión es depresión. Y cuando un niño está triste, lo importante es que él o ella aprenda cómo lidiar con esa tristeza en una manera saludable.

¿Cuáles son los síntomas de la depresión en los niños?

Mientras que los adultos demuestran su depresión claramente como una tristeza intensa, una tendencia a llorar mucho, pérdida de energía y repliegue social, los niños no siempre demuestran la suya de manera tan clara. A continuación hay una lista de algunas de las formas en que los niños pueden llegar a manifestar su depresión:

- Tristeza.
- Recogimiento. El niño no conversa ni juega con sus amigos.
- No tiene interés en los juegos o actividades regulares.
- Una profunda pérdida de energía.
- Se queja de estar cansado todo el tiempo.
- Poca capacidad para el placer.
- Muchas quejas físicas, que van desde dolor de estómago a dolor de cabeza, a vagos dolores por todo el cuerpo.
- Quejas de sentirse no amado o rechazado.
- Rehúsa recibir consuelo o amor, aunque se queja de no ser amado.
- Muchos pensamientos sobre la muerte y morir.
- Un aumento en comportamiento agresivo, peleas, y negativismo.
- Muchas alteraciones del sueño, incluyendo insomnio.
- Un cambio en apetito, ya sea comiendo de más o rechazando comer su alimento favorito.

Hay un desorden en el apetito que se llama *anorexia nerviosa*, e incluye un rechazo de la comida y evasión de alimentos; es un síntoma frecuente de depresión en las niñas mayores.

Otro factor en la depresión infantil que es diferente de la depresión de los adultos es la gran sensibilidad que los niños tienen en la relación con sus compañeros. Ellos se preocupan mucho sobre cómo los ven sus amigos, y cualquier rechazo que perciben causa o agrava una depresión.

Las características de la depresión de los adultos generalmente ausente en los niños son el temor al futuro y la incapacidad de responder rápidamente a cambios exteriores o distracciones. A diferencia de los adultos, los niños responden cuando se los lleva a algún lugar para recompensarlos o cambiar su entorno. Ellos no han aprendido aún las tendencias neuróticas de los adultos, que ven todo cambio en el ambiente simplemente como una distracción temporal. Necesitamos estar alerta a los *síntomas escondidos* de la depresión en los niños. Estos incluyen formas extremas de ansiedad, comerse la uñas, tirarse el cabello o enrollárselo, tics musculares, irritabilidad, rabietas, caprichos desacostumbrados o cambios de ánimo, negatividad excesiva, automutilación y comportamiento deliberadamente destructivo. Todos estos síntomas pueden enmascarar una depresión grande en un niño.

¿Cuáles son las causas de la depresión en la niñez?

Hay muchas causas para la depresión en la niñez, pero como con la que ocurre en los adultos, todas se reducen a un tema esencial: la experiencia de la pérdida. Consideremos un ejemplo.

Reinaldo tiene sólo 11 años, pero se comporta como si fuese mucho mayor. El ha visto mucho en la vida. Desde que tiene uso de memoria, sus padres han discutido y peleado. Ellos se han separado muchas veces. A veces su madre se iba de la casa y se lo llevaba con ella a un cuarto de hotel por varias semanas. En otras ocasiones su padre abandonaba el hogar, dejando a Reinaldo solo con su madre. En una ocasión se llevó a Reinaldo con él.

Por causa de estos cambios en la vida familiar, el muchacho aprendió temprano a defenderse solo. El trató de no mostrar mucho su dolor, y siempre que el conflicto entre sus padres se volvía muy intenso, él se encerraba en su cuarto o se iba en una larga caminata hasta que el conflicto hubiera aminorado. Como resultado, Reinaldo se convirtió en una persona muy solitaria. El no quería estar con sus amigos, al menos con los pocos que tenía, porque le hacían todo tipo de preguntas bochornosas sobre su vida familiar.

Lentamente la tensión comenzó a llegar a Reinaldo. El descubrió que si se ensimismaba, podía «anestesiar» sus sentimientos. Para cuando alcanzó los 11 años, era experto en «desconectarse» y no prestar mucha atención a la disputa entre sus padres, que a veces desencadenaba en violencia física. Perdió interés en los juegos, pocas veces salía, excepto para ir a la escuela, e inclusive abandonó la televisión. La única actividad que se permitía era escuchar música en su habitación, con los audífonos puestos. Esto lo ayudaba a apartarse del mundo e insensibilizar sus sentimientos.

¿Qué le sucede a Reinaldo? Es claro que está deprimido. Para el momento en que su madre se dio cuenta de que algo andaba mal y buscó ayuda, Reinaldo ya había desarrollado una depresión clínica intensa. El se había «calmado tanto» que su madre pensó que algo andaba mal físicamente. «El no tiene energía», me comentó quejándose. «El sólo se tira en un rincón todo el tiempo y dice que está muy cansado para hacer nada».

Reinaldo también había perdido interés en otras actividades, incluyendo sus pasatiempos y los juegos que antes prefería. Había comenzado a hacer amenazas de quitarse la vida o desear el estar muerto. Un estado de ánimo oscuro y sombrío lo había sobrecogido, y su madre estaba asustada.

No es difícil entender en qué consiste la depresión cuando observamos su desarrollo en un jovencito como Reinaldo. Atrapado en un mundo conflictivo e inseguro, amenazado con pérdidas a su alrededor, su mente estaba haciendo aquello para lo que había sido diseñada: protegerlo del dolor en su vida. A los 11 años de edad, apenas tenía las habilidades de sobrevivir por sí mismo, y el temor de ser abandonado por sus padres era tan intolerable que lo único que su mente pudo hacer fue cauterizar sus sentimientos.

Así fue que la depresión lo había atrapado en forma gradual. No había sucedido ninguna pérdida real, pero estaba rodeado por la amenaza de perder su hogar; de que su padre se mudara a otra parte del país como su madre decía constantemente; y de que toda su vida fuera afectada. ¿Qué se supone que haga un niño cuando lo rodean tales amenazas? La mejor protección que la mente puede desarrollar es la depresión.

A medida que caemos en la depresión –y «caer» es una buena descripción– nos volvemos letárgicos, perdemos interés en actividades normales, nos alejamos de las personas y de nuestro medio social, y luego comenzamos a desear que pudiéramos escapar de esta vida. Para Reinaldo esta depresión, tan temprano en su existencia, podía volverse fácilmente en un patrón para toda su vida. En el futuro, cuando sea enfrentado con conflictos intensos o amenaza de pérdidas, él sabrá qué hacer, porque lo ha aprendido muy bien de niño. Esto es quizás el argumento más fuerte para que los padres se animen a buscar ayuda para los hijos deprimidos. Ellos necesitan aprender formas más saludables de hacer frente a los problemas de la vida.

Por otro lado, las depresiones biológicas no son tan comunes en los niños como lo son en los adolescentes o adultos. Sin embargo, a medida que un niño se acerca a la pubertad, ciertos cambios hormonales importantes pueden afectar el estado de ánimo y producir depresiones temporales. Por regla general, sin embargo, los niños pequeños no están siendo llevados de un lado a otro por sus hormonas. Ellos están siendo sacudidos por la vida misma y la experiencia de las pérdidas.

La causa más seria de depresión en la niñez es el divorcio o la separación de los padres; es particularmente dañino para un niño que se acerca a la pubertad. El divorcio representa muchas pérdidas, incluyendo la separación de la familia, la pérdida de un padre, y quizás un cambio de ambiente con pérdida de amigos. También hay muchas amenazas de pérdidas a medida que el niño ansiosamente trata de anticipar el futuro.

¿De qué manera los sentimientos de fracaso se relacionan con la depresión infantil?

Toda experiencia de fracaso en un niño puede ser causa de depresión en ellos por la pérdida que representa. No poder hacerle frente a los deberes escolares, fracasos repetidos o la falta de habilidad para trabajar al mismo nivel que otros niños, pueden herir seriamente la autoestima de un niño.

Aquellos padres que establecen reglas extremadamente altas para sus hijos —junto a la expectativa de que esas reglas se cumplan— pueden ir desarrollando en los niños un profundo sentimiento de pérdida. Los niños que no pueden cumplir con las expectativas de sus padres o que constantemente se sienten rechazados por ellos porque «no cumplen», pueden experimentar pérdidas significativas. Esta es una de las razones por la cual la competencia puede ser dañina para muchos niños. A los niños altamente exitosos les agrada la competición. Ganan todos los premios y trofeos, y esto obra maravillas en su autoestima. El problema es que solamente una persona gana y todos los demás se sienten perdedores. Yo desearía que tuviéramos un sistema en nuestra cultura que ayudara a que cada niño pudiera sentirse ganador, por lo menos a veces.

Esta es la razón por la cual aconsejo a los padres que busquen actividades para sus hijos que sean un complemento natural para el talento de los niños. Un niño que no es fuerte físicamente no debe ser forzado a participar en deportes que requieran gran fortaleza física. Una actividad afín con sus habilidades debiera ser escogida en su lugar. Esto también es cierto en el ámbito académico. Algunos niños son muy hábiles en el uso de sus manos, por ejemplo en artes manuales, pero no les es fácil comprender conceptos de un libro de texto. Los padres debieran valorar estas otras formas de inteligencia y debieran equilibrar sus expectativas. Tendré mucho más que decir acerca de esto cuando hable del impacto de la depresión en la autoestima, al final de este capítulo.

Al preparar a los niños para hacer frente a la vida, ¿es buena idea ponerlos en situaciones en que fracasen, de modo que sepan cómo manejarlas en el futuro?

No lo creo. No enseñamos a los niños a nadar lanzándolos a una piscina. Tener un sólido sistema de valores es mucho más importante para hacerle frente a las pérdidas que el hecho mismo de experimentarlas. De hecho, las personas que experimentan muchas pérdidas no están mejor preparadas para hacerles frente que los demás; les cuesta más hacer frente a sus experiencias y se deprimen con facilidad.

¿Cuál es la mejor forma de ayudar a mis hijos a hacer frente a la depresión?

Lo más importante es que haya comunicación. Usted debe permitirles hablar libremente acerca de sus sentimientos de tristeza. No tema escuchar lo que tienen que decir. Esto, tal vez, arroje luz sobre algunos factores importantes en el entorno, lo que podría estar contribuyendo a su depresión –tales como rechazo o castigo de parte de sus amigos, así como dificultades en la escuela. Cuando usted sabe qué está causando la depresión, está en mejor posición para ayudarlos.

En una ocasión una madre vino a verme porque su hija estaba deprimida y no quería ir a la escuela. La madre se culpaba a sí misma, pensando que el problema era algo que ella había hecho. Le pregunté si había hablado con su hija sobre el asunto. Me contestó que no, porque temía que si hablaba abiertamente del asunto podía agravar la depresión de su hija.

Yo la animé a conversar con su hija. El resultado fue que la muchacha estaba teniendo problemas con otra niña en la clase de educación física. No tenía nada que ver con la madre. Las niñas hacían ejercicios en pantalones cortos y la otra niña se burlaba de las piernas de ésta. Tan pronto como identificamos el problema, la madre supo qué hacer. Habló con la directora del plantel, su hija fue cambiada de grupo y la depresión cesó.

Usted también debería enseñar a sus hijos valores sólidos. Temprano en la vida, ellos necesitan aprender a no darle excesivo valor a las cosas materiales. Esto ayuda a minimizar el crecimiento de un exagerado sentimiento de pérdida en cuanto a ellas.

Es importante también que usted ayude a establecer la autoestima de sus hijos. Ayúdelos a descubrir sus puntos fuertes. Algunos niños crecen creyendo que no sirven para nada, simplemente porque sus padres no los animaron a probar una amplia gama de actividades. Anime a sus hijos a encontrar algo que hagan bien, de modo que puedan tener un sentido de destreza especial y de logros.

Más aun, enseñe a sus hijos a cómo posponer el placer de

la recompensa. Lo que quiero decir con esto es que debe enseñárseles que todas sus necesidades no habrán de ser cumplidas inmediatamente. Algunas recompensas deben esperar. Existe la tendencia en nuestra sociedad a esperar que todas nuestras necesidades sean satisfechas instantáneamente. Esto prepara el terreno para la depresión y la frustración, porque la vida no funciona exactamente de esa manera. Debemos aprender a esperar las recompensas de la vida. Después de todo, no se nos paga minuto a minuto según trabajamos. Tenemos que esperar. El placer de la recompensa debe ser pospuesto.

Permítame ilustrarle cómo lo hice con mis hijos. Desde temprana edad mi hija menor tenía la tendencia de ser impulsiva y querer que todos sus deseos fueran satisfechos. Ella me pedía dinero o me pedía que le consiguiera alguna cosa. Entonces yo le respondía: «Sí, tan pronto como termine con lo que estoy haciendo, te lo daré». Al principio ella se enojaba y hasta tenía una pequeña «rabieta». Yo le respondía pacientemente: «Tan pronto esté listo, lo buscaré». Entonces esperaba unos minutos y me detenía en lo que estaba haciendo y hacía lo que le había prometido.

Pronto comprendió que yo siempre cumplía mi palabra, y aprendió a esperar. Pero asegúrese de que usted cumple con lo que ha prometido o de lo contrario sólo va a crear más frustración.

Si usted puede introducir un poco de demora cada vez que sea razonable y entonces cumplir lo que promete, ayudará a sus hijos a ser más pacientes. Créame que años más tarde esto los ayudará a evitar mucha depresión.

Finalmente, enfatice lo más posible el amor de Dios hacia sus hijos. El entender a ciencia cierta que Dios nos ama y nos cuida, puede ayudar a superar sentimientos de depresión y de odio hacia uno mismo. Los padres somos imperfectos y no podemos merecer el mismo respeto que Dios, ni podemos crear en nuestros hijos la idea de amor perfecto como lo puede hacer Dios. La mayoría de los niños pueden captar la perfección del amor de Dios y la inmutabilidad de su cuidado. Enseñe a sus hijos acerca de Dios y encamínelos hacia la experiencia de la fortaleza que Dios puede dar. Esto ayudará a sus hijos a resistir las tormentas del presente y a enfrentarse a las presiones de la vida en el futuro. Puesto que Dios nos ama, El nunca nos abandona, aunque muchos amigos lo hagan. El está con nosotros, y cuando llegamos al fondo de la desesperación encontramos que existe allí una roca sólida que nos sostiene y nos levanta hacia la superficie. Usted no podrá quitar la sensación de sentirse inútil, pero ciertamente podrá ayudar a sus hijos a sentirse seguros en el conocimiento del amor de Dios.

¿Cómo puedo enseñar a mis hijos a lamentar sus pérdidas?

Cuando enseñamos a nuestros hijos a lamentar sus pérdidas, ellos se repondrán de ellas más rápidamente. Podemos comenzar en la edad de preescolar, enseñándoles que las pérdidas son inevitables y lo que debemos hacer. Yo recuerdo vívidamente a mi abuela enseñándome a lamentar la pérdida de un pájaro. Era un canario de un color amarillo intenso. Mi abuela lo tenía en una pequeña jaula en su portal porque cantaba muy bonito. Cada vez que la visitaba yo le daba de comer y limpiaba su jaula. Llegó a convertirse en una mascota muy especial para mí.

Durante unas vacaciones escolares, mientras yo estaba de visita, mi abuelo se levantó una mañana muy temprano y encontró el canario muerto dentro de su jaula. El trató de sacarlo sin que yo lo viera, pero mi abuela se lo impidió. «Los niños deben aprender también a lamentarse y hacer duelo». Ella me sentó en una silla y me explicó que los animales no viven tanto tiempo como las personas, y que a todos ellos les llega el momento de morir. «Esto también les sucede a las personas», me recordó. Necesitamos ser valientes, aceptar estas pérdidas y seguir viviendo.

Ella sugirió que buscásemos una caja pequeña, la rellenáramos con algunos trapos viejos e hiciéramos un ataúd para el canario. Más tarde ese día ella dijo: «Tendremos un pequeño servicio fúnebre. Esta será nuestra manera de decirle adiós, y te sentirás mejor después».

Ella tenía razón. Al principio me sentía devastado por la muerte del pajarito, al extremo de no saber si deseaba tomar parte en el servicio fúnebre. Pero cuando cavé un hoyo, dije una oración y cubrí la caja con tierra, comencé a sentirme más aliviado y podía aceptar la pérdida como algo natural. La vida seguiría. Esto es cierto de muchas experiencias en la vida. No solamente los amigos, los seres queridos y los animales domésticos mueren, sino que también la infancia pasa, los hijos se casan y se van de la casa, los amigos nos abandonan, y finalmente envejecemos y nuestra salud comienza a declinar. Estas pérdidas son inevitables, y mientras más rápido aprendamos a separarnos de ellas, más rápido nos repondremos.

¿Cuán común es la depresión en la adolescencia?

En contraste con el debate acerca de si ocurre la depresión en la infancia, no existe duda en cuanto a la depresión en la adolescencia. Hemos sabido por mucho tiempo que la adolescencia es una etapa de extrema incomodidad emocional; muchos de nosotros la hemos sufrido.

No tenemos datos estadísticos claros sobre la incidencia de la depresión en la adolescencia, pero un estudio llevado a cabo por el *Oregon Depression Project* descubrió que mientras que en un momento dado cerca del 3% de los adolescentes estaban significativamente deprimidos, había probabilidades de que uno de cada cinco niños se deprimiera durante la adolescencia. El riesgo para las muchachas era el doble que para los varones, y se recomendó tratamiento para el 93% de aquellos considerados deprimidos.

Ante la creciente frecuencia de suicidio juvenil, muchos expertos creen ahora que la depresión en la adolescencia es más común que en la edad adulta. En mi opinión, por lo menos uno de cada dos niños habrá de experimentar una significativa depresión durante la adolescencia. En un momento dado, probablemente uno de cada cinco adolescentes se podrá considerar clínicamente deprimido.

Un hallazgo importante del *Oregon Depression Project* fue que el 43% de los adolescentes a quienes se les diagnosticó depresión también tuvieron otros problemas mentales durante el transcurso de sus vidas. La depresión existía junto con enfermedades físicas, y cuando ocurría con otros trastornos mentales, era más común que ocurriera después y no antes del trastorno.

Los adolescentes deprimidos eran mayormente muchachas que procedían de hogares donde sólo vivía el padre o la madre, o directamente no vivían con sus verdaderos padres. El nivel académico, el tamaño de la familia, el número de hermanos y la ocupación del jefe de la familia no eran factores determinantes. Se encontró que probablemente habían tenido experiencias de mucha tensión nerviosa en su pasado inmediato; eran pesimistas, introvertidos, con una imagen negativa de su apariencia física y una baja autoestima; dependían emocionalmente de otras personas, eran cohibidos y tenían menos apoyo social que los demás. Esto quiere decir que para muchas, el único apoyo social que podían señalar era el de sus propias familias.

¿Cuáles son los síntomas de la depresión en la adolescencia?

Debido a que la adolescencia en sí es una etapa de grandes cambios emocionales, la depresión puede ser difícil de identificar. Sentimientos de tristeza, soledad, ansiedad y desesperanza que se asocian normalmente con la depresión, también se pueden ver en el proceso normal del crecimiento. Algunos adolescentes que se sienten deprimidos exteriorizan su angustia, se ponen extremadamente agresivos y molestos, huyen del hogar o se convierten en delincuentes. Tales conductas pueden ser fácilmente descartadas como «típica tormenta juvenil», y su importancia en cuanto a presagiar una seria depresión puede ser pasada por alto. Todas estas señales, por lo tanto, deben ser examinadas de cerca en caso de que indiquen depresión.

Para determinar si un adolescente está deprimido, debemos considerar los cambios que han ido ocurriendo. Las siguientes preguntas pueden ayudar a clarificar el estado mental de un adolescente:

- Quien solía ser un niño extrovertido, ¿se ha tornado retraído y antisocial como adolescente?
- ¿Ha dejado de ser un buen estudiante y ahora está fracasando en la escuela y faltando a clases?
- ¿Ha dejado de ser un niño feliz, y ahora pasa las semanas dando vueltas cabizbajo y serio?
- ¿Se ha tornado muy irritable, mientras que antes era calmado y paciente?

Si su respuesta es sí a alguna de estas preguntas, puede indicar que usted necesita conseguir ayuda para su adolescente. Además, si su adolescente se siente incapaz de lidiar con situactones, desmoralizado, sin amistades o tal vez con deseos suicidas, es casi seguro que está deprimido.

Uno de los factores que complican la adolescencia es que a menudo emerge el desorden bipolar (también conocido como enfermedad maníaco depresiva). Esta es una forma más seria de depresión, aunque es tal vez la más fácil de tratar. Se manifiesta como periodos de impulsividad, irritabilidad, pérdida de control y en ocasiones conducta extraña cuando el joven no puede dormir y se enfrasca en comportamiento sin sentido pero maníaco. Estas cosas no son los altibajos normales de la adolescencia. En su lugar, es un tiempo de ir de la intensa hiperactividad –que puede durar por muchos meses– a una severa depresión, y vuelta después a la normalidad. Estos desórdenes necesitan tratamiento profesional inmediato.

¿Es diferente la depresión entre los adolescentes en este país de la de los adolescentes en otros países?

En muchas culturas la adolescencia es un tiempo de significativas alteraciones en el estado de ánimo. Algunas culturas minimizan estas depresiones reactivas porque tienen más claros sistemas de transición de la adolescencia a la vida adulta.

En nuestra sociedad, un adolescente debe hacerle frente no sólo a los cambios biológicos como en toda cultura, sino también a las tormentas sociales y culturales de esa transición. Por lo tanto la depresión aquí es mucho más problemática que en sociedades más tribales. La adolescencia es probablemente la etapa más difícil de toda su vida para un occidental. La mayoría de los adultos recuerdan vívidamente los dolores de su adolescencia, y hasta se lamentan de ella todavía.

Es común entre los adolescentes sentir que se van a volver locos. Nadie los entiende, por lo tanto ellos deben ser los equivocados en el mundo. Mucha angustia emocional viene a ser la regla y no la excepción, y ocurre en un momento, cuando son extremadamente vulnerables a la tensión. Tienen cuerpos de adultos pero sus mentes son todavía infantiles. A causa de los adelantos en la salud y en las condiciones de vida, hoy en día crecemos más rápidamente en el aspecto físico, y estamos desarrollados con la capacidad de ser padres, antes de tener la habilidad mental para cuidar de nosotros mismos. El resultado es que existen muchas razones para la depresión en la adolescencia, así como hay muchas razones para experimentar pérdidas.

Alicia es un caso típico entre los adolescentes. Fue por un tiempo una niña feliz, una buena estudiante, pero se empezó a deprimir cuando cumplió los 14 años de edad. Se tornó retraída, ausente, perdió el interés en la escuela y en sus amigos, excepto por una amiga a la que conocía desde la infancia. Perdió toda su energía y entusiasmo. Esto fue muy notable porque ella siempre había sido muy entusiasta y llena de energía. Desarrolló una tristeza permanente que apartaba a los demás de ella, y con la excepción de aquella amiga cercana, se aisló de todo el mundo.

Poco a poco empezó a faltar a clases. Entonces, para evadir los regaños de su madre, comenzó a quedarse hasta tarde en la noche fuera de la casa. Cuando por fin llegaba a la casa fingía estar extenuada y corría a su habitación, se tiraba en su cama y se hacía la dormida. La madre de Alicia se iba poniendo cada vez más irritada con su conducta.

El padre de Alicia era alcohólico y prestaba muy poca atención a estas cosas. A menudo llegaba muy tarde a su casa, borracho, y le dejaba a su esposa la tarea de ser padre. Como ella se sentía tan perpleja y desorientada, pidió ayuda a su pastor, quien después de varias sesiones de asesoramiento determinó que Alicia estaba sufriendo de depresión. El recomendó a la mamá de Alicia que fuera a un siquiatra, quien finalmente la hizo ingresar en un hospital local que tenía un programa de tratamiento para adolescentes.

Con un poco de presión de parte del siquiatra, el padre de Alicia se unió al resto de la familia en sesiones de tratamiento, y así comenzó el proceso de sanidad. Sin embargo, el proceso no se hubiera completado sin la ayuda de medicamentos.

Era claro para el siquiatra que Alicia sufría de una forma biológica de depresión, agravada por las pésimas condiciones en el hogar. Típica de muchas depresiones de adolescentes, es la interacción entre los factores biológicos, sicológicos y sociales. Un factor juega con el otro. El factor biológico reduce la habilidad del adolescente para hacerle frente a su hogar, la escuela y los conflictos con sus compañeros, así que una depresión reactiva se superpone a los cambios hormonales y biológicos. El tratamiento solamente es efectivo si *ambos* factores son atendidos.

Afortunadamente para Alicia, ella estaba en manos competentes y su recuperación vino rápidamente. Lamento decir que he visto muchos adolescentes que están deprimidos y no han encontrado el mismo nivel de competencia profesional, lo cual ha alargado innecesariamente su tragedia durante años.

¿Cómo puedo obtener ayuda para mi niño o mi adolescente?

El primer paso para recibir ayuda es, desde luego, que su hijo reconozca que está deprimido. Esto no siempre es fácil. Antes de confrontar a su hijo usted tal vez desee hablarlo con su cónyuge, con alguna amistad cercana o con su pastor. Una alternativa es llevar a su hijo al médico de la familia, y dejar que él o ella le explique el problema.

Cómo proceder después depende de la edad de su hijo. Los niños menores son por lo general complacientes. Llevarlos a un profesional para ayuda, siempre y cuando usted prepare el momento adecuadamente y no intensifique su ansiedad, no deberá ser un problema. Muchos sicólogos y siquiatras se especializan en problemas de la niñez. Ellos saben cómo hablarle a sus hijos y cómo hacer de esta experiencia algo agradable. Si usted no se siente cómodo con el primer profesional que visite, busque a otro.

El tratamiento específico incluye juegos terapéuticos, terapia familiar y el uso de antidepresivos u otro medicamento en caso de alguna complicación biológica.

¿Qué debo hacer si mi hijo rehúsa el tratamiento?

Mientras mayor sea la criatura, más difícil será obtener la ayuda apropiada. Un jovencito de entre 10 y 12 años con depresión puede resistirse mucho a ver un profesional, y usted no puede esperar que un niño de esa edad vaya solo. Asegúrese de que usted o su cónyuge acompañen a su hijo para brindarle apoyo.

Debido a que el riesgo de suicidio aumenta con la edad de los muchachos y es muy peligroso durante la adolescencia, es imperativo que el adolescente deprimido vea a un especialista en salud mental lo antes posible. Un adolescente puede resistirse al tratamiento, y tal vez sea necesario que usted, como padre o madre, tenga que «ponerse fuerte» y hacer presión u obligarlo a ir.

En este sentido, los adolescentes son muy astutos –y hasta peligrosos– en su habilidad para detectar si sus padres se sienten culpables o son ambivalentes en conseguir ayuda para ellos. Ellos pueden percibir su indecisión, así que usted, como padre o madre, debe resolver qué es lo que desea hacer y debe mostrarse convencido cuando le diga al adolescente que es necesario buscar ayuda.

A veces es sabio para los padres buscar ayuda para ellos mismos antes de hacer la propuesta al hijo deprimido. Si el jovencito tiene tendencias destructivas hacia sí mismo o hacia otros, es esencial que usted no se demore. Pero si puede lograr una cita para usted antes, le será mucho más fácil comunicarle a ellos su firmeza.

Mi hija está tan deprimida que temo que cometa suicidio. ¿Qué debo hacer?

Muchos padres sufren de grandes sentimientos de culpa cuando sus hijos intentan o llevan a cabo el suicidio. He trabajado con varios padres así y puedo asegurar que estos sentimientos son muy difíciles de tratar. Es mucho mejor buscar ayuda aun cuando no fuera absolutamente necesario, que después tener que lamentar no haber tomado acción a tiempo. Usted tendrá muchos menos sentimiento de culpa si actuó prematuramente que si no actuó.

Si su adolescente se resiste al tratamiento, hable primero con su especialista en salud mental. El o ella le dirá cómo «ponerse duro», especialmente si el adolescente está consumiendo drogas o alcohol y metiéndose en problemas. «Ponerse duro» no quiere decir abusar de su hijo física o verbalmente. Quiere decir no intimidarse con las amenazas de que se irá de la casa. Usted presente un frente unido e inflexible y obligue al jovencito a someterse al tratamiento.

Ponerse duro también incluye verificar que su hijo sigue el tratamiento al pie de la letra. Si esto se convierte en un problema, su especialista podría solicitar que el joven sea hospitalizado. Esto se hace necesario especialmente si hay amenazas de quitarse la vida. Su hija adolescente tal vez esté mejor en un hospital siquiátrico, un programa de rehabilitación de drogas, o en centro de tratamiento con vivienda, donde haya un tratamiento más intensivo.

Recuerde que los trastornos depresivos no son un mal genio temporario sino una enfermedad que debe y puede ser tratada. Este no es el momento de verse enfrascado en dudas o de permitir que amistades inexpertas le den consejos que pueden parecer espirituales pero que pueden tener efectos funestos si no funcionan. La depresión en los adolescentes es un trastorno serio con serias consecuencias. No dude en conseguir la ayuda correcta. Dios honrará sus acciones y entiende perfectamente por qué usted necesita actuar rápidamente y con firmeza.

¿Cómo se relaciona la autoestima con la depresión de los adolescentes?

Todas las formas de depresión, independientemente de la edad de quienes las padecen, tienen un serio efecto en la autoestima. Como el impacto es mayor en la infancia y la adolescencia, deseo hablar de este tema brevemente en este capítulo.

Las depresiones repetidas tienen un efecto desmoralizador. Cada vez que uno se deprime, la sensación de bienestar, de confianza en sí mismo, la imagen de uno mismo se deteriora en forma gradual. Después de un tiempo y de muchas depresiones, el deterioro se hace permanente y la persona se siente sin valor alguno.

Recuerdo haber tratado por varios años a un adolescente, quien sufría de depresiones frecuentes. Después de la primera, cuando tenía 14 años, tenía sentimientos muy negativos en cuanto a sí mismo. También se sentía inseguro de poder enfrentarse a la vida. Después de ese breve episodio de depresión, su confianza comenzó a regresar lentamente y en tres meses estaba de nuevo en la normalidad.

Seis meses más tarde, sin embargo, se volvió a deprimir. Comenzamos la medicina antidepresiva inmediatamente, pero tomó casi un mes para que la depresión comenzara a ceder. Para ese entonces él se había desmoralizado más que la primera vez, y le tomó al menos seis meses después de su recuperación antes que pudiera empezar a sentir otra vez confianza y seguridad en sí mismo.

Un año más tarde, una tercera depresión lo asaltó, y en esta ocasión fue tan profundamente afectado que aunque la depresión en sí se fue rápidamente, él continuó en un estado de intenso menosprecio a sí mismo. Se requirieron muchos meses de sicoterapia continua para ayudarlo a restaurar su desecha autoestima.

Esto ilustra cómo la depresión afecta la autoestima, no solamente durante la depresión sino también después. Además, enfatiza la importancia del pronto tratamiento para una depresión que le afecte al niño o al adolescente. Las depresiones no tratadas pueden ser luego una causa mayor de baja autoestima.

La depresión mina nuestro sentido de valor y distorsiona nuestra propia imagen; ambos constituyen la base de la autoestima. Aunque no me gusta el término *autoestima* porque puede ser tan fácilmente mal entendido, como si fuese una forma de autoadoración, no hay otro término que adecuadamente capte el concepto. Todos nosotros tenemos una actitud hacia nosotros mismos, una autoimagen o concepto propio que es la «fotografía» que cargamos en los ojos de nuestra mente, acerca de quién y qué somos. Asignamos un valor a esta imagen propia, ya sea positivo o negativo, y es lo que llamamos «autoestima».

No creo que debemos tener una autoestima «alta» o «baja», sino que nuestra estima debe estar libre del odio y el rechazo a nosotros mismos. La autoestima «baja» es una contradicción. Realmente significa odio a uno mismo y no estima. La actitud apropiada hacia uno mismo como cristiano debiera ser *autotransparencia*. No debiéramos preocuparnos demasiado sobre cómo nos sentimos hacia nosotros mismos, pero no debiéramos tener excesivo rechazo u odio hacia nosotros mismos. El aceptarse a sí mismo es la llave para una autoestima sana, no para la autoadoración. Si hemos sido aceptados en Cristo, deberíamos valorarnos como El lo hace.

Las depresiones frecuentes causan duda de su propia capacidad y desvalorización de uno mismo. Desarrollamos un sentido de falta de valor, y esto radica casi siempre la raíz de problemas en lo personal, lo moral y lo espiritual. Nuestras acciones son coherentes con cómo nos vemos y cómo nos sentimos, así que es importante que esos sentimientos sean realistas. Un niño que está depresivo con frecuencia, crecerá con un sentimiento profundo de odio a sí mismo, lo que a su vez afectará su vida, matrimonio, presente y futuro. También afectará cómo nos relacionamos con Dios. A las personas con mucho autorrechazo les resulta difícil creer que Dios las ha aceptado.

Es por lo tanto común para las personas con baja estima propia no sólo el sentirse sin valor, sino también inseguras. Se sienten rechazados, como si no se merecieran a los amigos. Son fácilmente humillados, cosa que causa más depresión, la que usan como una forma de escape de la vida. Se convencen de que no gustan a nadie, y entonces es fácil retraerse y optar por fantasías, o culpar a otros por cómo se sienten. Esta es una de las razones por la que la adolescencia es un período en el que se manifiestan falta de dirección, negativismo, y finalmente drogas, alcoholismo, suicidio y otros comportamientos de autoderrota. En un sentido, estos comportamientos se convierten en formas alternativas de luchar con la depresión.

¿Cómo puedo ayudar a mis hijos a sobrevivir a la depresión sin que se dañe su autoestima?

Hay esencialmente dos estrategias. La *primera* es una estrategia de prevención, y la *segunda* es una estrategia de recuperación.

Si usted establece la autoestima de su hijo sobre una base bien sólida de autoaceptación, puede prevenir o minimizar una pérdida de autoestima en caso de que apareciera la depresión. Los niños que son criados en una atmósfera de aceptación, amor, alabanza por logros legítimos y afirmación, y se sienten aceptados por familiares, amigos y compañeros, realmente nunca se han odiado. Estos niños están vacunados contra los efectos devastadores que la depresión tiene sobre la autoestima.

Por otro lado, los hijos que son frecuentemente criticados, rechazados, malentendidos, o tildados de estúpidos, torpes, gordos, lentos o malos, siempre se sentirán excluidos. Siempre que experimenten depresión, lo primero atacado será la autoestima. La depresión simplemente los convence de que son malos, inadecuados y unos fracasados. Les reafirma el odio hacia sí mismos que aparece tan fácilmente durante períodos de depresión. Estos niños comienzan a pensar que algo está mal en ellos. Ellos no son tan importantes como otras personas, ni sienten que están en su medio. Están descorazonados o inclusive desubicados y no tienen nada que ofrecer. Estos niños a menudo terminan con la actitud de «desearía morirme».

La prevención, entonces, se logra mejor al edificar el sentido de valor de su hijo y al hacerlo de forma sincera, reconociendo que todos fracasamos y no llegamos a la medida de

Dios, y que en un sentido todos somos indignos delante de Dios. Sin embargo, Dios nos ha amado lo suficiente como para morir por nosotros, y eso significa entonces que *somos valiosos* ante sus ojos.

Por otro lado, necesitamos enseñar a nuestros hijos dónde están ubicados en su relación con Dios y su necesidad de salvación. Pero eso no significa que necesitamos enseñarles que son indignos o que no se merecen su afecto. Nuestra labor no es rechazar y castigar a nuestros hijos por sus pecados. Dios hablará a sus conciencias. Nuestro trabajo es enseñarles a cómo respetarse a sí mismos, al margen de sus pecados, para que puedan llegar a conocer a Dios y a recibir su perdón. Esto es un rol difícil como padres, pero a menos que lo hagamos bien, no les transmitiremos a nuestros hijos las habilidades y actitudes que necesitan para vencer las tormentas de la depresión.

Los padres no debieran escatimar sus alabanzas, y sí las críticas. Necesitamos modificar nuestras expectativas para que nuestros hijos puedan tener un sentido de logro. Ellos necesitan sentirse libres para poder expresarse y para creer que sus padres los toman en serio. Ningún padre debiera demandar un comportamiento de sus hijos que no pueda ser logrado de forma razonable. Eso sólo confirma el sentido de fracaso y autorrechazo. A través de aceptación, afecto y aprobación, los padres pueden edificar una autoimagen segura y adecuada sobre la cual pueda desarrollarse un concepto sano de sí mismos.

Este sentido de valor personal se vuelve aun más preciado cuando los niños se sienten aceptados por Dios y reciben el don de la muerte de Cristo a su favor. Entonces ellos pueden disfrutar de ese profundo sentido de perdón, y de la seguridad de que Dios los está ayudando a crecer y a convertirse en seres humanos más completos.

¿Cómo puedo ayudar a mis hijos a recuperar su autoestima?

Prevención es tan sólo la primera estrategia. La segunda es ayudar al niño a recuperarse de la autoestima baja. Aunque edifiquemos una base sólida de prevención, hay momentos en que necesitamos ayudar al niño a volver a edificar su estima perdida. Algunas depresiones son tan severas que no importa la protección sólida que los niños hayan creado para su autoestima, la depresión termina minando la autoestima. Ellos dudan de Dios, de ellos mismos, y terminan odiándose.

La recuperación se logra mejor usando los mismos pasos que en la prevención. Tratamos de fortalecer los sentimientos de aceptación, aprobación y confirmación. Llevamos a nuestros hijos de regreso a la cruz, donde pueden reclamar el perdón por cualquier pecado que los haya estado afectando. Luego de haber reclamado ese perdón, pueden entonces seguir adelante (ver Filipenses 3:13).

Trate de ayudar a su hijo deprimido diciéndole que no viva en el pasado, sino más bien que mire al futuro; que no se revuelque en sus fracasos sino que se levante en esperanza. Al ayudar a su hijo a aceptar que hay razones para la depresión, usted puede minimizar el autorrechazo o la culpa. Mientras mejor entiendan los niños la naturaleza de su depresión, mejor podrán detener sus efectos negativos.

Continúe reafirmando el potencial de su hijo. Le puede ser de mucha ayuda escribirle una carta durante momentos de depresión, expresando por escrito su apoyo y su amor incondicional. Esta carta puede llegar a ser una posesión de gran valor. Yo conozco a un adulto que recibió una carta así de sus padres cuando él estaba en una profunda depresión siendo adolescente, y guardó la carta en su Biblia como un recordatorio constante de que es profundamente amado por ellos. Cada vez que se siente deprimido, él se recuerda a sí mismo del profundo amor de sus padres. Esto es algo especialmente precioso para él porque sus padres ya están con el Señor.

También puede ser de gran ayuda para demostrarle a sus hijos cómo enfocar su mirada hacia afuera y no estar tan preocupados con sus sentimientos internos. En otras palabras, trate de ayudar a sus hijos a concentrarse menos en ellos mismos y más en los demás. Sugiera proyectos donde puedan servir a otros —que escriban cartas a un familiar anciano, o si son suficientemente mayores, que se ofrezcan como voluntarios en una organización de caridad, o que simplemente visiten a algún anciano en su vecindario. Es maravilloso cómo esto ayuda a restaurar el sentido de valor del niño (o de cualquier persona). Al servir a otros siempre hay recompensa, porque uno se siente mejor.

Sanando su depresión

Muchas de las preguntas que he tratado de contestar en la primera sección se relacionan con asuntos de sanidad. Sin embargo, aunque son independientes –y útiles para quien lucha con depresión, no pueden de por sí dar un vistazo sistemático al proceso de curación.

En esta sección voy a tratar con estos principios de sanidad y llevaré al lector paso por paso en el proceso para demostrar cómo se puede lograr la sanidad de la depresión.

El enfoque en esta sección tiene que ver con qué puede hacer usted para enfrentarse a la depresión, cómo funciona el tratamiento profesional y qué puede hacer para ayudar a sus familiares y amigos deprimidos. Si usted sufre de depresión, use esta información para compartir sus problemas con algún amigo o consejero. Si su depresión ya es cosa del pasado, usted entenderá mejor el valor de este material. Los consejos que aquí se dan le servirán para evitar muchas depresiones en el futuro y para modificar la intensidad de aquellas que son inevitables.

CINCO

Haciendo frente a la depresión

• Primera parte

Hacer frente es contender, disputar, pleitear en condiciones parejas o con éxito. Sin embargo, uno de los problemas en este enfrentamiento surge cuando estamos en el frente de batalla, agudamente impedidos por no tener armas adecuadas. La información errónea, la desinformación, una comprensión inadecuada del enemigo, debilitan nuestra posición y aseguran que la batalla será larga y dolorosa.

Esto no puede ser más cierto que cuando debemos luchar con la depresión. Mientras que en muchas de nuestras confrontaciones nuestras armas estratégicas son desarrolladas y aguzadas en la batalla misma, la naturaleza de la depresión es tal que abate nuestras energías. Una depresión ligera puede motivarnos a buscar formas de resolverla, pero depresiones más profundas parecen robarnos la ambición y nos dejan con una dificultad creciente para mantener cualquier sentido de perspectiva en nuestro problema.

Afortunadamente hay mucho que usted puede hacer, muchas formas en que puede luchar con la mayoría de las depresiones a fin de disminuir su severidad y acortar su duración. Trataré de describirlas en este capítulo y en el próximo.

¿Existe alguna fórmula que yo pueda utilizar para sobreponerme a la depresión?

No existe una receta sencilla. En un sentido, no hay dos depresiones idénticas, y no existen dos personas que experimenten depresión de la misma forma. Sin embargo, hay principios fundamentales que deben ser seguidos; ya he mencionado algunos.

La «fórmula» debe ser ajustada al tipo de depresión que usted experimente. Si usted se deprime con regularidad sin motivo aparente, el primer paso es buscar una buena evaluación médica, y tratar de descubrir si existen causas físicas para su depresión. Si las hay, atienda la depresión con el tratamiento adecuado.

Si la depresión es reactiva, causada por alguna pérdida, hay varias cosas que usted puede hacer.

Primero, permítame repetir lo siguiente: si se trata de una depresión menor, no haga nada. Simplemente acéptela y permítase atravesarla. Tal vez así podrá entender qué la está provocando. Las depresiones menores por lo general se sanan solas, siempre y cuando no las alimente con demasiada introspección.

Sin embargo, si usted siente que su depresión es más seria, siga los siguientes pasos:

- *Paso número uno:* Identifique la pérdida con todas sus implicaciones.
- *Paso número dos:* Acepte la pérdida, sufra el dolor que ella causa, y trate de poner la pérdida en una perspectiva.
- *Paso número tres:* Luego entonces continúe con su vida.

De estos tres pasos, identificar y entender la pérdida es el más difícil. Algunas veces esta es muy sutil o abstracta, haciéndose difícil –o imposible– identificarla. O tal vez usted esté tan deprimido que le resulta difícil llevar a cabo este tipo de búsqueda interior. En este caso, sugiero que hable con alguien que usted sienta pueda ser comprensivo y que no lo juzgue, tal vez un amigo o su cónyuge. Tan sólo conversar sobre su depresión con otra persona le podría ayudar a ver qué la está causando. Si esto no lo ayuda y la depresión continúa por varios días o semanas, busque ayuda de su pastor, consejero, o un sicólogo.

Identificar la pérdida no siempre es necesario. Muchas depresiones se apagan por sí mismas, si somos pacientes. Afortunadamente, nuestro cerebro ha sido creado para olvidar; mucho de lo que nos molesta es puesto en el olvido con el pasar del tiempo. Si se siente incapaz de salir de la depresión, entonces necesita ayuda profesional.

Suponga que usted pierde su empleo. Por razones económicas, la empresa decide dejarlo cesante. Usted se deprime; es natural. (Si usted no se deprimiera, yo me preocuparía). Si la depresión dura aun un par de semanas, posiblemente no sea algo significativo; usted se habrá de sobreponer en cuanto su vida vuelva a la normalidad. Sin embargo, si usted no sólo pierde su empleo sino que se le hace difícil encontrar otro, su depresión se puede intensificar al punto de necesitar ayuda. La situación puede ser tan severa que usted es incapaz de hacer lo necesario para obtener otro empleo.

¿Cómo debo hacerle frente a la pérdida, después de identificarla?

A menudo es difícil entender todo lo que implica una pérdida. Algunas son tan sutiles que usted necesita de alguien como un terapeuta para ayudarlo a entender todo su significado. El próximo paso es moverse hacia la aceptación de la pérdida. Usted tiene que dejar de pelear o de resentirla. No puede continuar deseando que regrese aquello que ha perdido. El aceptar esto es un acto de su voluntad, una decisión consciente en su mente. El proceso del dolor, en que usted se entristece, lo ayudará.

El último paso a menudo va de la mano con la aceptación, o la sigue de cerca. Usted tiene que hacerse a un lado y poner la pérdida en una perspectiva amplia para evitar que continúe dominando su vida. Como cristiano, usted debe comenzar a ver la pérdida desde el punto de vista de Dios. Alguna de las cosas por las que nos afligimos son realmente insignificantes cuando las ponemos dentro del contexto de un grupo de cosas mayores. El tener un plan claro y propósito para su vida, además de un profundo entendimiento de que Dios está en control, puede ayudarlo a aceptar y a poner sus pérdidas en perspectiva con más facilidad que si usted no tuviera esas creencias.

¿Cuál es el papel del enojo en la depresión?

El enojo y la depresión a menudo coexisten, pero la noción de que la depresión sea un enojo dirigido hacia el interior es un malentendido de la relación que hay entre ambos. La pérdida que causa la depresión, a menudo causa, simultáneamente, un sentimiento de frustración. Y cuando estamos frustrados nos enojamos. El enojo sirve para ayudar a vencer nuestras frustraciones. Esto es interpretado como el enojo «dirigido hacia nuestro interior».

¿Estaría mal sugerir que en la mayoría de los casos el enojo provoca la depresión?

En algunos casos el enojo puede ser la causa, pero usualmente esto ocurre en forma simultánea con la depresión, como reacción a una pérdida común. En raros casos, la depresión puede ocurrir sin enojo, pero a menudo la pérdida provoca ambas. En algunas depresiones las personas reprimen el enojo.

Quizás el mejor ejemplo de esto es el duelo por los seres queridos. Usted no puede enojarse con la persona que acaba de morir, así que no permite que su enojo vaya a la superficie. A menudo, cuando ayudo a las personas a través del proceso del dolor, gran parte del asesoramiento es ponerlas en contacto con este enojo. Puede ser enojo con el hospital, los médicos, el destino, o aun Dios. En ocasiones hay enojo con el fallecido, por haberlos abandonado. El identificar y lidiar con este enojo es esencial para resolver la depresión.

¿Podrá el enojo alimentar una espiral de depresión?

El enojo con facilidad crea otras emociones, y puede alimentar una espiral en la cual la depresión sigue poniéndose peor. Usted no solamente está enojado por la pérdida, sino que está enojado con usted mismo por estar deprimido. Como a muchos se les ha enseñado que la depresión es algo malo, se sienten culpables por estar deprimidos. Esto, a su vez, los hace enojar con ellos mismos por no poder zafarse de la depresión. El enojo representa más pérdida –la pérdida de la estima propia por no ser capaz de controlar sus emociones– lo que perpetúa e intensifica la depresión. Estas personas se encuentran en una espiral: más depresión seguida por más enojo, lo que causa una depresión más profunda. Pronto se sienten como si no hubiera salida.

¿Como puedo manejar mi enojo de una forma sana?

Tratar con el enojo es tan complejo y difícil como tratar con la depresión. Brevemente, el manejo del enojo consta de tres pasos. Primero, usted tiene que reconocer que está enojado. Para muchas personas, el enojo pasa desapercibido o es negado. Están sentados allí, con el rostro lívido, respirando fuertemente. Pero si usted les dice: «¡Oh!, estás enojado», de inmediato le responden: «¿Enojado yo? ¡Yo no estoy enojado!», y por poco le cortan la cabeza.

Mi fuerte convicción, basada en principios espirituales, es que el *sentimiento* del enojo es legítimo. Lo que usted haga con su enojo (el comportamiento agresivo) puede que no lo sea. El sentimiento es un síntoma de que algo anda mal –algo duele o lo está frustrando. Pero dirigir ese enojo hacia otra persona –atacando el objeto de su enojo–, eso sí está mal. El comportamiento producto del enojo provee un mayor potencial de pecado que el simple sentimiento.

Si usted puede admitir su enojo y usarlo para llevarlo de regreso a lo que está causando ese enojo, entonces estará en mejor posición de deshacerse de él. Lamentablemente solemos «saborear» la emoción; deseamos sentirnos heridos. Y por supuesto, esto contribuye a la depresión.

Una vez que usted identifica la causa de su enojo, ya sea algo que otra persona le haya hecho o algo que usted se hizo a sí mismo, puede dar el siguiente paso para resolverlo: vaya a la persona que lo está hiriendo u ofendiendo y arregle el problema. La solución ocurre cuando usted llega a un acuerdo con lo que sea que está causando su enojo.

Todos nosotros nos beneficiaríamos grandemente enfrentando lo que causa nuestro enojo durante nuestros momentos de cordura. A menudo nos enojamos por las mismas cosas una y otra vez. Nuestros cónyuges o hijos hacen las mismas cosas repetidamente, y nos enojamos cada vez. Por ejemplo, en ocasiones tenemos unas expectativas muy altas que nunca son llenadas, causando frustración y enojo. En nuestros momentos de calma podemos reducir nuestro enojo al evaluar nuestras expectativas y asegurarnos de que no son irrazonables.

¿Debe siempre la persona expresar su enojo para evitar la depresión?

Personalmente me opongo a la noción popular de que siempre se debe expresar el enojo en el momento en que siente. Ciertamente usted debe estar consciente de su enojo y procurar entenderse a sí mismo y sus emociones. Pero expresar su enojo a través del comportamiento casi siempre crea más problemas de los que resuelve. Usualmente significa que usted ataca a otros y hiere sentimientos. Luego, entonces, la otra persona tiene la necesidad de herirlo como respuesta, y el proceso no tiene un fin satisfactorio.

Sin embargo, voy a distinguir entre la expresión agresiva del enojo y simplemente decirle a alguien: «Estoy enojado. Me hago responsable de mi enojo, pero deseo hablar de esto». Lo último es más saludable; lo ayuda a tener una perspectiva de lo que está causando su enojo. También lo ayuda a entender mejor por qué está deprimido.

En la «traducción» de enojo como sentimiento a enojo como agresión es donde encontramos el mayor potencial de pecado. Exteriorizar su enojo tiene el riesgo de herir a otros. La agresión es simplemente una forma de vengarse de aquellos que causaron su enojo.

En resumen, no es necesario hacer una representación de su enojo, pero sí reconocerlo, ponerle una etiqueta correcta, y aun hablar de él. Usted tiene que aceptar el enojo como suyo propio. Nadie lo fuerza a estar enojado. La decisión es suya. Úselo como una forma de entender su pérdida y como ayuda para poder poner su pérdida en una mejor perspectiva.

Si las reacciones fisiológicas del enojo están más allá de mi control, ¿cómo puedo volverme menos enojado sin reprimir mis emociones?

Las reacciones fisiológicas hacia el enojo están más allá de su control, pero el enojo en sí es alimentado y controlado por los pensamientos. Si usted se coloca en una actitud de resentir su pérdida, su fisiología va a seguir este patrón. Así que aunque usted no puede detener su fisiología, sí puede cambiar su forma de pensar. Si su pérdida está en perspectiva y usted lidia con el dolor, su fisiología va a reaccionar en forma diferente. Recuerde que los sentimientos son producto de un complejo intercambio entre su mente y su cuerpo. Su forma de pensar puede hacer que su cuerpo reaccione de ciertas maneras.

Es por esto que el evangelio es tan maravilloso al ayudarlo a lograr su salud mental; le ofrece recursos fantásticos. Estoy pensando particularmente en el don del perdón, que puede librarlo de mucho enojo.

Mucho de lo que causa enojo puede ser manejado internamente sin tener que expresarlo exteriormente. Sin embargo, esto sólo es así si usted logra entender su enojo. (Encontrará más sobre este asunto más adelante.)

¿Puedo evitar odiarme a mí mismo durante la depresión?

Ese odio a sí mismo que ocurre durante una depresión es parte de la depresión misma. La mejor forma de lidiar con esto es estar conscientes de que es uno de los síntomas. En otras palabras, el odio a sí mismo está tan íntimamente ligado a su depresión que en realidad no lo puede evitar. Para deshacerse de él tendría que deshacerse de la depresión en sí. Si usted puede reconocer esto y aceptarlo como parte de su depresión en ese momento, podrá evitar darle demasiada importancia. Lo mejor que puede hacer es ignorarlo.

Este es un principio importante para hacer frente a muchas emociones negativas. Muchos sentimientos no pueden evitarse, pero una emoción no tiene por qué controlar su vida. Usted simplemente la hace a un lado. Se dice a sí mismo: «Comprendo que este sentimiento es parte de mi depresión, así que no le voy a prestar atención. No voy a responder a su falsa señal». Para esto se necesita fuerza de voluntad, pero puede lograrse.

¿Cómo se relaciona la culpa con la espiral de depresión?

Los sentimientos de culpa pueden estar asociados con la pérdida misma, especialmente si usted cree haber contribuido a la causa de la pérdida. Sin embargo, con más frecuencia los sentimientos de culpa surgen porque usted piensa que no debiera estar deprimido. La culpa es causada por el rechazo a su derecho de estar deprimido. Esta culpa representa más pérdida, la pérdida del respeto de sí mismo. Esto se añade a –y puede ser más significativo que– la pérdida original.

Imaginemos que usted da un portazo porque está enojado. Como consecuencia, la puerta se sale de sus bisagras. Usted se enfrenta con una pérdida concreta: tendrá que pagar para arreglar la puerta. Esa pérdida posiblemente le cause una leve depresión, aun en la ausencia de cualquier otra emoción. Pero al reaccionar ante lo que acaba de hacer, usted comienza a sentirse culpable. Siente la pérdida de respeto por sí mismo por causa de su temperamento tan abrupto. La culpa crea más pérdida, la cual es probablemente mayor que la original. Esto produce una mayor depresión que oculta la primera. La culpa luego alimenta su depresión con más pérdida y más depresión, creando así una espiral de depresión.

¿Hay diferencia entre culpa real y falsa?

Sí, hay una diferencia importante. Algunas acciones *debieran* hacernos sentir culpables, como no pagar nuestras deudas o herir deliberadamente a otros. Eso es culpa real y legítima que surge de nuestra responsabilidad por algo incorrecto. Se basa en la realidad.

La culpa falsa, sin embargo, no tiene base en la realidad. Es una tendencia a absorber y hacer propios reglas y principios arbitrarios. A menudo estos son inculcados por los padres, aunque pueden también ser aprendidos de muchas otras fuentes.

Digamos, por ejemplo, que sus padres le han enseñado a poner su cuchillo y tenedor a cierto nivel sobre el plato cuando termina de comer. Esa era la forma «correcta» de hacerlo. Años más tarde, ya siendo adulto, usted ha absorbido esa regla a tal grado que si le quitan su plato de la mesa antes de haber puesto los cubiertos en el ángulo correcto, usted se siente culpable. A eso se le llama culpa falsa.

En ocasiones es llamada *culpa neurótica*. Usted está siendo controlado por un conjunto de reglas y valores extremadamente arbitrarios. No son absolutos morales sino más bien un conjunto de caprichos humanos. Muchos tenemos gran cantidad de estas reglas tontas. Deben ser confrontadas, e inclusive usted debiera desafiar el poder de control que tienen sobre usted.

¿Cómo puedo perdonarme por mis fracasos pasados?

En nuestra sociedad es común la tendencia de no perdonarse a uno mismo. Parece estar relacionada con la cantidad de culpa falsa que generamos. Sus raíces se remontan a la primera infancia, cuando los padres no demuestran perdón a sus hijos, quienes continúan castigándose a sí mismos aun cuando adultos.

El perdón a uno mismo comienza al aceptar el perdón de Dios en Cristo, y dejar que este perdón penetre en lo más profundo de su ser. Usted debe creer que Cristo murió por usted y que el perdón de Dios incluye *todas* sus faltas.

¿Cómo puedo manejar la culpa que siento por la forma en que mi depresión está afectando a mi cónyuge?

Lo primero que debe hacer es ser sincero con su cónyuge sobre cómo se siente. A menudo nos pasamos sintiéndonos culpables porque no revisamos las cosas. Por no hablarlo, caemos en la trampa de imaginarnos muchas cosas que pudieran no ser ciertas. Pero aun si su familia está mal por causa de su depresión, es importante hablar sobre esto para que entiendan su posición y usted entienda lo que ellos sienten. Aunque en verdad estén sufriendo, esto no es razón para que usted se sienta culpable. No permita que su culpa aumente la depresión o cree otras emociones negativas.

¿Cómo podemos evitar depresiones que aparentan estar relacionadas con el desamparo?

Las personas en nuestra sociedad tienen la tendencia de sentirse indefensas cuando son manipuladas por las circunstancias. Sienten que el control está más allá de sus posibilidades, por lo que no tratan de recobrar el control en sus vidas. Llamamos a esto «desamparo aprendido». Si usted con regularidad le cede el control a otras personas –un cónyuge, padres, oficiales de la iglesia– se encontrará a menudo en depresión.

Usted necesita encontrar formas de tomar el control de su vida. Esto requiere de cierta agresividad, una característica que no se encuentra usualmente en aquellos que se sienten desvalidos. Y las personas que no son tan confiadas como debieran ser, que no pueden o sencillamente no defienden sus derechos, a menudo se deprimen. Así que simplemente la respuesta es comenzar a tener el control de sus circunstancias.

¿Puede llegar a deprimirse una persona que se siente bien consigo misma?

Absolutamente sí. El sentirse bien con uno mismo no evita la depresión porque, vuelvo a repetirlo, la depresión es una reacción normal y natural a una pérdida, algo que todos experimentamos. Sin embargo, el sentirse bien con uno mismo porque estamos en Cristo, así como el saber que Él está haciendo su obra, nos ayuda a poner las pérdidas en la perspectiva correcta y a resolver el proceso de dolor de forma más efectiva.

¿Cómo está relacionada la autocompasión con la depresión?

La lástima de uno mismo es también uno de los productos o síntomas de la depresión. La depresión no solamente hace parecer al mundo como un lugar desolado, sino que también lo hace parecer desolado a uno, de manera que usted tiende a sentir pena de sí mismo. La autocompasión produce un aspecto de la depresión llamado *melancolía*, la tendencia a sentirse muy, muy triste. Nada parece valer la pena, especialmente uno mismo. Como con las otras emociones negativas que acompañan la depresión, la lástima de sí mismo puede profundizar la depresión añadiendo más pérdidas a la original. El ciclo tiene que ser roto para prevenir que la depresión se profundice.

¿Cómo puedo hacerle frente a la depresión que parece relacionarse con una inadecuada imagen propia?

Las depresiones que tienen que ver con la imagen propia, son el resultado de pérdidas muy sutiles. Son difíciles de manejar. Para hacerles frente de forma efectiva, tiene que hacerlo en sus momentos de «lucidez». No puede hacerlo mientras está deprimido, porque usualmente hay muchos pensamientos irracionales relacionados.

Mejorar la estima propia incluye dos pasos; el primero de

los cuales es *entenderse a sí mismo*. A menudo una baja estima propia viene de la niñez, donde se ha creado una imagen propia errada. Quizás los padres usaron los desaires en forma excesiva, o a menudo usaron expresiones como «Eres un estúpido», «Nunca llegarás a nada», «¡Tú me decepcionas!» Cuando estas expresiones provienen de personas que tienen mucho poder en sus vidas, producen una imagen propia distorsionada. Aunque puede ser que las declaraciones hayan sido hechas bajo enojo, fueron expresadas por personas en las que se confiaba y que debieran haber demostrado amor. Es por esto que son especialmente dañinas.

Es vital que esas imágenes de nosotros mismos en el pasado sean exploradas. Lo increíble es que *la mayoría* de nosotros tenemos una imagen totalmente errónea y negativa de nosotros mismos. Con ayuda podemos corregir estas distorsiones y darnos cuenta de que no somos tan malos como creemos

El segundo paso es *aceptarnos a nosotros mismos*. Es en este punto que ser cristiano es tan importante. En Cristo tenemos la base para la autoaceptación. Ya sea que seamos mejores de lo que pensamos o peores, por el hecho de que Cristo ya nos aceptó, podemos llegar a aceptarnos a nosotros mismos.

¿Cuál es la diferencia entre aceptarme a mí mismo y excusarme a mí mismo?

Hay que hacer una importante distinción. El excusarse a uno mismo incluye mucha racionalización, tal como: «La razón por la que no tuve una buena actuación fue que mi abuela se estaba muriendo.» Esto no es conocerse a sí mismo de forma realista, sino crear una excusa por su comportamiento. El aceptarse a sí mismo es tener la valentía de enfrentarse con sus puntos fuertes y débiles, y aceptar lo que ve. Puede que necesite pedirle ayuda a otros para comprenderse a sí mismo. Sea lo suficientemente sincero como para mirarse a sí mismo desde el punto de vista de ellos.

¿Cómo puedo tener confianza en mí mismo cuando todo lo que hago parece salir mal?

Estoy seguro de que a la mayoría de nosotros en algún momento nos ha faltado confianza porque todo parecía estar saliendo mal. Un evento tras otro parecía chocar con nosotros en forma destructiva. Mientras esto puede estar ocurriendo por causa de una serie desafortunada de circunstancias –sobre las cuales no tenemos ningún control– también puede ocurrir porque no estamos actuando con madurez. Tomamos malas decisiones, así que no nos debe sorprender que las cosas nos salgan mal.

En estos casos, es una buena idea buscar ayuda. Quizás usted necesita comprenderse mejor a sí mismo. Quizás usted está «echando a perder» las cosas de continuo pues no entiende por qué hace lo que está haciendo. Permítame sugerirle que busque ayuda profesional, o al menos que hable las cosas con su pastor o un amigo íntimo.

¿Cómo puedo mirar hacia el futuro cuando mi pasado ha sido tan funesto?

Muchas personas tienen un profundo temor del futuro por causa de las frecuentes y dolorosas depresiones que han experimentado en el pasado. A menudo tienen una forma de depresión endógena. La medicación u otro tipo de tratamiento médico puede ser necesario para restaurar el equilibrio bioquímico, y así asegurar un futuro más esperanzado.

Si las depresiones frecuentes son reactivas, usted tendrá que hacer algún trabajo interior para reducir su sentido de desaliento sobre el futuro. Tal vez requiera que usted haga cambios en la manera de lidiar con su vida. El mejorar el modo de manejar las tensiones puede, muy probablemente, cortar a la mitad la depresión que experimenta. Aun cuando la depresión sea legítima, causada por una pérdida que usted no puede controlar, el mejor manejo de la tensión aumenta su capacidad de hacerle frente.

Luego entonces necesita ocuparse de usted mismo, para mejorar así su tolerancia a la tensión y a la frustración. Es trágico darse cuenta de cómo muchos cristianos son letárgicos en esta área, creyendo que las cosas se solucionarán por sí mismas o que Dios, mágicamente arreglará todo.

¿Por qué me siento inservible aunque sé que soy inteligente?

Esto es lo que la depresión hace a nuestro proceso racional. Una vez que las emociones se activan tienen mucho más poder para determinar nuestras acciones que el poder de nuestra inteligencia o razonamiento. La depresión es una emoción profunda que afecta nuestro proceso de pensamiento. Nuestras habilidades racionales se hacen a un lado mientras nos concentramos en la emoción que estamos experimentando en ese momento.

¿Cómo puedo hacerle frente a sentimientos de inferioridad e inutilidad?

Los sentimientos de inferioridad e inutilidad o falta de mérito, forman un ciclo. Siguen a la depresión, pero también la alimentan, haciendo que esta continúe. El reaccionar a la depresión con culpa, enojo u otro tipo de emoción da más fuerzas al ciclo de depresión. Esto coloca a la persona en una depresión aun más profunda. En algún momento hay que romper el ciclo dándose cuenta de que esos sentimientos son parte de la depresión.

Por ejemplo, si usted no ha dormido en toda la noche y a la mañana siguiente encuentra que no puede hacer su labor de forma apropiada, no tiene que ir muy lejos para encontrar la razón. Así que no se castiga a sí mismo por su falta de efectividad. Si la situación se lo permite, usted pide ser excusado y se va la casa a dormir. Así es como resuelve este problema. También es la forma en que usted debiera manejar sus sentimientos de falta de mérito e inferioridad. Reconozca que son una consecuencia de su depresión, y concéntrese en lidiar con la depresión misma en vez de dejar que los sentimientos añadan a la depresión.

¿Cómo puedo establecer metas realistas, dentro del contexto de seguir la imagen de Cristo?

El conformarnos a Cristo, tal como yo lo veo, es una dirección hacia la cual nos movemos. Pablo mismo dijo que él estaba luchando para conformarse a Cristo, y sin embargo estoy seguro de que sabía muy bien que nunca lo lograría de este lado de la tumba. Tengo sospechas de personas que dicen que *son* como Cristo, pero comprendo a quienes dicen que *desean* ser como Cristo. Hay una importante diferencia.

Aun teniendo el deseo de ser como Cristo, eso no significa que usted descarte la posibilidad de tener una depresión reactiva. Habrá pérdidas, y usted se encontrará sufriendo esas pérdidas a través de su depresión.

Además, cuando establece metas dentro del contexto de esta dirección, estas metas tienen que ser realistas. No es realista estar convencido de que nunca puede deprimirse. Lo que sí debe hacer es luchar para minimizar el impacto de las pérdidas –especialmente de aquellas que son materiales– a medida que va comprendiendo la mente de Cristo.

Otro elemento importante es que usted necesita desarrollar una sana «teología del fracaso». La teología de algunas personas no les permitirá pensar en términos de fracaso. Ellos sólo ven a Dios en sus éxitos. Sin embargo, somos seres humanos que estamos luchando por parecernos a Cristo. Y en más de una oportunidad fracasaremos.

Satanás usa los fracasos de forma más destructiva de lo que debieran ser, simplemente porque no sabemos cómo recibir estos fracasos de la mano de Dios. Necesitamos verlos como «escalones» para crecer. No estoy sugiriendo que usted debiera querer fracasar a fin de poder crecer, sino más bien que cuando el fracaso sucede –cuando usted no logra la meta que se había propuesto– tiene que considerar la posibilidad de establecer metas más realistas (si eso es un problema), y tiene que asegurarse de que los sentimientos de fracaso no se vuelvan destructivos.

¿Es cierto que las personas deprimidas buscan más la racionalización que la solución?

Dado que el propósito de la depresión es remover a las personas de la carrera, hay una pérdida de energía, de empuje y de ambición. También hay una tendencia a sentirse desamparado y a no buscar soluciones. Las personas deprimidas a menudo se esconden en racionalizaciones como una forma de justificar sus fracasos en cualquier cosa que hacen.

Recuerdo a un paciente que estaba en una depresión severa y como consecuencia no podía hacer su trabajo de forma apropiada. En vez de encontrar soluciones, se sentaba frente a mí y me daba explicaciones elaboradas de por qué no podía hacer su trabajo. Cuando lo presioné a que escribiese cuatro o cinco pasos que lo ayudarían a ser productivo, se resistió fuertemente. Este tipo de resistencia es un resultado natural de la depresión. Uno simplemente carece de la energía y el empuje para orientarse hacia la acción.

¿Hasta qué punto la persona deprimida debe responsabilizarse por su depresión?

Usted no necesita responsabilizarse por una depresión antes de poder resolverla. La depresión en sí no restaura la pérdida. Pero usted debe responsabilizarse de hacer frente a la depresión. Esto probablemente no sea fácil en el momento más oscuro de su depresión, pero a medida que empieza a salir del fondo y a poner la pérdida en perspectiva, usted es responsable de hacer frente a las consecuencias de la pérdida.

Por ejemplo, si usted ha perdido su empleo, tarde o temprano tendrá que hacer algo para encontrar otro. En la experiencia de la depresión llega el momento cuando empieza a volver su energía, y usted puede acelerar su recuperación entrando en acción.

¿Hay algún momento en la depresión cuando es imposible que usted mismo se ayude?

En algunas depresiones (las menos severas), usted puede ayudarse a sí mismo a través de la depresión. Usted no está tan incapacitado. En las depresiones más profundas, sin embargo, hay un momento al comienzo de la experiencia cuando es imposible que usted se ayude a sí mismo. Durante ese tiempo, lo mejor que puede hacer es salir de su entorno. Tómese tiempo para estar solo y permítase sentir su dolor. Algunas de las personas que sufren depresión sienten temor de hacer esto porque temen perder el control. No obstante, es lo mejor que puede hacer cuando se siente muy triste.

¿Hay alguna posibilidad de que al «ceder» a su depresión, ésta empeore?

Lo que aumentará la depresión es resistirla, al menos en el tipo común de depresión reactiva. Cuando experimenta una pérdida significativa, usted necesita un período de sufrimiento. Puede ser que le tome un día o dos, quizás una semana o dos, o mucho más, pero lleva tiempo. Llega el momento cuando do sus energías comienzan a regresar. En ese momento, si usted entra en esa onda, puede acelerar su recuperación.

Permítame moderar esta respuesta haciendo énfasis en que estoy hablando sobre la depresión reactiva común. Si su depresión es endógena, «ceder» a ella no le ayuda; esto solamente la perpetuará. Por tener su causa en el sistema bioquímico del cuerpo, este equilibrio tiene que ser restaurado antes de que la sanidad ocurra. El aislarse y ceder a este tipo de depresión no ayudará en nada. Usted deberá hacer todo lo posible para minimizar el impacto de esta depresión.

A veces ayuda decirse a sí mismo: «¡Vamos; anímate! Esto va a pasar pronto», y entonces seguir con su rutina normal. Hablándose a sí mismo de esta forma, usted puede ayudar a poner su depresión en una mejor perspectiva. Pero evite cualquier monólogo interno que lo prive de su derecho de estar deprimido; esto solamente agravará la depresión.

¿Cuáles son los principios bíblicos más importantes para hacerle frente efectivamente a la depresión?

Estoy dando por sentado que el lector entiende y acepta que debe existir un fundamento básico de salvación en Cristo y llenura del poder del Espíritu Santo. Más allá de esto, hay al menos tres principios escriturales que considero tremendamente útiles.

Primero, la pérdida y la ganancia, ambas son parte de nuestra experiencia cristiana. No debemos esperar que todo sea ganancia.

En Filipenses 3:7–8 Pablo dice que las cosas que para él fueron en un tiempo ganancia, ahora las cuenta como pérdida por Cristo. El quiere decir que no hay pérdida que podamos experimentar que pueda exceder lo que ganamos en Cristo. El también dio a entender que cualquier cosa que pudiera perder en el futuro, lo contrastaría con lo que ganara en Jesucristo. Esto lo ayudaría a sobrellevar la pérdida y a recuperarse del dolor más rápidamente.

El principio de ver lo que ganamos en Cristo puede revolucionar nuestro sistema de valores. Nos puede ayudar a poner nuestras pérdidas, cualesquiera que sean, en la perspectiva de la eternidad.

Eso no significa que la depresión no nos molestará en el futuro. Aun cuando Pablo dijo que contaba todas sus pérdidas como ganancias, no pienso que implicara que nunca sintió tristeza por ciertas pérdidas en particular. Es un proceso, algo que tenemos que recordar cada día para ayudarnos a enfrentar las pérdidas de la vida. En realidad, es un ejercicio espiritual saludable comenzar cada día tomando todas las pérdidas que usted pueda anticipar por adelantado, y compensarlas recordando las ganancias en Cristo.

Segundo, estamos llamados a perdonar a aquellos que nos hieren. El principio de perdón está claramente mostrado en el Sermón del Monte (ver Mateo 6:14–15). Nunca enfatizaré en forma suficiente que creo que una gran cantidad de nuestras depresiones son el producto de nuestra incapacidad o falta de deseos de perdonar. Por naturaleza, parecemos no ser muy inclinados a hacerlo; preferimos tomar venganza. Albergamos odios, saboreamos resentimientos. Ya que la mayoría de las pérdidas en la vida nos llegan por manos de otra persona, el principio del perdón es absolutamente esencial para evitar y sanar la depresión.

Tercero, somos instruidos a «renovar nuestras mentes».

Como sicólogo cristiano, aprecio grandemente Romanos 12:2. Allí Pablo nos recuerda que debemos ser «transformados por la renovación» de nuestras mentes. Este versículo no solamente apoya algunas de las cosas que trato de hacer profesionalmente, sino que también es un concepto amplio, esencial para lidiar con la depresión. Parte de lo que Dios nos ofrece en Cristo es la renovación de nuestra mente. Esto incluye una nueva forma de pensar, nuevos valores, nuevas creencias y nuevas actitudes. Todas son necesarias si queremos hacer frente a la depresión en una forma sana.

¿Qué recursos especiales tenemos como cristianos para combatir la depresión?

Dios nos ofrece una asombrosa cantidad de recursos en el evangelio. No solamente nos ofrece su poder directamente a través de la presencia del Espíritu Santo, sino que también nos ofrece los recursos de su Palabra y la oración. Todos estos nos benefician directamente al lidiar con nuestras depresiones.

Uno de los beneficios más directos que estos recursos proveen es una perspectiva sin igual de la vida, especialmente sobre lo transitoria y temporal que es. Simplemente «estamos de paso». Esta perspectiva nos ofrece una serie de valores que ayudan grandemente en la depresión, porque cambia nuestra percepción en cuanto a qué es una pérdida y qué no lo es.

El cristianismo también nos enseña a no aferrarnos a las cosas de este mundo.

El primer paso en el proceso de sanidad, por lo tanto, es un ejercicio espiritual. Necesitamos examinar nuestros corazones periódicamente para determinar cuán apegados estamos a nuestros empleos, familias, seres queridos, reputación, ambiciones, sueños, y aun a nosotros mismos. Muchos dejamos estos afectos sin examinar, y una vida sin examen es una vida infeliz. Entonces, con la ayuda de Dios, podemos reorganizarlos de modo que nuestros afectos se encuentren dentro de los parámetros normales.

Permítame darle un ejemplo concreto. Amo mucho a mi familia. En ocasiones creo que estoy demasiado apegado a ella. Cada vez que me doy cuenta de esto, le pido ayuda a Dios para que mi relación con mi familia sea más equilibrada. Honestamente reconozco este excesivo apego, y entonces, según reflexiono sobre el papel del Señor en mi vida, me doy cuenta de que Él es el único a quien debo estar excesivamente apegado. Esto hace que lentamente mis sentimientos se controlen, y permite que mi amor por mi familia sea colocado en una mejor perspectiva.

Estos reajustes periódicos de los afectos también nos pueden ayudar a prepararnos para enfrentar las pérdidas que finalmente habrán de ocurrir, aun con las personas u objetos más preciados.

¿Existen etapas en el proceso de resolver la depresión?

Sí, existen tres: protesta, desesperación y separación. Estas tres etapas son similares para todo tipo de pérdida. Según examinamos nuestros recursos espirituales para enfrentar la depresión, nos será de ayuda asociar cada uno con cada etapa.

La primera etapa es la de *protesta*. Ocurre cuando descubrimos que ha ocurrido una pérdida. Es la reacción natural de nuestra mente y nuestro cuerpo, y está diseñada probablemente para ayudar a sobreponernos a la pérdida. Cuando una joven esposa se entera de que su esposo planea abandonarla, ella inmediatamente comienza a protestar, inclusive a negarlo. Esto la moviliza para hacer frente a esta amenaza, y en algunas ocasiones pudiera hasta ayudarla a prevenir que la pérdida ocurra. Sin embargo, a la mayoría de nosotros la fase de protesta no nos ayuda en nada. Nos enfada y frecuentemente intensifica el dolor que experimentamos por la pérdida.

¿Cómo puede ayudarnos Dios en esta etapa de protesta? Los cristianos que he intentado ayudar tienden a echar la culpa a Dios, a ellos mismos, y a cualquiera que se les ponga por delante. Existe un alto nivel de hostilidad en esta etapa, y hasta es posible que intenten quitarse la vida o hacerle daño a las personas responsables por su pérdida.

Recientemente ha habido un torrente de noticias en los medios masivos, de personas que fueron despedidas de sus empleos y de cómo regresaron varios días después para vengarse de sus compañeros de trabajo y de aquellos responsables por su despido. Esta es la etapa de protesta en la depresión. Puede ser traumática para algunos, pero para la mayoría de nosotros, que sólo tenemos que lidiar con separaciones y pérdidas ordinarias, la etapa de protesta pudiera no ir más allá de un alto nivel de irritabilidad y enojo.

Es extremadamente difícil en esta etapa implementar disciplinas espirituales tales como la oración y la lectura de las Escrituras. Sin embargo, debe hacerse un esfuerzo para concentrarse de nuevo en Dios como quien está en control de nuestras vidas y para evitar sentimientos de desamparo. Versículos de las Escrituras pueden proveer una base sólida. El enfoque puede ser la grandeza de Dios (por ejemplo Salmos 77:13; 95:3; 104:1), su poder (1 Crónicas 29:12; 2 Crónicas 25:8; Salmos 65:6; Romanos 16:25). El enfoque también puede ser la fortaleza que Dios ofrece a sus hijos (2 Samuel 22:40; Isaías 40:31; 41:10; Efesios 3:16), o el tema de soportar (2 Timoteo 2:3–4; 4:5; Hebreos 12:6–8; Santiago 1:12).

Las Escrituras también pueden ser extremadamente importantes ayudándonos a controlar los sentimientos de hostilidad hacia aquellos que pueden habernos causado la pérdida. Sobre todo, debemos orar pidiendo fortaleza y valentía para perdonar a quienes pudieran ser responsables por la forma en que nos sentimos. También tenemos que perdonarnos a nosotros mismos por lo que hemos hecho y por la forma en que reaccionamos. Hay versículos acerca del perdón que pueden ayudarnos a enfocar nuestra mente y energía en acciones más constructivas (Salmos 103:10–12; 130:3–4; Colosenses 1:12–13; 1 Juan 1:9)

Durante esta etapa de protesta también hay un profundo sentido de estar herido y un «tantear a oscuras» y tratar de agarrarse fuerte del objeto perdido. Particularmente en casos donde la separación no era esperada, puede haber un exagerado clamor de alarma, pánico, protesta y enojo. Dios puede ayudarnos con cada una de esas reacciones.

Lo que tenemos que lograr durante esta etapa es estar completamente conscientes de la pérdida y no negarla. Tenemos que enfrentarnos con el dolor. Cuanto más eficazmente lo hagamos, más rápida será nuestra recuperación. Tal vez no tengamos interés en establecer afecto con un nuevo objeto. En algunos casos, puede ser que salgamos corriendo en busca de un reemplazo rápido.

Tristemente debo decir que esto sucede a menudo en las situaciones de divorcio, donde el que ha sido rechazado, casi de inmediato busca otro compañero. Esto sucede por varias razones, incluyendo la necesidad de castigar a quien hizo abandono, o de reemplazar la pérdida para sentir menos la soledad.

Obviamente, muchos errores pueden ser cometidos en esta etapa, así que necesitamos pedirle a Dios que mantenga nuestras mentes centradas en el proceso del dolor y que no nos permita que salgamos de prisa y cometamos una tontería. *El proceso de dolor nunca se soluciona directamente con la sustitución.* Nosotros no podemos simplemente reemplazar nuestra pérdida. Si lo hacemos, puede ser que más adelante tengamos una reacción diferida.

¿Qué es la etapa de desesperación?

La etapa de protesta finalmente cede el paso a la segunda etapa en el proceso del sufrimiento: *desesperación*. Tan pronto como nuestras pérdidas o separaciones se convierten en una realidad para nosotros, puede ser que la depresión se intensifique. En esta desesperación perdemos interés en todas las otras personas o cosas. Deseamos «hibernar» y no ser molestados, y nos volvemos silenciosos y hoscos. Necesitamos estar solos; necesitamos sentir nuestra tristeza y reflexionar en nuestra pérdida.

Durante esta etapa comienza la verdadera obra de sanidad. Y es aquí donde necesitamos ir a Dios y ser renovados en nuestro espíritu. No podemos encontrar en las personas consuelo que sea tan significativo o tan duradero como el consuelo que viene de Dios. El tema del consuelo, entonces, puede ser muy beneficioso para aquellos que se encuentran en la etapa de desesperación en la depresión. Ellos pueden apreciar pasajes como el Salmo 23, 2 Corintios 1:3–4, Filipenses 2:1, y 1 Tesalonicenses 4:18.

Sin embargo, durante este período es extremadamente difícil fortalecer o simplemente mantener nuestra vida espiritual. Pero podemos consolarnos en el hecho de que esto es obra del Espíritu Santo y de que Dios puede mantener nuestra vida espiritual sin mucho esfuerzo o motivación de parte nuestra. Si vivimos en entrega total y en dependencia del Espíritu Santo, entonces podemos confiar en que El sanará nuestras dolencias y fortalecerá nuestro espíritu, aunque por nuestra parte no podamos cooperar mucho (ver Mateo 9:28–29; Efesios 3:20; Filipenses 1:6; 2 Timoteo 1:12).

Si usted es amigo o ama a alguna persona que se encuentra en la etapa de desesperación de la depresión, no le hable mucho; concéntrese en escuchar. Léale pasajes de las Escrituras a esa persona, sin juzgarla o condenarla, y ore por ella, porque lo más seguro es que la persona no pueda orar. Puede ayudar muchísimo poniendo en palabras lo que ella siente, aunque no haya tenido las fuerzas o el interés de hacerlo por sí misma. (Para saber más sobre cómo ayudar a un amigo, vea el capítulo 9.)

¿Cómo logramos alcanzar la etapa final de separación?

En el capítulo 2 hablamos de la importancia de la amistad. Permítame añadir algunos pensamientos.

En toda circunstancia de pérdida o separación, la meta final de sanidad es no seguir atados al objeto perdido sino lograr separarse. Esta es la etapa final de soltar cosas o personas.

Digamos que usted fue despedido de su trabajo y, aunque ahora tiene un nuevo empleo, no es tan prestigioso ni le da tanta satisfacción como el anterior. Esto puede prolongar su depresión, precisamente por no haber reemplazado en forma completa lo que ha perdido. Antes de que pueda lograr un lazo de unión con su nuevo trabajo, tiene que «soltar» su empleo anterior y lograr separarse.

Para muchos esto es algo extremadamente difícil. Aun cuando comienzan a sentirse mejor con el nuevo trabajo, después de una desilusión siempre regresan al estado anterior de insatisfacción y comienzan a reconstruir nuevamente la pérdida original. Esta vacilación entre sentirse bien y sentirse mal puede debilitarlos y tensionarlos.

Para completar el proceso del sufrimiento, usted tiene que lograr esta etapa de separación. En mi experiencia, esto sólo sucede cuando usted, en sincera búsqueda de la gracia de Dios, pide de su poder para que lo ayude a separarse emocionalmente de lo que le ha sido arrebatado. Nuestro instinto natural es aferrarnos a todo. Sólo Dios puede hacer de forma gradual, que sus dedos suelten el objeto o persona y que usted continúe viviendo sin ello.

La porción de la Escritura que considero más beneficiosa en mi trato con los pacientes cristianos es Filipenses 3:7–12. De hecho, todo el capítulo de Filipenses 3 es beneficioso en extremo en cuanto a esto se refiere. El punto central de lo que Pablo dice se encuentra en el v. 7: «Pero cuantas cosas eran para mí ganancia, las he estimado como pérdida por amor de Cristo».

La frase «las he estimado como pérdida» describe una decisión de parte de Pablo. Fue su decisión intencional que todo lo que había contado como ganancia, incluyendo el ser considerado un judío justo que había perseguido con celo a la iglesia, ya no era más importante para él. Y la razón por la cual podía contar esas cosas como pérdida es que había encontrado algo mucho mejor. La «excelencia del conocimiento de Cristo Jesús, mi Señor» (v. 8) hizo la diferencia.

Pablo había ajustado sus valores para que lo único que importara en su vida fuese Dios y su mensaje al mundo a través de Cristo. Con tal sistema de valores, no es de extrañar que pudiera regocijarse aun en los momentos finales de su vida, cuando estaba a punto de perderlo todo.

Para convertirse en un cristiano maduro, usted tiene que ser capaz de separar lo *esencial* de la vida, de lo *no esencial*. Piense en su vida y sus muchas facetas, y luego pregúntese: ¿Será esto una faceta esencial o una no esencial? Si usted tiene la perspectiva de Dios, sólo las cosas eternas caerán bajo la categoría de lo «esencial». Todas las otras cosas no serán esenciales.

Ore para que Dios le recuerde constantemente si algo es un tema esencial o no en su vida. Si usted puede hacer eso, la depresión se convertirá en un problema menos importante. Usted podrá ir rápidamente a la aceptación y separación.

¿Qué puedo aprender sobre la depresión en los personajes bíblicos?

La lección más importante es que la depresión es la experiencia común de toda persona, aun los grandes santos de Dios. No hay nadie exento. Es un proceso creado en nosotros por un Dios inteligente para que sea una experiencia sanadora. El estudio de personas como Elías y el rey David, cuyas emociones son descritas vívidamente, nos confirma esto.

Segundo, mientras tengamos que vivir el evangelio en el contexto de nuestra humanidad, el estudio de personajes bíblicos nos ayuda a llegar a aceptar nuestras limitaciones y descubrir cómo Dios nos puede ayudar a superarlos.

Tenemos una fuerte tendencia a idealizar no sólo a los personajes de la Biblia, sino también a los ministros y pastores. Tenemos que entender que sus actos de fe están en el contexto de una humanidad muy normal. Recordando esto, podremos aceptarnos a nosotros mismos y a buscar a Dios en nuestra depresión, en vez de ir a un estado de desesperación.

Nada causa más desesperación que el temor profundamente arraigado de que fracasará, o de que todo el mundo es más espiritual que usted. Pero no es de eso lo que trata el evangelio. Considere a esos personajes del Antiguo Testamento. Vea lo humanos que eran. Medite en lo mucho que se parecen a usted, pero luego note lo que ellos fueron capaces de hacer para Dios, y anímese con sus victorias.

¿Cómo puedo sostener mi vida espiritual cuando me siento tan triste?

Nunca ceda a la tentación de abandonar su vida espiritual cuando se sienta deprimido: «Voy a dejar a un lado mi caminar con Dios y primero voy a hacerle frente a mis problemas. Luego regresaré a mi vida con Dios». No, su vida espiritual tiene que ser puesta en armonía con toda la experiencia de su depresión. Si usted hace esto, encontrará que su vida espiritual lo ayudará y complementará el resto de su vida.

Para mantener una vida espiritual vital, cuando se siente triste, tiene que aceptar sus emociones por lo que son –un síntoma de que algo anda mal y necesita atención.

No tiene que preocuparse por esto. Mucha depresión puede «ponerse a un lado.» Usted sabe que está ahí, pero no necesita meditar en ella. Muchas personas aprenden a desatender el dolor y viven con él. En cierto sentido, usted necesita desatender su depresión de la misma forma. También necesita evitar que los *sentimientos* de la depresión le impidan lidiar con la *causa* de la misma. Los recursos de Cristo lo ayudarán a lograrlo.

Cuando estoy deprimido, no deseo leer mi Biblia ni orar. ¿Hay alguna esperanza para mí?

La devoción espiritual es mucho más que leer la Biblia u orar. Aunque su depresión le roba la energía de concentración para concentrarse en algún estudio bíblico específico o un acto de oración con propósito, sigue habiendo mucho que usted puede hacer. Recuerde, Dios entiende cómo se siente, y lo entiende mejor que usted mismo.

Por ejemplo, puede meditar en Dios o la Escritura ahí donde usted está sentado o acostado. En silencio, ábrase a El para recibir lo que El desea darle. En vez de tratar de concentrarse en tener alguna actividad devocional específica, relájese y reciba de El. La meditación debiera ser la consecuencia natural de estar deprimido. No requiere energía, usted lo puede hacer cuando está triste, y en ocasiones puede ser más significativo que la lectura concentrada, y la oración.

¿Requerirá un tratamiento diferente la depresión que surge del pecado, de aquella que surge de una pérdida?

En cierto sentido, sí. En la depresión que surge del comportamiento pecaminoso, lo primero que se tiene que tratar es el pecado. Mientras el pecado continúe existiendo, no habrá mejoría de la depresión. Tratamos con el pecado por medio del arrepentimiento y la confesión, como se muestra en 1 Juan 1:9.

También surgen muchas pérdidas secundarias al pecado: pérdida del respeto por sí mismo, de la paz de Dios, de su cercanía y demás. Pero el tratamiento tiene que incluir primero el reconocimiento del pecado, la confesión del pecado, el arrepentimiento y la aceptación del perdón –todo el paquete. Aun cuando usted haya dado estos pasos y haya recibido por fe el perdón de Dios a través de Cristo, usted aún puede encontrarse deprimido. Hay pérdidas por las que aún habrá que sufrir, y usted tiene que evitar deprimirse por el hecho de que aún se siente deprimido.

¿Es, acaso, la oración un proceso sicoterapéutico?

La oración es mucho más que terapia. Es cierto que produce crecimiento y entendimiento de uno mismo, pero no podemos reducir la oración al aspecto terapéutico solamente. La terapia es un proceso donde se requiere otra persona, pero esa otra persona puede ser tanto Dios, como otro ser humano. Dios no espera que nos comuniquemos sólo con El. Nosotros nos necesitamos los unos a los otros, y el compartir con otro ser humano está también en el plan de Dios para nuestra sanidad. Se debe poner un gran énfasis en el compañerismo de los creyentes, en la dependencia mutua que tenemos en el cuerpo de Cristo para la sanidad emocional. La comunión con Dios en oración y la comunión con los demás en el cuerpo son ambos esenciales.

¿Puedo con oración salir yo mismo de la depresión?

Depende de la depresión, o más importante, depende de su causa. Si es causada por pecado, sí, usted puede con oración salir de la depresión. La acción de orar incluye confesión, arrepentimiento y recibir perdón, es así como usted remueve la causa de la depresión. Puede usted concluir ese tipo de oración y creer que realmente ha recibido perdón. Sin embargo, recuerde lo que acabo de mencionar, que el *sentimiento* de depresión puede no desaparecer inmediatamente.

El orar también ayuda a poner las cosas en perspectiva. Lo pone en contacto con los recursos de Dios. Pero yo no quiero dar la impresión de que cada vez que usted está deprimido, puede orar y la depresión se irá. No es tan fácil. Aun así, la oración necesita ser una parte integral de su sanidad de la depresión.

¿Puedo salir yo mismo de la depresión, a través de la alabanza?

Algunos predicadores han sugerido que usted puede salir de la depresión mediante la alabanza. No es tan fácil. Si usted ya ha pasado la peor parte de su depresión, puede acelerar su mejoría con acciones de alabanza. Pero mientras usted está en medio de la pérdida, es difícil alabar. En realidad, tratar de alabar en ese momento puede intensificar la depresión. Dios desea que tengamos una actitud de alabanza, pero un acto de alabanza tiene que surgir de sentimientos apropiados.

Una vez que usted haya pasado lo peor de la depresión y comience a sentir que se está mejorando, la alabanza puede acelerar su recuperación. Un aspecto importante de la alabanza es que fija su atención en cosas positivas. Usted recuerda las bendiciones que ha recibido. Esto a su vez lo ayuda a recuperar la perspectiva en cuanto a su pérdida. Así que la alabanza en esta etapa puede ayudarlo a salir de la etapa final de su depresión con mayor rapidez.

¿Cómo se le puede dar gracias a Dios por lo que parece ser una situación sin sentido ni esperanza?

El darle gracias a Dios en medio de una situación sin esperanza sólo puede tener significado si usted entiende realmente cómo obran las cosas en el reino de Dios. Si usted mantiene la perspectiva de Dios en esta vida, usted puede darle gracias a El aunque las circunstancias parezcan desesperadas, inútiles y sin sentido.

Colosenses 3:15–16 nos dice que debemos dejar que «la

paz de Dios gobierne en vuestros corazones, ...y sed agradecidos. La palabra de Cristo more en abundancia en vosotros». Cuando la Palabra de Dios mora en usted, tiene un entendimiento más profundo de un designio mayor de las cosas. Usted conoce el plan de Dios y comienza a ver la naturaleza esencial de lo eterno, comparado con la naturaleza no esencial de las cosas temporales. Todo esto junto nos da una perspectiva desde la cual podemos darle gracias a Dios, aun en medio de la depresión más profunda, porque detrás de esa profunda tristeza tenemos la convicción de que hay un plan y un propósito en todo. Entonces podemos darle gracias a Dios por ello.

SEIS

Haciendo frente a la depresión

• Segunda parte

Quizás se pregunte si después de un tiempo las depresiones simplemente acaban. Todo depende del tipo que sean. Muchas depresiones endógenas cesan espontáneamente. Otras se mejoran cuando usted reduce la tensión en su vida. Puede salir de las depresiones reactivas al madurar y aceptar la situación. Una de las ventajas de envejecer es que usted desarrolla cierta madurez de las experiencias que la vida le da; aprende que algunas pérdidas son temporales y que otras, aunque permanentes, no son tan importantes.

Usted no sale de la depresión en el sentido de liberarse de todas. Es probable que sea más propenso a las depresiones a medida que va entrando en años. Usted está envejeciendo físicamente y su cuerpo es menos adaptable, menos flexible. Además de esas pérdidas físicas, están también las pérdidas económicas y sociales. Pero además hay un contrapeso de madurez. Si usted aprende a manejar la vida, entonces, mientras mayor sea, mejor maestro se volverá. Por esta razón es que usted necesita dar máxima importancia a su santificación (su crecimiento y desarrollo espirituales) en su juventud. Mientras mejor se ajuste a una etapa temprana, mejor podrá ajustarse a etapas posteriores.

Sin embargo, esto no quiere decir que usted no puede reducir muchas de las depresiones innecesarias. Mucho de lo que he dicho hasta ahora tiene como objetivo reducir la frecuencia de la depresión. Probablemente la mitad de nuestras depresiones pueden evitarse si realmente tratamos de cambiar nuestro sistema de valores y permitimos el dolor en una forma saludable. A través de nuestras depresiones Dios nos ayuda a sanar nuestro egoísmo y la preocupación por nosotros mismos.

¿Puede ayudarme a salir de la depresión un cambio de circunstancias?

Si las circunstancias en que está le están causando muchas pérdidas o mucha tensión, un cambio le puede venir bien. Tomar vacaciones o hacer un viaje puede permitirle ver las cosas de modo diferente. Cambiar las circunstancias también puede darle una oportunidad de descanso y relajamiento al sacarlo de la rutina regular. Las personas ocupadas, especialmente, necesitan cambios de manera frecuente.

Si mi depresión es provocada por circunstancias imposibles de cambiar, ¿cómo puedo esperar evitar una depresión recurrente?

Este es el caso de muchas personas que se enfrentan con pérdidas que no pueden reemplazar. La pérdida de seres queridos, incluyendo la aflicción que sigue, es un buen ejemplo. Al perder a un ser querido –quizás un marido que era la única fuente de ingresos– usted se enfrenta a una situación irreversible. Además de dolerse por la pérdida a través de la depresión, también tiene que comenzar a ajustarse a la naturaleza permanente de la pérdida y debe tomar control de las circunstancias. Puede requerir varios cambios importantes en su vida.

Para usar otra analogía, si esta corriendo una carrera de obstáculos y se enfrenta con uno insondable, debe encontrar una forma de darle la vuelta. Sucede exactamente lo mismo cuando se encuentra con circunstancias más allá de su control; tiene que aprender a compensar aquello que no puede cambiar. Para algunos esto incluirá cambios drásticos, como vender una casa o reducir su nivel de vida. Pero usted tiene que tomar el control y encontrar un camino alrededor de sus obstáculos.

También tengo que enfatizar de nuevo que cuando las circunstancias parecen estar más allá de su control, la tendencia es regresar a un estado de desamparo. Pero permítaseme recordarle que esto sólo intensificará la depresión. La pérdida de control, que es parte de sentirse desvalido, puede causar la forma más intensa de depresión. Así que es vital tomar control de las circunstancias y comenzar a planear su vida entorno a un nuevo conjunto de premisas. Si no lo hace, su depresión no se irá.

La causa de mi depresión ha desaparecido, pero aún me siento deprimido. ¿Qué me sucede?

Esto nos trae a un punto importante que necesita ser comentado. La depresión no está solamente en su cabeza; no es tan sólo una experiencia sicológica. Puede ser disparada fisiológicamente, pero afecta a todo el cuerpo. Cuando usted se deprime, tienen lugar una cantidad de cambios bioquímicos masivos. Glándulas, músculos y muchas otras partes responden con cambios. En realidad el ánimo bajo y triste —así como el letargo— que usted siente son todos el resultado de esos cambios bioquímicos. Primeramente la depresión tiene como objetivo disminuir su velocidad y sacarlo de su ambiente.

Cuando la causa de la depresión es quitada o resuelta, los sentimientos no desaparecen de inmediato. Pueden permanecer muchas horas, aun días, dependiendo de por cuánto tiempo usted ha estado deprimido. Su sistema biológico necesita tiempo para restaurarse. La química alterada tiene que «quemarse» por sí misma y salir de su sistema. Solamente entonces el sentimiento de depresión desaparecerá. Por lo tanto, es importante no impacientarse ni reaccionar negativamente a los sentimientos que demoran en desaparecer. Esto solamente traerá otras emociones en cadenas y prolongará la depresión.

Si es importante mantener algún nivel de introspección, ¿cómo logro un equilibrio entre demasiado mucho y demasiado poco?

Usted necesita llegar al punto medio entre evitar toda introspección (que es algo muy común) y preocuparse con todo lo que sucede interiormente. El equilibrio no se encuentra en la cantidad de miradas al interior sino en *qué hace* con lo que encuentra en su interior. Claramente, todos en algún momento necesitamos mirar profundamente dentro de nosotros.

El aspecto enfermizo de la introspección viene cuando usted está tan preocupado consigo mismo que termina rechazándose. Esto conduce a la depresión. Hace que usted se castigue y se desanime.

Una introspección sana incluye mirarse a usted mismo de forma objetiva, analizando lo que está haciendo, y usando esa información como un mapa hacia su propia mejoría. Usted puede decir: «Bueno, esta parte de mí no es muy buena. Tengo tendencia a enojarme fácilmente. Y cada vez que me enojo, me deprimo. Si deseo resolver esta depresión, tengo que aprender a enojarme menos».

Continuando el proceso, usted analiza por qué se enoja. Así aprende que es muy propenso a la frustración; desea que todo suceda enseguida. Al reconocer esta tendencia, usted puede comenzar a lidiar con ella a fin de reducir su enojo, y evitar depresión. Esto resulta en crecimiento propio y autodesarrollo.

¿Puede ayudar alguien más en este proceso?

Un punto de referencia exterior puede ser muy beneficioso. No siempre puede confiar en usted mismo; necesita un oído atento y objetivo. La otra persona no tiene que ser necesariamente un experto en sicología, tan sólo una persona que sepa escuchar. Usted comparte sus descubrimientos con la persona, quien lo confirmará o le ayudará a corregir lo que siente sobre sí mismo.

¿Cómo puedo cambiar una espiral de pensamiento negativo?

La espiral de pensamiento negativo es la tendencia de alimentar su mente con pensamientos negativos de tal manera que mantiene viva la depresión. Los pensamientos negativos se perpetúan.

Soy primordialmente un sicólogo «cognoscitivo». Esto quiere decir que le doy mucha importancia a lo que sucede en la cabeza. Su pensamiento es la llave que controla sus emociones y comportamiento. Mientras que los pensamientos no causan todas los sentimientos, es al menos el punto de comienzo para corregir sus sentimientos alterados.

Proverbios 23:7 nos dice que «cual es su pensamiento en su corazón, tal es él». Hay mucha verdad práctica en esa idea. El evangelio viene a nosotros con un sistema lógico de valores y creencias. Ese sistema corre en dirección contraria a las ideas erróneas, creencias falsas, y patrones de pensamientos ilógicos de nuestro mundo, los que alimentan la espiral de pensamiento negativo.

Para corregir su forma de pensar, entonces, tiene que permitir que la verdad del evangelio le sature la mente. Esto no es fácil de hacer por sí mismo. Es recomendable encontrar a alguien que le ayude a evaluar sus pensamientos y lo anime a hacer cambios. Un grupo pequeño de amigos pueden hacer esto mutuamente. Necesitamos estar en una relación franca con otras personas para ser saludables. (Estaré hablando más sobre esto en el capítulo 7).

Actuar como si yo me sintiera bien, ¿me ayudará a sentirme bien?

En ocasiones sí, pero no siempre. Todo depende dónde se encuentra usted en su depresión. Cuando usted ha llegado «al fondo», ha pasado lo peor y su proceso de lamento ha terminado. Usted puede acelerar la fase de recuperación simplemente actuando como si se sintiese bien de nuevo. Esto lo ayudará a edificar su confianza y reforzar su mejoría. Regrese a su rutina normal. Ponga una sonrisa en su rostro. Eso rompe la tendencia a sentir lástima de sí mismo. Muy pronto encontrará que se vuelve a sentir bien de nuevo.

Sin embargo, repito, esto solamente ayuda durante la fase de recuperación. En las primeras fases ese comportamiento usualmente agravará la depresión. Su cuerpo o mente no está listo a ceder la depresión.

Uno de los problemas más difíciles en la depresión es la relación entre la voluntad y los sentimientos. ¿Cómo puedo motivar mi voluntad cuando me siento tan triste?

El secreto es aprender a «no hacer caso a», o «pasar por encima» de sus sentimientos. Ahora, esto no significa que usted los ignore o los niegue. Los sentimientos son síntomas importantes y tienen que ser atendidos. Pero una vez que ha reconocido que tiene ciertos sentimientos, usted puede escoger si desea continuar viviendo en medio de ellos o no. (Discutiremos esto con más detalles en el capítulo 7).

¿Cómo puedo hacer lo que sé que debo hacer, cuando no me siento con deseos de hacer nada en absoluto?

Si usted sabe qué debe hacer y no se siente con deseos de hacerlo, debe tomar una decisión. Puede sencillamente no hacerlo, o puede ejercitar su fuerza de voluntad y hacerlo de todas formas. La depresión minimiza la fuerza de voluntad, pero no la anula. Si usted *cree* que debe hacer algo, aunque no se sienta con deseos de hacerlo, usted puede hacerlo. Volvemos de regreso a la naturaleza de lo que usted cree.

Tome como ejemplo la madre que está experimentando una depresión después del nacimiento de su hijo. Ella sabe que el niño tiene que ser alimentado, pero no se siente con deseos de hacerlo. Sin embargo, ella alimenta al niño porque sabe que tal cosa tiene que ser hecha.

¿Por qué debiera ser esto diferente de otras circunstancias donde la persona conoce lo que tiene que ser hecho pero no se siente con deseos de hacerlo? La diferencia es simplemente que en un caso hay una convicción fuerte de que la acción tiene que llevarse a cabo. En otras palabras, la persona no cree en realidad que sea tan importante. Lo que usted tiene que hacer entonces es fortalecer su creencia en lo que tiene que llevarse a cabo.

¿Cuál es una buena forma de comenzar el día cuando no me siento ni con deseos de levantarme de la cama?

Siempre comience el día encomendándoselo a Dios. Haga esto aun antes de levantarse de la cama. Luego tiene que recurrir a su propia fuerza de voluntad. Un cónyuge o amigo también puede ayudarlo para animarlo a simplemente levantarse. Dé un paso a la vez. Lentamente usted logrará lo que parece ser una tarea sobrecogedora.

¿Ayudará a combatir la depresión el tomar alguna acción positiva?

Definitivamente sí. El tomar una acción positiva, no importa lo pequeña que sea, lo ayudará a mantener un sentido de control. Usted tiene que evitar a toda costa sentirse indefenso y desvalido. Retrayéndose y dejando que las cosas le sucedan simplemente, acentúa y alimenta la depresión. Una acción positiva tan pequeña como atarse los cordones de los zapatos puede crear un sentido de control.

Permítame darle un ejemplo concreto de cómo comenzar a tomar acción positiva. Suponga que usted ha perdido su trabajo, y siente que una profunda depresión se avecina. El primer paso puede ser simplemente sentarse con un pedazo de papel y escribir su currículum vitae. Quizás mirar en el periódico por oportunidades de empleo puede ser el primer paso. Otro paso puede ser tomar algunas sesiones de orientación vocacional, para asegurarse de que está en la línea de trabajo apropiada.

¿Se aplica esto a ambos casos, la etapa descendente y la etapa de recuperación?

Sí, la acción positiva ayuda donde quiera que se encuentre en la depresión. Es quizás más efectiva en la etapa de recuperación, pero «el tomar control» es un paso que usted puede comenzar en cualquier punto. Si no lo hace, es fácil caer en una depresión más y más profunda. Usted crea un sentido de desamparo que lo coloca a merced de sus circunstancias. A menudo el sentido de pérdida de control crea una pérdida mayor que la original.

¿Acaso las personas que se imponen no se frustran por las circunstancias sobre las cuales no tienen ningún control?

Sorprendentemente, los individuos que son capaces de tomar el control de sus circunstancias personales, usualmente tienen una mejor comprensión de sus limitaciones y pueden aceptar mejor aquellas condiciones que no pueden manejar. Las personas que tienen dificultad en hacer valer sus derechos, a menudo se sienten desvalidos en todas las áreas de la vida.

Cuando el apóstol Pablo dijo: «He aprendido a contentarme, cualquiera que sea mi situación» (Filipenses 4:11), pienso que estaba diciendo lo mismo. El entendió sus propias limitaciones, sin embargo, cuando era llamado a ejercitar autoridad, podía hacerlo también.

¿Cómo es posible tomar el control sobre circunstancias globales?

Estoy hablando aquí primordialmente sobre circunstancias ordinarias de la vida –su trabajo, su familia, la iglesia– sobre las cuales usted *puede* tomar control. Algunas circunstancias están realmente más allá de su control, como el tiempo, la economía nacional, y aun los asuntos mundiales. Tiene que haber cierta resignación para esas circunstancias a fin de mantener una actitud sana. Si nuestro país decide ir a la guerra, esto va a suceder, le guste a usted o no. En tales circunstancias, sería imposible para usted «tomar control».

Desafortunadamente, muchas personas se sobrecogen demasiado con el tipo de circunstancias mencionadas, y sufren más depresión de la necesaria. No podemos permitir que los eventos mundiales nos hagan sentir tan impotentes que entremos en depresión constante. Tenemos que aceptar la realidad de que hay mucho que no podemos controlar y tendremos que dejarlo como está.

Alguien ha dicho que yendo de compras todos los días podemos evitar la depresión. ¿Será el gastar dinero una buena forma de combatir la depresión?

Es cierto que cuando algunas personas están deprimidas, lo combaten gastando dinero. Se complacen a ellos mismos de tal forma que temporalmente la depresión no parece tan mala. Mientras más dinero gastan, mejor se sienten de la depresión. Le debo recordar que puede ser una forma costosa de combatir la depresión. Si gasta demasiado, después tendrá otra pérdida con la que lidiar.

Algunas personas recurren a gastar dinero porque se sienten privados. No tienen muchas cosas positivas en sus vidas, o no están siendo alentados positivamente por las cosas que están haciendo. Muchas amas de casa se encuentran en tal situación. La vida puede ser muy aburrida cuando todo lo que uno hace es lavar la ropa, cocinar y disciplinar a los niños.

Estas mujeres están atrapadas en sus labores de hogar y no reciben fortaleza ni ánimo en la vida. Así que puede que salgan ocasionalmente y gasten, para sentirse mejor y proveer el refuerzo que les falta.

Si a usted le falta ese refuerzo, ocúpese de lograr ese tipo de experiencias de refuerzo en su vida diaria. Amistades sólidas, salidas ocasionales, o un cambio en su rutina pueden proveer elementos satisfactorios. De esa forma usted no tendrá que depender de gastar dinero para sentirse bien. Algunos cónyuges necesitan ser más atentos en esto y ayudar a proveer más variedad en la vida del cónyuge que se queda en casa.

Si estoy deprimido por problemas financieros, ¿no empeorará la situación si gasto dinero en un consejero profesional?

No necesariamente. El ver a un consejero puede ayudarlo a acelerar su recuperación. El consejero no necesita ser caro. Muchas pólizas de seguro médico incluyen pagos para estos servicios, tanto para sicólogos como para siquiatras. Cada ciudad tiene servicios de salud mental que cobran una tarifa mínima, usualmente basada en una escala de acuerdo al ingreso. Además muchas iglesias ofrecen asesoramiento por laicos entrenados, los que pueden proveer ayuda efectiva para depresiones leves. Si la depresión es seria, no pienso que usted tenga ninguna otra opción sino ayuda de profesional competente. Las consecuencias de no hacerlo pueden ser serias.

¿Cómo puedo hacer frente a la depresión, cuando he perdido toda esperanza y me siento con deseos de terminar con todo?

Si usted llega al punto donde sus esperanzas son tan pocas que está pensando en quitarse la vida o escapar, debería buscar ayuda externa inmediata. No puede confiar en sus percepciones cuando se encuentra en una depresión profunda. Necesita a alguien más que lo ayude, alguien con quien pueda compartir sus problemas y que pueda ofrecerle apoyo.

¿Debo, acaso, buscar a un amigo que haya pasado por una depresión o a un amigo extrovertido y sociable?

Lo que usted debe buscar más que nada es un amigo que sea comprensivo y que esté dispuesto a escucharlo sin juzgarlo. Que la persona haya experimentado depresión no es importante. En realidad, no es fácil hablar con algunas personas que han estado deprimidas porque quieren hablar sobre *su* propia depresión, en vez de escuchar sobre la suya. Un amigo extrovertido puede que desee acortar el proceso y terminar con usted rápidamente. Eso tampoco lo ayudaría. Le repito, lo que usted necesita es un amigo que tenga la habilidad de escuchar, no de dar consejos.

¿Cómo debo hablar de mi depresión con un amigo?

Al comienzo debe hacer un acuerdo informal, «estructurando» la relación. No acorrale simplemente a la persona, diciéndole: «Quiero que sepas lo que pasó esta semana pasada», para entonces descargar en él o en ella toda la historia. Las amistades tienen la tendencia de huir de esa situación. Usted necesita pedir permiso para compartir. Debiera decir: «Me he sentido deprimido últimamente, y no sé por qué. Necesito hablar con alguien. ¿Estarías dispuesto a escucharme? Con gusto yo haría lo mismo contigo».

En este acuerdo informal, debe decirle a su amigo lo que espera de él o ella. Deje aclarado que todo lo que desea es que lo escuche para poder llegar a entender sus problemas. También puede asegurarle que si él o ella tiene alguna opinión que darle, usted se sentirá más que contento de recibirla. El preparar a un amigo de esta forma, puede resultar muy beneficioso para asegurarse de que el proceso funcionará apropiadamente.

¿No me interpretará mal mi amigo y pensará que sólo estoy pidiendo su lástima?

Esta es una razón más valedera por la cual usted debiera explicar de antemano lo que espera de sus amigos. Sea directo. «No deseo lástima, y tampoco consejos necesariamente. Lo que necesito es que me escuches». Esto evitará cualquier malentendido.

Muchas iglesias ofrecen programas de asesoramiento de laicos, y entrenan a sus miembros para ser oidores efectivos. Este entrenamiento también ayuda a los consejeros a evitar sentimientos de culpa porque no pueden cambiar una situación dramáticamente en poco tiempo. Tales programas no sólo entrenan a buenos consejeros laicos, sino que además producen mejores amigos.

¿Qué otro paso debiera dar para usar a mi amigo con efectividad?

Yo diría que para estructurar la relación, usted debiera aclarar la cuestión de tiempo. No espere que su amigo esté disponible cada día por el tiempo que usted desee. Marque límites, y no abuse de los privilegios. Es beneficioso pedirle a su amigo que le otorgue una hora a la semana, durante cierta cantidad de semanas. Sea franco y honesto al establecer límites. Eso le ayudará a su amigo a evitar sentimientos de culpa cuando el tiempo se acabe. Es lo que acordaron.

Cuando usted hable con su amigo, explore las pérdidas, póngalas al descubierto, y hable sobre los varios aspectos de las mismas. A menudo simplemente describirlas y explorar los muchos aspectos ayudan a poner todo en perspectiva. Puede ser que descubra que no tiene mucho sentido la forma en que está pensando o sintiéndose. Su amigo puede ayudarlo a enderezar su forma de pensar.

¿Corro el peligro de deprimir a otros al contarles mis experiencias?

Por regla general, si ha llegado a un buen acuerdo, si ha explicado sus expectativas y junto con su amigo ha establecido los límites, usted puede hablar sobre su depresión sin temor de que su amigo se deprima también. La depresión en sí no es contagiosa. Sin embargo, hay algunas personas que son muy sensibles y muestran demasiada lástima en vez de compasión. Son propensas a dejar que los sentimientos del otro los afecten. Eso no le ayudará a usted tampoco, porque lo que usted necesita es comprensión, no lástima. Si tiene ese tipo de amigo, es mejor que no hable de sus sentimientos con él.

¿Cómo puedo responder a amigos que me dicen, «¡Vamos, cambia de humor! Ya llevas mucho tiempo así»?

Los amigos que dicen eso están siendo insensibles y cometiendo una gran injusticia. Si usted pudiera salir de la depresión, lo haría. Básicamente, lo que ellos están diciendo es: «Oye, tu depresión me hace sentir deprimido, y apreciaría si cesaras de estar deprimido para que yo pueda sentirme más a gusto». Usted puede pedirles que no quieran detener su depresión, o puede buscar otros amigos.

¿Qué puedo decirles a las personas que insisten en que todas las depresiones, incluyendo la mía, tienen raíces espirituales?

La tendencia de parte de algunos cristianos de espiritualizar todas las depresiones es peligrosa. Este es un tema común en las enseñanzas de muchos predicadores populares y hace mucho que existe.

Job escuchó eso cuando Dios lo probó con aflicción. Sus amigos trataron de consolarlo comentándole: «Por cierto tu malicia es grande, y tus maldades no tienen fin» (Job 22:5). El había respondido ya: «Consoladores molestos sois todos vosotros» (Job 16:2), y ¡tenía razón! El sabía que no había pecado, y a la postre Dios lo vindicó. Pero entretanto sufrió de depresión. Esto es verdad para todos nosotros; la depresión no está necesariamente relacionada al pecado. Espiritualizar la depresión es algo muy simplista y ciertamente no es escritural. Muchas personas pecan pero nunca se deprimen. Desafortunadamente, muchos cristianos que no han pecado necesariamente, también se deprimen. En ocasiones hay una conexión entre el pecado y la depresión, pero no siempre. Otro error común es pensar que la depresión ha sido causada o perpetuada por falta de fe en Dios. Esto implica de que si usted fuera profundamente espiritual, no se deprimiría, o se sobrepondría a su depresión rápidamente. Si no lo logra es, entonces, un fracaso espiritual.

Esa idea tiende a poner a la persona más deprimida todavía. Esa persona ya se siente lo suficientemente mal así como está. Añádale .más culpa encima de la depresión, y usted casi puede garantizar que el individuo estará deprimido por un largo tiempo. Puedo asegurarle que Satanás aplaudirá con alegría cuando hacemos esto.

Otra idea común es que la sanidad de la depresión es exclusivamente un ejercicio espiritual. Algunos predican y enseñan que *todas* las depresiones son sanadas simplemente cuando la confesamos, nos arrepentimos de ellas y regresamos a Dios.

Esta idea no reconoce que muchas de nuestras depresiones tienen raíces en lo bioquímico o en causas genéticas, o que una disciplina espiritual necesita ser ejercitada a través de nuestras depresiones. Creo firmemente que Dios puede ayudarnos en el proceso de sanidad, y que cuando es una situación completamente espiritual, El provee la sanidad. Pero en muchos casos, nuestra depresión necesita ayuda además de la oración o la confesión que necesitemos hacer.

Cuando nos encontramos con alguien cuya pierna ha sido destrozada en un accidente, reconocemos que debemos llamar rápidamente a los especialistas y orar para que Dios obre a través de un cirujano a fin de traer sanidad. Bueno, las numerosas depresiones que tienen causas físicas no son diferentes de los huesos rotos o de un apéndice inflamado. Desafortunadamente, no podemos ver el nervio roto o la perturbación bioquímica que está causando la depresión.

Como cristianos necesitamos estar abiertos a la intervención milagrosa de Dios. Hay momentos cuando El provee sanidad sin ninguna interferencia física o asistencia sicológica. Muchas personas, sin embargo, necesitan ser guiadas a la fuente del evangelio y ver lo que están haciendo en sus vidas que pueda estar causando o dilatando su depresión. El consejero cristiano tiene un papel que desempeñar, facilitar el proceso de sanidad. El Espíritu de Dios está tan presente en la oficina de asesoramiento como lo está en los bancos de la iglesia. La palabra de Dios habla tanto a través de la sabiduría de los sicólogos y ayudantes cristianos, como lo hace a través de la voz de un predicador.

Necesitamos un acercamiento integral a la sanidad. Necesitamos la ayuda de Dios, pero también necesitamos estar dispuestos a abrir nuestros corazones a Dios para que El pueda sanarnos. Los consejeros cristianos tienen recursos espirituales que pueden ayudarlo a abrir su corazón y ser receptivo a la obra sanadora de Dios.

Si está totalmente aislado y no tiene acceso a un amigo, consejero o pastor –por cualesquiera que sean las razones–deseo asegurarle que Dios entiende su condición y hará una provisión adecuada para su sanidad. Regrese ahora y rinda su vida a El. Ore pidiendo sanidad y luego reclámela por fe.

¿Hay algún valor en asistir a los grupos de ayuda para personas deprimidas?

Los grupos de ayuda son, primordialmente, grupos de apoyo. Pueden ser de extrema ayuda para muchos problemas personales. Por mi parte prefiero que sus integrantes sean cristianos, ya que de otra manera algunos grupos pueden ser dañinos para su fe. A menudo estos grupos están diseñados para menoscabar sus creencias, y si su fe es diferente de la de los otros miembros del grupo, ellos, de una forma u otra, van a atacar y destruir su fe.

Los grupos de ayuda cristianos deben edificar su fe. Estos grupos pueden proveer los recursos para ayudarlo a comprenderse a sí mismo y las causas de su depresión. Además les tenemos que dar cuenta cuando hacemos un acuerdo con ellos a fin de cambiar algunas cosas en nuestra vida y ayudar en la depresión. Finalmente, pueden ser de ayuda en los momentos más difíciles de la depresión. Si no hay tal grupo en su iglesia, puede considerar la posibilidad de comenzar uno usted mismo.

Estos grupos, ¿deben estar formados necesariamente por personas deprimidas?

No. En realidad, generalmente evito poner muchas personas deprimidas juntas en un grupo. Cada persona deprimida desea concentrarse en su propia depresión. Ese grupo tendría muy poco que darse mutuamente. La gente *ya recuperada* de depresiones pasadas sí puede ser beneficiosa en un grupo de apoyo; pueden ofrecer perspectiva en todo el proceso y proveer ánimo al deprimido al describir su propia jornada. Un grupo «mixto» funciona mejor.

¿Dónde puedo conseguir material que me ayude a entender mi depresión?

La fuente más importante es su librería cristiana. Hoy día hay muchos libros disponibles escritos desde una perspectiva cristiana. Sea cuidadoso, sin embargo. Algunos escritores realmente no entienden la depresión y la presentan como una experiencia extraña. Evite esos libros.

¿Qué cosas puedo hacer para evitar la depresión en el futuro?

La mejor forma de evitar la depresión en el futuro es tratar en forma efectiva su depresión del presente. Sin embargo, hay algunas medidas preventivas que usted puede tomar. Algo clave es hacer *ejercicios físicos*.

Una y otra vez, se ha demostrado que un buen programa de ejercicios ayuda a la persona seriamente deprimida, no solamente a recuperarse más rápido de su depresión, sino también a prevenir futuras depresiones. El ejercicio físico no puede hacer esto por sí solo; otros aspectos de la depresión tienen que ser tratados también, pero ya que la depresión tiene la tendencia a crear un estado de letargo, estimular el sistema físico con ejercicios es extremadamente beneficioso. Combate la tendencia natural de ceder a la pesadez que sólo intensifica la depresión.

Un régimen de comidas balanceado es también importante. Yo animo a mis clientes a tomar un complejo de vitamina B para suplementar su dieta normal, ya que la mayoría de los alimentos modernos tienen carencia de ella. Esto ayuda a prevenir algunos problemas de fatiga que puedan desarrollarse.

El desarrollar *buenas relaciones* con otras personas es también algo preventivo. Si usted tiene problemas relacionándose con las personas, le sugiero que busque asesoramiento.

Es importante que usted tenga una *vida con satisfacciones*. Si su trabajo no lo satisface, por ejemplo, tal vez tenga que decidir si un cambio sería beneficioso.

Acentuando todo esto, por supuesto, debe haber una *fe sanadora*, una teología sana, lectura bíblica regular, oración y tomar parte en actividades cristianas. El desarrollo de un sistema de valores bíblicos es vital para prevenir la depresión.

¿Hay ejercicios en particular que sean beneficiosos?

La cantidad y tipo de ejercicio que usted haga depende de su condición física. Su médico es la mejor persona para aconsejarlo acerca de cuánto y qué tipo de ejercicio puede hacer. Un buen número de libros sobre ejercicios le pide que comience con poco ejercicio y lo lleva a niveles más vigorosos en forma gradual. Muchos clubes de salud también tienen programas bien diseñados para la buena condición física.

Los ejercicios que personalmente recomiendo incluyen andar en bicicleta, trotar, algo de abdominales –si está en condiciones físicas. Caminar siempre es saludable, así que hágalo lo más posible. Caminar rápidamente con su cónyuge, hijos o el perro justo antes de irse a la cama es una práctica excelente.

¿Cómo se relaciona el nivel de azúcar en la sangre con la depresión?

En algunas personas los azúcares exageran el ciclo normal de altibajos en las emociones de algunas personas. Si usted tiene una tendencia a tener depresión por causa del azúcar, vea a su doctor para un examen de tolerancia de glucosa, porque usted puede ser «prediabético». Es un examen bastante común que determina si el sistema de insulina de la persona está balanceado como para controlar grandes dosis de azúcar. En general, todos debiéramos reducir la ingestión de azúcares lo más posible. También debiéramos evitar cantidades extremas de café y refrescos cola, por causa de la cafeína, que es una droga muy poderosa. La mejor política es la moderación.

Usted ha mencionado que aun una depresión reactiva involucra el sistema bioquímico del cuerpo. ¿Podrá acaso un régimen de comidas apropiado ayudar a la pronta recuperación de tales depresiones?

Alguien que no está en buenas condiciones físicas o que no está comiendo una dieta balanceada no va a tolerar una depresión reactiva tan bien como alguien que está en buen estado físico. En otras palabras, aunque lo que dispara tales depresiones es sicológico (una pérdida), la forma en que su cuerpo reacciona estará determinado hasta cierto punto por su condición física. Un cuerpo sano nos ayuda a tener una mente sana. Si su cuerpo está en mala condición, las pérdidas relativamente pequeñas pueden disparar una depresión masiva. Pero si usted goza de buena salud, los componentes fisiológicos de la depresión no serán tan intensos, y ciertamente no tan prolongados.

En el caso de no estar en buen estado físico, ¿podrá la bioquímica del cuerpo arrastrarnos a una mayor depresión?

Sí, cuando hay un mal estado físico la bioquímica de su cuerpo no está bien equilibrada. La depresión le produce letargo, y usted gasta menos energía física. Esto, a su vez, contribuye a mayor depresión. Mientras menos sano sea fisiológicamente, mayor será la probabilidad de que la depresión se intensifique.

SIETE

El manejo propio de la depresión

La depresión exógena es una de las experiencias emocionales que se prestan a que usted la maneje. En este capítulo deseo extenderme en algunos de los principios que he tocado anteriormente y proveer una descripción más sistemática de estrategias de autoadministración. Estas pueden serle aplicadas a usted de forma efectiva, de padre a hijo, de amigo a amigo, o de cónyuge a cónyuge.

Sin embargo, tengo que enfatizar que si su depresión no responde positivamente luego de un corto período de auto-control, usted debería consultar a un profesional, especialmente para descartar ciertos factores biológicos importantes o para una ayuda más sofisticada. La mayoría de los que sufren depresión, sin embargo, pueden ayudar a su sanidad con cierto autocontrol.

¿Cuáles son estas estrategias de manejo propio de las que usted habla?

Le presentaré las estrategias en forma de siete pasos. En resumen son:

1. Planificar su estrategia para sobrevivir.
2. Atrapar los pensamientos negativos.
3. Responder a los pensamientos negativos.
4. Atacar los problemas que necesita cambiar.
5. Identificar y cambiar las creencias fundamentales.
6. Pasar por encima de sus sentimientos.
7. Aprender a relajarse.

¿Están de acuerdo con nuestras creencias cristianas estas estrategias?

Definitivamente, sí. Una y otra vez, la Escritura nos recuerda que somos responsables de lo que pensamos, así como de controlar las actividades de nuestra mente. Dios ha prometido ayudarnos a renovar nuestras mentes y nos ha llamado a no conformarnos a los patrones de este mundo (ver Romanos 12:2).

Desde el principio, asegúrese de que Dios es parte de su plan. Pídale a El que lo guíe y que le dé la sabiduría y la valentía necesarias para hacer los cambios pertinentes a fin de controlar su depresión. Torne este ejercicio en uno espiritual, en el cual su meta no sea sólo comprenderse mejor usted mismo, sino también comprender a Dios mejor y comprender cómo El obra en su vida.

¿Qué quiere decir con «planificar su estrategia para sobrevivir»?

Ya que el problema principal de depresión es que disminuye su velocidad y perturba sus actividades normales, usted necesita planificar una estrategia para pasar cada día y lograr hacer tareas que deben completarse. Los siguientes pasos pueden ser de ayuda:

• *Haga una lista de cosas que usted necesita hacer hoy.* No trate de planear demasiado, sino concéntrese en las cosas esenciales. Usted puede incluir cosas de su trabajo o, si es un ama de casa, aquellas tareas que necesitan hacerse en el hogar. Trate de concentrarse en tres o cuatro tareas principales. Enumérelas en orden de importancia. Si su supervisor es quien le asigna tareas, lo que tiene que planear no es tanto la tarea que debe llevarse a cabo sino la actitud que usted necesita para completar sus asignaciones.

Trate de dividir cada tarea en pasos claros. Por ejemplo, si usted desea limpiar las ventanas de su casa, escriba los pasos individuales que debe tomar, en el orden en el que deben hacerse. Por ejemplo usted puede decir:

- Tomar el cubo y llenarlo de agua.
- Añadir el producto limpiador.
- Comenzar con las ventanas de la cocina.
- Luego seguir con las ventanas de la sala y los cuartos.

Especificar los pasos individuales es crucial. Cuando está deprimido, no puede pensar claramente; se siente sobrecogido por las tareas globales pero puede manejar mejor los «pequeños pasos». Si usted es un vendedor, quizás desee dividir la tarea de llamar a los clientes en pasos específicos:

- Preparar una lista de cinco clientes para llamar o visitar.
- Conseguir las direcciones o números de teléfono de cada uno, etc..

Escribir los pasos en detalle puede parecer una exageración, pero sepa que cuando usted está deprimido, es difícil mantener esas tareas simples en su mente. A menos que las haya escrito claramente de antemano como una serie de pasos, usted puede sentirse inmovilizado. Puede también pedirle a un amigo o cónyuge que lo ayude a dividir los pasos.

Una vez que los ha delineado claramente, todo lo que tiene que hacer es seguirlos lo mejor posible. Esto lo ayudará a no sentirse tan sobrecogido por la enormidad del trabajo. Concéntrese en completar cada paso, y descubrirá que puede terminar el día de forma más efectiva.

• *Mantenga un registro cuidadoso de cada tarea que logra, para reforzar su progreso.* Cuando está deprimido, es difícil experimentar un sentido de logro, o tener un entendimiento de cuánto progreso está logrando. Al mantener un registro cuidadoso de cada paso que toma y cada tarea que logra, usted podrá regresar, ver su progreso y reforzarlo en su propia mente.

Piense en estas tareas un día por vez. En otras palabras, no trate de planear las tareas de mañana hasta que no haya terminado las de hoy. Si usted no termina las tareas de un día, llévelas al próximo. Separe un tiempo cada noche o temprano la próxima mañana para planear su trabajo.

¿Cómo puedo detener mis pensamientos negativos?

Una de las consecuencias más debilitantes de la depresión es que causa muchos pensamientos negativos. Esos pensamientos contribuyen a la depresión y a menudo la perpetúan innecesariamente. Es importante que trate de atrapar sus pensamientos negativos *a medida que ocurren* para así enfrentarlos y revertirlos. Esto ayuda a que se dejen de fomentar las pérdidas en su mente.

La forma más efectiva de hacer esto es preparar, ya sea en papel o en una libreta, un «registro de pensamientos». Trace dos columnas, una estrecha, hacia la izquierda donde pueda registrar la fecha y hora, y una ancha hacia la derecha donde pueda escribir los pensamientos negativos que está teniendo.

En ocasiones es difícil reconocer cuándo está teniendo pensamientos negativos. Ponga un reloj o una alarma que le señale cada media hora –o cada hora. Cuando usted escuche la alarma, deténgase y reflexione en lo que esta pensando. Si es negativo, registre el pensamiento escribiéndolo. Otras veces puede que inmediatamente sea consciente del pensamiento negativo. De nuevo, escríbalo. El principio aquí es capturar todo pensamiento negativo o no saludable, a medida que ocurre y escribirlo para tener un registro de lo que está pensando.

Algunos pensamientos son automáticos, que se repiten en sí mismo una y otra vez como un disco rayado. Por ejemplo, puede ser que usted se diga a sí mismo: «Soy un fracaso. No he hecho nada con mi vida. Siempre voy a estar deprimido. Nunca nada se va a solucionar».

Cada uno de estos pensamientos negativos refuerza alguna idea de pérdida y ayuda a mantener viva su depresión. Siempre que se sienta triste o con deseos de llorar, trate de dilucidar el pensamiento que está teniendo en ese momento, y escríbalo. Aunque el mismo pensamiento viene a su mente una y otra vez, escríbalo cada vez. Eso le ayudará a llevar la cuenta de sus pensamientos negativos.

Gradualmente, a medida que usted hace esto, comenzará a darse cuenta de que hay ciertos temas que se suscitan regularmente. Los temas pueden concentrarse en sentimientos de inutilidad, o de desesperanza. Si usted está deprimido porque perdió su trabajo, por ejemplo, puede que descubra que sus pensamientos regresan constantemente a la idea de lo que pudo haber hecho de modo diferente, o que trate de descubrir por qué lo dejaron cesante. Esos también son pensamientos negativos. Pueden convertirse en preguntas: «¿Qué hice mal?» «¿Qué pude haber hecho de manera diferente?» «¿Qué puedo hacer ahora sobre el asunto?» Escriba también estas preguntas, porque muchas de ellas son negativas.

¿Y qué de sus pensamientos positivos? Si está deprimido, posiblemente no tenga muchos. Pero si en momentos de alivio, tiene algunos pensamientos positivos, el escribirlos lo ayudará a reforzarlos.

¿Qué hago después de haber puesto en papel mis pensamientos negativos?

Inmediatamente después de haber atrapado sus pensamientos negativos o cuando tiene un momento para revisar su registro de pensamientos, examine su lista con más detenimiento. Si hay algún tema recurrente, trate de sacar todos los pensamientos sobre ese tema. Por ejemplo, si usted está pensando lo inútil o indigno que es, trate de poner juntos todos esos pensamientos, y luego hágase las siguientes preguntas:

- ¿Cuáles son las evidencias que apoyan
    esos pensamientos?
- ¿Son ciertos?
- ¿Estoy sacando el tema fuera de contexto?

- ¿Estoy exagerando los hechos?
- ¿Estoy imaginando los «hechos»?
- ¿Me estoy haciendo preguntas que no tienen respuestas?
- ¿Cuáles son las distorsiones en mi manera de pensar?

Esfuércese a examinar lo cierto de sus declaraciones negativas. Algunos pensamientos negativos contienen una verdad parcial, pero la mayoría son grandes exageraciones, o inclusive distorsión de la verdad.

Habiendo examinado sus pensamientos negativos a la luz de estas preguntas, trate de volver a poner los pensamientos en una forma más positiva. En respuesta al pensamiento «*Me despidieron porque soy una persona indigna*», usted puede decir: «Perdí mi trabajo porque la situación económica es mala». Obviamente, si usted perdió su empleo porque fue deshonesto o porque no cumplió con su obligación adecuadamente, lo que usted enfrenta no es un pensamiento negativo sino una pérdida legítima que sólo puede ser tratada con el proceso de sufrimiento apropiado. Sin embargo, muy pocos pensamientos de la persona deprimida expresan la realidad.

En otras palabras, una vez que haya «capturado» sus pensamientos negativos, su próxima meta es darlos vuelta y expresarlos de forma diferente, bajo una luz más positiva, siempre que sea posible. Es importante que usted sea sincero, pero la sinceridad demanda que exprese un pensamiento negativo de forma más positiva si ese pensamiento no refleja la verdad. Al continuar desafiando de esta manera sus pensamientos negativos y cambiarlos en más positivos, usted gradualmente eliminará el combustible que está alimentando su depresión.

Cambiar los patrones de pensamientos es un *proceso lento*. Es como el gastar una piedra echándole agua. Sin embargo, al convertir sus pensamientos negativos en positivos, finalmente comenzará a tener efecto, por lo tanto sea paciente en esta tarea. Puede ser de ayuda si habla sobre sus pensamientos negativos con su cónyuge o con un buen amigo para probar su percepción y formular de nuevo sus pensamientos.

¿Cómo ataco los problemas que necesito cambiar?

No deseo dar la impresión de que solamente los pensamientos necesitan ser cambiados en la vida de una persona deprimida. Es también importante examinar otras áreas de problemas que necesitan cambio.

He aquí algunas áreas clave que tal vez usted desee revisar y considerar:

- Demoras.
- Incapacidad para disfrutar los placeres.
- Falta de disciplina.
- Falta de habilidad en las faenas diarias.
- Evitar amistades.
- Excesiva crítica o duda de sí mismo.
- Se distrae con mucha facilidad o sufre de falta de concentración.
- Sufre de problemas con su memoria.
- Dificultad en tomar decisiones.
- Sufrir de sobrepeso o tener otros problemas físicos.
- Demasiada ansiedad y temor.
- Enojo o culpa excesiva.
- Soledad debido a sus propios hábitos sociales.

A esta lista puede que desee añadir algunos otros problemas, a medida que piensa y ora. Estas áreas le pueden causar depresión o pueden ser consecuencias de la misma. Trate de examinar cada una y confirmar si es la causa o el resultado de su depresión.

Escoja una o dos de estas áreas de problemas como su blanco. Por ejemplo, pensemos que la demora para hacer cosas en usted es un problema serio. Usted ha demorado las cosas demasiadas veces y en esta ocasión lo ha metido en un serio problema en el trabajo. Usted continuó posponiendo cierta tarea que necesita ser hecha, y como resultado fue despedido. Ahora usted está profundamente deprimido, y le falta energía y empuje para buscar un nuevo trabajo. El hábito de la demora en hacer las cosas le impide buscarlo. Y si usted no resuelve este problema rápidamente, es muy probable que lo afecte en su próximo empleo también. ¡Es un callejón sin salida!

Habiendo atacado la demora como un impedimento serio, escriba tres o cuatro ejemplos de cómo sus dilaciones lo metieron en problemas. A lo largo de cada ejemplo, trate de describir qué hubiera podido hacer de manera diferente.

Supongamos que usted es un vendedor, y pospone llamadas telefónicas importantes. Pregúntese: «¿Qué estrategias puedo desarrollar para lidiar con esto?» Obviamente, usted necesita comenzar el día *haciendo una lista* de esas personas que debe llamar, luego haciendo las llamadas antes de seguir a otra tarea. Puede pedirle ayuda a Dios para poder concentrarse en la tarea que tiene por delante, ya que hay muchas probabilidades de que se demore en lo que tiene que hacer porque usted se distrae con facilidad. La única forma de vencer el hábito es forzarse a comportarse de manera diferente.

Al comienzo de cada día, entonces, escriba las tareas que necesita llevar a cabo *antes* que ninguna otra cosa. Antes de comenzar otra actividad, asegúrese de haber completado esas tareas.

Es también posible que la actividad en que se demoró represente algo muy desagradable para usted. Muy pocas veces demoramos lo que nos agrada hacer. Un principio que puede ayudar es el de siempre preceder una tarea agradable con una desagradable. En otras palabras, *primero* haga algo que no le gusta hacer, y *luego* continúe con algo que a usted sí le agrada. De esta forma adquiere el derecho de hacer algo que le provoca placer al hacer primero lo desagradable.

Yo le llamo a esto «la regla de mi abuela» Ella siempre me decía: «Haz aquello que te desagrada primero, y luego puedes hacer lo que te agrada». Desafortunadamente, ella aplicaba esta regla también para la comida. «Primero come tu col, y luego puedes comer tu crema helada.» Ya como adulto he descubierto que esto es beneficioso para vencer mi propia demora en hacer ciertas cosas. «Primero haz la llamada telefónica desagradable, antes de hacer la agradable», me digo a menudo a mí mismo. Si hago las llamadas telefónicas agradables primero, siento que no tengo tiempo para hacer las otras.

He tratado de ilustrar aquí cómo puede lidiar usted con la demora. La misma estrategia puede ser aplicada a las otras áreas de problemas que usted ha enumerado. La estrategia es simple:

1. Escriba el área del problema
2. Al lado, describa el comportamiento requerido para revertir el problema.
3. Prosiga con su objetivo, dándole una alta prioridad al cumplimiento de esa conducta forma saludable.

Algo más: la falta de disciplina adecuada puede ser una causa seria de depresión en muchas personas. Desafortunadamente, no hay una cura instantánea para la falta de disciplina. Usted necesita considerar esto tanto un problema espiritual como sicológico, y buscar ayuda espiritual para resolverlo. En el análisis final, usted sólo tiene que tomar control de sí mismo y hacer lo que necesita ser hecho, al margen de sus sentimientos.

¿Cómo identificar y cambiar las creencias fundamentales?

Todos nosotros somos controlados por nuestras creencias. Una de las características principales que distinguen la mente humana de aquellas de otras formas de vida es la habilidad de desarrollar y mantener ciertas creencias. Esta capacidad nos hace posible tener fe y creer en Dios.

Pero el mismo sistema es capaz de desarrollar muchas otras creencias que no son necesariamente ciertas y que a menudo son «irracionales». Por *irracional* quiero decir que estas creencias no tienen base en la realidad; son llevadas más por las emociones que por los hechos. Son una fuerte distorsión de la verdad. La mente humana tiene una gran afinidad para ese tipo de creencias, y a menudo son la causa de dolor emocional innecesario.

Por ejemplo, es irracional creer que *soy una persona inútil porque toda persona con la que me he encontrado no me valora*. Es una exageración, por no decir otra cosa. No hay ninguna razón para pensar que *todo* individuo que usted conozca deba estar totalmente enamorado de usted. De la misma forma, es irracional creer que usted nunca debe cometer errores. Cometerlos es inevitable. Por supuesto, importa si usted está cometiendo errores el 90% o en solamente el 10% de los casos. Pero estar totalmente libre de errores es imposible, y esperar algo así es irracional.

Hay muchas creencias enfermizas en la cabeza de personas inteligentes. Estas creencias son difíciles de reconocer simplemente porque nunca se las pone en tela de juicio. Desafortunadamente, también tienen la habilidad de causar depresión. Si por ejemplo realmente cree que nunca debiera cometer errores, usted sentirá una pérdida significativa cuando cometa uno. Una serie de varios errores puede fácilmente provocar una seria depresión.

Las personas con tendencias a ser perfeccionistas están sujetas por lo tanto a muchas depresiones causadas por las creencias irracionales de que debieran ser perfectos. Ya que no pueden ser perfectos, a menudo se confrontan con el fracaso.

Todos nosotros necesitamos evaluar nuestras creencias periódicamente. Haga una lista de aquellas que parecen estar causándole problemas en este momento. Puede ser que usted descubra que algunos de los pensamientos que atrapó en el paso dos son variaciones de alguna creencia irracional. Por ejemplo, un pensamiento negativo que le dice: «*Nunca seré normal de nuevo por causa de la depresión*» está claramente basado en una convicción irracional. La depresión no dura para siempre. Aun las más severas que he visto, al final han cedido. Sólo en casos muy raros la depresión continúa por largo tiempo.

Escriba un pensamiento negativo que lo esté molestando y luego, al lado, ponga la creencia irracional en la que está basado. Por ejemplo, si usted escribió: «Una vez que se está deprimido nunca se puede dejar de estarlo», trate de encontrar la creencia que lo alimenta. En este caso, puede que sea algo así como: «La depresión es una enfermedad incurable». Obviamente, eso no es verdad, así que escriba algo que sea más cierto como: «En ocasiones la depresión es difícil de curar, pero tarde o temprano la mayoría de las depresiones mejoran».

Usted puede dar por sentado que una creencia negativa es irracional y debiera ser reemplazada por una positiva. La creencia de que «por causa de haber fracasado en esta ocasión, soy un fracaso total» tiene que ser reemplazada por una declaración más cierta: «Sólo porque fracasé en esta ocasión *no significa* que soy un fracaso total».

Puede ser beneficioso, aun para las personas normales no deprimidas, examinar sus creencias irracionales y combatirlas con creencias más positivas y racionales. Si usted está severamente deprimido, puede ser que tenga grandes dificultades haciendo este ejercicio por sí solo, así que trate de que un amigo o cónyuge lo ayude. Cambiar sus creencias de irracionales a racionales puede ser un proceso extremadamente lento, pero a la larga usted comenzará a notar los beneficios.

¿Qué significa «pasar por encima de mis sentimientos»?

No sé por qué, pero es común para las personas creer que por sentirnos de cierta manera, estamos siendo controlados por ese sentimiento. Es como si algún mecanismo determinante se hubiera activado para controlarnos. Considere la ansiedad, por ejemplo. La mayoría cree que por sentirse ansioso, tiene que seguir preocupado.

Esto simplemente no es cierto. Usted no tiene que permanecer en esos sentimientos, ni tampoco tiene que darles ninguna credibilidad. Cuando usted está deprimido, sus sentimientos son el resultado del proceso depresivo dentro de usted. Si pudiera simplemente entender que esos sentimientos negativos no tienen base en la realidad sino que son síntomas de su depresión, podría obligarse a echarlos a un lado.

Piense en la culpa, por ejemplo. Yo tengo una fuerte tendencia a sentirme culpable aunque no haya hecho nada malo. Esto viene de mi niñez, cuando tan a menudo me sentía responsable de arreglar algo que andaba mal en mi familia.

Ahora, ya adulto, a menudo me siento igual. Si una de mis hijas me pide que le consiga algo la próxima vez que vaya al pueblo, pero para mí resultaría inconveniente, yo podría decirle que no a su petición. Ella acepta mi no y entiende por qué no puedo hacer lo que ella desea, sin embargo a medida que me alejo, comienzo a sentirme profundamente culpable.

A esto se le llama *culpa neurótica*. Es la culpa que sentimos cuando no hay realmente razón para ello. Al decirle que no a mi hija, no he violado ninguna de las leyes de Dios. Tengo derecho a decir que no. Sólo estoy violando mi propios valores internos y arbitrarios sobre el bien y el mal. Pero sin embargo, me siento culpable.

¿Qué puedo hacer con ese falso sentimiento de culpa? ¿Dejo que me controle? ¿Dejo que me moleste, que destruya mi paz, o que me deprima? Si no lo pongo en tela de juicio, puede llegar a hacerme todo esto.

¿Podré quitar este sentimiento? ¡No siempre! Aun cuando ponga en duda mi creencia irracional subyacente, puede seguir. Y aun cuando entiendo lo que está causando mi culpa neurótica –que es la consecuencia de una crianza estricta que me hace sentir culpable por todo– mis sentimientos continúan. Así que todo lo que queda por hacer es ignorar los sentimientos. Son falsos, y lo mejor que puedo hacer es «pasarlos por encima» y continuar con mi vida. «Pasar por encima» es simplemente mi forma de decir «no le dé importancia al sentimiento». Haga lo que cree que es correcto hacer y no preste atención a sus emociones.

La imagen de «pasarle por encima» es muy beneficiosa. Lo hacemos en el mundo físico, y no hay razón por la que no lo podamos hacer en lo emocional. Cuando estamos caminando por una senda de montaña y se nos atraviesa un árbol caído en el camino, no nos detenemos diciéndonos a nosotros mismos: *«No hay forma de que podamos continuar. Este árbol nos lo impide, así que debiéramos regresar».* No, nosotros no aceptamos eso de los obstáculos físicos. Saltamos por sobre el árbol y continuamos nuestro viaje en el otro lado. Muchos sentimientos tienen que ser tratados de la misma manera.

Permítame darle otro ejemplo. Cuando yo estoy sufriendo por alguna pérdida importante en mi vida, no tengo que permitir que la tristeza me impida seguir adelante. Mientras que animo a que haya un proceso del dolor, haría bien en «pasar por encima» de la depresión, dándome cuenta de que no tengo que ser controlado por los sentimientos. Puedo decirme a mí mismo: *«Sé que mis sentimientos de tristeza son parte de mi depresión. No tengo que permitir que esos sentimientos determinen lo que haré. Yo sé lo que tengo que hacer, y lo haré».*

Otra aplicación la hallamos en el área del enojo. Alguien puede sin ninguna mala intención hacer o decir algo que me enoja. Yo me doy cuenta enseguida de que la persona no quiso herirme, pero me siento enojado de todas formas. ¿Qué voy a hacer con este sentimiento? Sería completamente injusto usar mi enojo contra otra persona. Lo que queda por hacer entonces es «pasarle por encima» a mis sentimientos de enojo. No puedo esperar que se vayan solos; debo descartarlos. Es una alarma de fuego que se prende sin razón alguna. Reconozco que la he oído, y entonces la ignoro, y continúo con lo que estoy haciendo.

El darnos cuenta de que no debemos ser controlados por los sentimientos, puede hacernos sentir muy libres. El «pasarle por encima» puede ser una manera beneficiosa de lidiar con muchos de los sentimientos falsos y aun con algunos sentimientos reales.

¿Cómo puedo aprender a relajarme?

En mi presentación sobre la tensión premenstrual (*TPM*, ver capítulo 3) expliqué una estrategia para relajarse. Es posible que si usted es varón no haya leído ese capítulo. Considerando que mis comentarios a continuación están basados en la técnica que allí describo, puede ser que desee revisarlo.

La relajación efectiva es una estrategia importante para lidiar con muchos desórdenes. Los síntomas de tensión, por ejemplo, se reducen grandemente cuando uno se relaja en forma regular. Ciertas depresiones, especialmente aquellas que están relacionadas con la tensión, responden muy bien a los ejercicios regulares de relajamiento. Y puesto que la depresión en sí misma puede producir síntomas secundarios de tensión, practicar el relajamiento cuando uno está deprimido puede ayudar a aliviar los síntomas de tensión.

La técnica de relajación que describí en el capítulo 3 fue esencialmente una forma de relajación muscular. Al relajar todos sus músculos y permanecer inmóvil, usted puede alcanzar un profundo estado de relajación. Esto se conoce como la «respuesta de relajamiento» y es exactamente lo opuesto de la «respuesta de tensión» donde nos movilizamos para «luchar o huir». Cuando estamos profundamente relajados, no podemos estar bajo tensión. Las dos respuestas son totalmente incompatibles. El relajamiento desplaza la tensión.

Ya que el mecanismo esencial del origen de la tensión es un aumento de la adrenalina, otras técnicas pueden suplementar el relajamiento muscular para producir un estado más profundo de relajación.

Por ejemplo, hay un método excelente para aumentar la temperatura de sus manos. Sin lugar a duda usted habrá notado que cuando está bajo mucha tensión sus manos se enfrían. Si usted ha tenido que dar algún discurso en público o ha predicado un sermón, probablemente ha notado este fenómeno. Todos sufrimos de esto, pero algunos lo experimentamos de forma más aguda que otros. A algunos se les pueden enfriar las manos por uno o dos grados, mientras que a otros se les enfrían hasta diez o quince. Obviamente usted no puede tener las manos más frías, que la temperatura ambiente, pero puede acercarse mucho.

¿Qué está sucediendo? Durante la respuesta de tensión, su cuerpo pone más adrenalina como forma de movilizar su sistema para que funcione. La presión sanguínea aumenta, los latidos de su corazón aumentan y sus músculos se vuelven más tensos. Esta es la forma que tiene el cuerpo para prepararse frente a un peligro o emergencia, y por esto la llamamos respuesta de «lucha o huida».

A fin de preparar su cuerpo para esta respuesta, la sangre tiene que ser redirigida, hacia las partes del cuerpo que más la necesitan. Por ejemplo, su corazón y cerebro necesitan más sangre para controlar el cuerpo, y el estómago y los órganos digestivos necesitan más sangre para acelerar la digestión. Esto ayuda al cuerpo a hacer sus tareas con más eficacia durante la supuesta emergencia.

Todo esto está bien durante los momentos de verdadera emergencia. Sin embargo, para muchos, la tensión a menudo no está relacionada a una emergencia genuina. Puede ser causada por algo interno o imaginario. Pero el cuerpo no conoce la diferencia entre amenaza que vienen de adentro y aquellas que vienen del exterior.

Cuando sangre adicional es enviada al corazón, cerebro, músculos y estómago, tiene que venir de alguna parte –las manos y los pies. Estos no necesitan mucha sangre para realizar sus funciones durante una emergencia, así que se enfrían por la falta de sangre.

Usted puede comprobar este efecto de enfriamiento, poniendo las manos en su rostro. Si están más frías que su rostro, usted está teniendo una respuesta de tensión. Su adrenalina está bombeando fuertemente y preparándolo para una reacción de emergencia. Si esta reacción se prolonga, usted comenzará a experimentar síntomas de tensión, tales como dolor de cabeza, úlceras, problemas estomacales y dolores musculares –todos relacionados con el exceso de adrenalina.

¿Cómo puede relajarse a fin de reducir estos síntomas? Ya que el bajón de temperatura de sus manos es un efecto del aumento de la adrenalina, además de la técnica de relajamiento muscular descrita en el capítulo 3, usted necesita aprender a calentar sus manos. Hay dos formas de hacerlo. La primera es relajando sus *pensamientos* de tal manera que detenga el estado de emergencia. La segunda manera es *aumentar la temperatura* de las manos de forma consciente. Junto con el relajamiento muscular, usted puede alcanzar un estado profundo de relajación.

¿Cómo puedo relajar mi mente?

El relajar sus pensamientos incluye *filtrar* esos pensamientos y a las actividades mentales para así detener el continuo estado de excitación. Puede lograr esto haciendo los ejercicios que ya he descrito. Los pensamientos negativos producen un estado de excitación y tensión. Los pensamientos positivos producen lo opuesto. Siguiendo estos ejercicios usted «filtrará» sus pensamientos y solamente permitirá que permanezcan aquellos que son sanos, produciendo así un menor estado de excitación.

La técnica para aumentar la temperatura de sus manos es más física que mental. Comience haciendo el ejercicio de relajamiento muscular descrito en el capítulo 3. Cuando se siente en un estado bastante profundo de relajación, lleve su pensamiento a la temperatura de sus manos. ¿Están frías o calientes? Imagínese que está acostado en la playa con el sol tibio abrazando sus manos y brazos. Luego imagínese que los vasos sanguíneos en sus manos están aumentando de tamaño y que el cuerpo está enviando más sangre hacia ellos. A cada rato, levante sus manos y póngalas sobre su rostro para ver si las manos se están calentando. Esta es una forma de verificarlo, que lo ayudará a saber si está haciendo lo correcto.

Continúe esto por un rato. Al principio sus manos pueden volverse más frías aun. Esto es producido por ansiedad sobre si está haciendo el ejercicio correctamente. Pero pronto desaparecerá. En mi libro *Adrenalin and Stress* (La adrenalina y la tensión)[1] describo cómo puede usar puntos de temperatura para ayudarle a conocer cuán tibias están sus manos. Estos puntos también pueden ser usados como una forma de verificar si se está relajando de forma efectiva.

Al concentrarse en calentar las manos y acompañarlo con relajación muscular profunda, usted puede llegar a un estado de profundo relajamiento. Cuando se practica 20 ó 30 minutos al día, esto puede ayudarlo a reducir los síntomas de tensión y acelerar el proceso de sanidad aun en las depresiones por problemas biológicos. Si tiene dificultad para aprender a relajarse por sí solo, busque ayuda de un sicólogo o consejero.

Otro comentario: es común para los cristianos pensar que si relajan sus mentes y silencian sus pensamientos están dando a Satanás una oportunidad para tomar control de sus mentes. Yo no puedo pensar en ninguna cosa que pueda estar más lejos de la verdad. Si estamos impregnados de Dios y deseamos su presencia sobre todas las cosas, un estado de relajamiento como el que acabo de describir puede ser la oportunidad perfecta para pasar tiempo con El y permitirle que tenga un encuentro con usted.

---

1. Archibald D. Hart, *Adrenalin and Stress*, Dallas, Word, 1986,88,91. 1986,88: páginas 121–126, 1991: páginas 101–105.

Tristemente, muchos de nosotros tenemos mucha prisa y estamos muy ocupados para tocar a Dios profundamente. El relajamiento profundo puede proveer la oportunidad ideal para ese encuentro. Dios puede tocarnos con su sanidad en una forma nueva y significativa si tan sólo suavizamos el paso y pasamos momentos silenciosos y apacibles con El. Sepa que cuando usted vacíe su mente de la tensión y las carreras que lo asedian cada día, Dios se encontrará con usted en ese lugar.

¿Puede dar algunos consejos para minimizar la depresión en el futuro?

Cada depresión debiera enseñarnos lecciones importantes sobre cómo minimizar sus efectos en el futuro. He aquí cuatro formas de reducir futuras depresiones:

1. *Aprenda a controlar sus pensamientos de tal forma que pueda tener una manera de pensar más saludable y positiva.* Además de ayudarlo con la depresión actual, los ejercicios que he descrito, si se hacen también durante el tiempo que usted no está deprimido, pueden prevenir el inicio de su próxima depresión.
2. *Aprenda a reconocer la conexión entre su pensamiento negativo y los sentimientos de depresión, e interrumpa esos pensamientos.* Nosotros no podemos ignorar nuestros hábitos de pensamiento. Muchos individuos deprimidos han tenido pensamientos negativos por años. Se han convertido en un estilo de vida para ellos. Tienen mucho que olvidar antes que puedan evitar o minimizar depresiones futuras.
3. *Piense de forma más realista y honesta, y básese más en la realidad.* La fantasía y la imaginación pueden alimentar expectativas y reducir nuestra tolerancia a las pérdidas. Todos necesitamos entender que la vida está llena de pérdidas. La única esperanza que tenemos es la que Dios nos da en Cristo. El es nuestra realidad.
4. *Evite o minimice depresiones futura, desarrollando libretos o «esquemas» más saludable.* Un *esquema* es un sistema de cosas que creemos. La idea de «yo soy un fracaso» es un esquema. Si usted lo cree, posiblemente se comportará como un

fracasado. Si usted se aferra a ese tipo de creencia tan global, toda su vida estará determinada por ellas. Cada cristiano necesita escribir de nuevo el libreto de su vida y asegurarse de que Dios toma parte en él. Creemos que Dios está en control y que Cristo es nuestro Salvador. Esto debiera crear un panorama más esperanzado para que podamos decir con Pablo: «Yo he aprendido el secreto de estar contento en cualquier situación» (Filipenses 4:11, traducción libre).

¿Cómo puede ayudar la iglesia?

Hay muchas formas en que la iglesia puede ayudar a aquellos que están deprimidos, más allá de la provisión de un consejo pastoral o laico. Con esto no quiero minimizar el valor del consejo pastoral o inclusive la guía que provee un consejero laico. Aquellos que están deprimidos necesitan toda la ayuda y compañerismo que puedan conseguir, pero la ayuda que la iglesia puede ofrecer va más allá de esto.

Primero, siempre enfatizo la importancia de crear una actitud correcta en las mentes de los miembros de la iglesia hacia aquellos que están deprimidos. Como he dicho antes, muy a menudo, especialmente en círculos evangélicos y en los más conservadores, las personas con depresión son evadidas, inclusive aisladas, porque se las considera como una forma de derrota moral o espiritual.

Con frecuencia descubro literatura de organizaciones cristianas, usualmente programas con base en la televisión, que animan a aquellos con problemas emocionales a que llamen a sus consejeros telefónicos. La literatura que ellos reciben invariablemente los condena por estar deprimidos y da a entender que Dios los ha abandonado, y que su depresión se debe a algún problema moral o espiritual. Eso sólo hace que la depresión sea más dolorosa. El que está deprimido conoce bien lo difícil que es estar vivo espiritualmente, así que cuando él o ella se siente condenado por otros creyentes, la depresión se intensifica.

¿Cómo pueden los miembros de una iglesia ser sensibilizados? Claramente, necesita haber alguna enseñanza. Pueden ser estudios bíblicos especiales o eventos especiales para lo cual profesionales son invitados a enseñar a los miembros de la iglesia cómo ver y reaccionar ante la depresión. He conducido muchos de estos seminarios con gran éxito.

Un pastor sensible también puede educar a la congregación a través de la predicación. La Biblia tiene muchos ejemplos de santos de Dios deprimidos, y al analizar sus experiencias, uno puede enseñarle a las personas cómo entender y lidiar con la depresión.

Tratar con la depresión debiera ser una habilidad fundamental de salud mental que enseñamos a todos los miembros de la iglesia, quienes a su vez se lo pueden enseñar a sus hijos.

Segundo, las iglesias pueden proveer muchos tipos de recursos para sanidad. Además de cualquier servicio de asesoramiento disponible a través de la iglesia, se pueden formar grupos de apoyo para ayudar a aquellos que están demasiado deprimidos como para ayudarse. La depresión distorsiona la percepción espiritual. No es siempre fácil orar a solas y buscar a Dios en medio del dolor. La ayuda de otros creyentes en los estudios bíblicos, grupos de oración y otras actividades de apoyo pueden hacer mucho bien sustentando la fe de uno. El solo hecho de escuchar de otros que también han estado deprimidos puede facilitar grandemente la recuperación propia.

Tercero, las iglesias pueden proveer apoyo financiero para aquellos miembros que son pobres y tienen necesidad de tratamiento profesional, especialmente medicación antidepresiva. Si la iglesia va a ser el cuerpo de Cristo y testigo del evangelio, tiene que cuidar las necesidades emocionales con la misma prontitud que responde a las necesidades físicas. Ciertamente corremos a alimentar a un miembro de la congregación que sufre de inanición, pero a menudo nos quedamos quietos e inertes viendo a alguien pobre, sufriendo de una depresión que podría ser fácilmente aliviada con el tratamiento apropiado.

Podría instituirse un fondo especial, para ayudar a las personas con necesidades emocionales en su vecindario. Sería un alcance fantástico de la iglesia a la comunidad y podría dar como resultado una rica cosecha de almas. Después de todo, cuando uno sufre, uno está mucho más abierto a los temas espirituales que cuando uno está sano.

Finalmente, la iglesia necesita orar por los miembros con luchas emocionales. Los tiempos de problemas deben ser los momentos en que la iglesia se une, no cuando se divide. Nosotros no podemos arreglarlo todo, ni tampoco podemos estar en todas partes al mismo tiempo. Pero la oración es un recurso poderoso para nosotros. La iglesia que ora mucho por las necesidades emocionales de sus miembros es una iglesia lista para cumplir el llamado de Cristo a llevar los unos las cargas de los otros.

OCHO

Tratamiento profesional de la depresión

*H*asta este momento, mucho del material presentado ha tenido que ver con la ayuda a uno mismo; qué puede hacer para ayudarse a usted mismo a recuperarse de la depresión. En este nuevo capítulo ponemos nuestra atención en el tratamiento profesional requerido para una depresión más seria.

El 80% de las personas con depresión seria pueden ser tratadas con éxito. Mientras más pronto se comienza el tratamiento, mayor será la probabilidad de un final exitoso. Aun las formas más severas de depresión pueden responder rápidamente al tratamiento. Lo que en realidad sucede a menudo es que mientras más seria es la depresión, mejor responde al tratamiento.

La mayoría de los tratamientos para la depresión son dados en combinación; medicamento complementado con asesoramiento o terapia. Este tipo de método combinado es a menudo más efectivo que cualquier otro método por sí solo, pero eso depende de la naturaleza de la depresión. Si usted sufre de episodios periódicos o de alguna manía, puede que necesite medicinas continuas para prevenir o aliviar otros incidentes.

¿Cuáles son los principales tipos de tratamientos para la depresión?

Pueden ser clasificados en tres grupos. El primero y más importante es la sicoterapia o asesoramiento. La diferencia es de intensidad e intención. La sicoterapia se concentra en los cambios significativos de la personalidad, mientras que el asesoramiento provee guía e instrucción para tratar con problemas normales. Ambas usan a otra persona con la que podemos discutir nuestros sentimientos y explorar lo que sucede en nuestras vidas.

Los profesionales que utilizan este tratamiento incluyen a los sicólogos clínicos, siquiatras, consejeros pastorales, y consejeros matrimoniales y de familia. Las habilidades sicoterapéuticas del sicólogo clínico o del siquiatra se concentran en el tratamiento de las formas más severas de depresión. Ellos a menudo colaboran para combinar la sicoterapia con el uso de medicinas.

La sicoterapia es usada por sí sola en el tratamiento de la depresión reactiva, y es combinada con otros tipos de tratamiento para ayudar al que sufre de depresión neurótica.

Una segunda categoría importante de tratamiento es la medicación, específicamente el uso de medicina antidepresiva para el tratamiento de la depresión endógena –aquellas que son resultado de una perturbación médica, fisiológica o bioquímica. Dicho tratamiento es dado primordialmente por un siquiatra, a menudo consultando en conjunto con un sicólogo clínico. En años recientes, muchas otras medicinas han sido usadas en la depresión endógena, haciendo de esto un campo complejo y que requiere un alto grado de especialización.

Una tercera categoría de tratamiento, probablemente la más severa, es el uso de terapia electroconvulsiva (TEC). Desafortunadamente es terriblemente mal interpretada. Incluye darle al cerebro un impulso eléctrico que causa una leve convulsión, mientras el paciente está bajo anestesia. El procedimiento se repite un determinado número de veces. TEC resulta notablemente efectivo en el tratamiento de ciertas depresiones severas, especialmente entre los ancianos. Es más efectivo con las formas de depresión endógenas.

¿Cuál es el papel de la sicoterapia en el tratamiento de la depresión?

La sicoterapia es una técnica muy importante para el tratamiento de la depresión. Es el tratamiento principal, y en ocasiones el único, de la depresión sicológica o la reactiva, y puede ser usado junto con los otros tratamientos (medicina y TEC) en el caso de las depresiones endógenas.

La sicoterapia es una interacción entre personas que provee ayuda por medio de alguien que escucha y ofrece comprensión. El proceso de sicoterapia también nos ayuda a interpretar lo que está sucediendo en nuestras vidas y nos hace ver cuáles son nuestras pérdidas y cómo sufrirlas.

Yo no limitaría esta terapia a lo que sucede en el sentido formal profesional entre el sicólogo y el cliente. La terapia se emplea en todas las relaciones interpersonales sanas. Su cónyuge y amigos pueden ayudar mucho proveyendo comprensión. En las comunidades cristianas, toda la noción del compañerismo —el llevar las cargas los unos de los otros y el estar presente para ayudar, escuchar y comprender— es precisamente de lo que se trata la sicoterapia. Sencillamente sucede que los sicoterapeutas profesionales están entrenados para proveer esa ayuda de forma más efectiva y eficiente.

¿Habrá una relación entre la duración y la intensidad de la depresión?

En ocasiones. Muy a menudo las depresiones endógenas más serias se suscitan rápidamente. En cuestión de unos pocos días, las personas se encuentran en una depresión muy profunda. Pero mientras más profunda es la depresión, probablemente más tiempo dure. De la misma forma, la depresión reactiva será más profunda mientras mayor sea la pérdida. La llave para saber cuándo es necesaria la ayuda profesional, es cuando las cosas parecen salirse de control y la depresión está interfiriendo con las actividades normales.

¿Recomendaría usted que un cristiano escogiera solamente a un sicoterapeuta cristiano?

Sí, siempre que sea posible. Esto no quiere decir que el sicoterapeuta tiene que ser cristiano para poder ayudar, de la misma forma que un cirujano no tiene que ser cristiano para operar con éxito. Tampoco quiere decir que el ser cristiano lo hace necesariamente más competente. Sin embargo, el sicoterapeuta entra en algunos detalles íntimos que a menudo requiere del cliente un cambio o modificación en sus valores, en sus principios de vida. Por ese motivo un terapeuta secular podría ser dañino.

Como sicoterapeuta cristiano, reconozco que uno de los aspectos más importantes de la sicoterapia cristiana es la aplicación de los recursos de Dios que están disponibles para nosotros. Es entonces importante que veamos a alguien que comprenda la naturaleza de nuestras creencias y nuestra fe en el poder de Dios en nuestras vidas. Cualquier cristiano que esté viendo a un terapeuta no cristiano, que a menudo desafía o pone en peligro su fe, debiera terminar esa relación inmediatamente. La sicoterapia cristiana es ahora una forma de tratamiento aceptable y está disponible al paciente.

¿Hay peligros en que un amigo o cónyuge actúe como sicoterapeuta?

Hay limitaciones en la ayuda que una persona no profesional puede proveer. Personas no entrenadas nunca debieran actuar como sicoterapeuta. Por una razón: no siempre entienden los detalles de lo que está sucediendo en la relación. No están entrenados para comprender cómo obran entre sí ciertas funciones sicológicas, o cómo operan los variados mecanismos de defensa. Las personas que tienen poco conocimiento de sicología son quizás las más peligrosas. Es como saber un poco sobre cirugía y con ese conocimiento tratar de cortar y coser. Una vez que usted abre un problema, tal vez descubra que es mucho más difícil de contener de lo que esperaba.

Otra limitación de las amistades y cónyuges es la intimidad de la relación diaria con ellos. A menudo ellos no pueden ser tan sinceros o transparentes como es necesario. En ocasiones pueden hacer mucho daño. Las personas deprimidas necesitan ayuda de alguien que no esté involucrado en su diario vivir, alguien que pueda ser imparcial. Por estas razones, a menos que el problema sea relativamente menor, a menudo es mejor ir a un profesional.

¿Qué puede hacer por nosotros un consejero profesional, que nosotros no podamos hacer por nosotros mismos?

Un consejero profesional provee comprensión adquirida de la experiencia en el manejo con personas deprimidas, y por el estudio de aspectos técnicos de la depresión. También el consejero profesional está entrenado para proveer y comunicar al individuo un tipo especial de comprensión. Podríamos llamar a esto «involucramiento sin ataduras» en el problema del cliente. Esa falta de atadura es necesaria para evitar sentir demasiada lástima.

Como he dicho, las personas que están cerca de nosotros son parciales y no pueden poner siempre las cosas en la perspectiva apropiada. Probablemente ellos sean parte del problema. Así que el profesional ofrece experiencia y un tipo especial de comprensión.

¿De quién debemos buscar consejos? ¿De un pastor, de un siquiatra o de un sicólogo?

Eso depende de la naturaleza de nuestra depresión, la disponibilidad de consejeros profesionales y las habilidades de esas personas. Los pastores que están bien entrenados como consejeros pueden dar ayuda efectiva para depresiones menores y pueden recomendar a otros profesionales. Sin embargo, muchos pastores no están entrenados para aconsejar. Ellos sabrán cuándo han llegado a los límites de sus capacidades en situaciones específicas, y entonces enviarán a las personas a que reciban ayuda más especializada. Un sicólogo o siquiatra será el que proveerá la ayuda necesaria para las depresiones más severas.

Cuando la medicina es necesaria, puede que sea preferible ir directamente a un siquiatra. Pero los sicólogos clínicos están entrenados para colaborar con los siquiatras y los llamarán para una consulta si la medicación es necesaria. La decisión a menudo depende de la disponibilidad de un especialista en particular en la comunidad donde viven.

¿Debiéramos ir a un médico si nos sentimos deprimidos?

Si tenemos una buena relación con un médico, ése puede ser un buen lugar para comenzar. Con el conocimiento de nuestro trasfondo y entendiendo nuestra condición física, él o ella sería un buen juez para determinar a quién debiéramos ver próximamente. Debo hacer notar que si el sicólogo o siquiatra siente que hay algún problema físico en nuestra depresión, nuestros médicos deberían ser informados.

¿Hay consejeros que se especializan en depresión?

En realidad no, aunque hay algunos consejeros que trabajan mejor que otros con personas depresivas. Para esto es necesario un tipo de comprensión especial y mucha experiencia con la depresión. Es posible trabajar como consejero y no tratar a muchas personas deprimidas ni ser eficaz en el tratamiento de la depresión. Sin la experiencia, es difícil desarrollar el tipo de comprensión necesaria.

¿Cómo determina una persona deprimida si el consejero está proveyendo un tratamiento efectivo?

Es muy posible que por causa del punto de vista sombrío de la persona deprimida, ésta no pueda juzgar la efectividad del consejero. Lo importante es que la persona se sienta cómoda y confíe en el terapeuta. Eso es crítico en la relación terapéutica. Si la persona se siente incómoda, debería conversarlo directamente con el consejero.

¿Dónde se puede recibir ayuda financiera para asesoramiento profesional?

El primer lugar es a través de su plan de seguro médico.[1] La mayoría de los planes médicos hoy proveen asistencia para los problemas sicológicos, aunque sea tan sólo por un número limitado de sesiones. Pregunte sobre la cobertura específica de sicoterapia para la depresión. En la mayoría de las comunidades hay servicios de asesoramiento disponible que cobran de acuerdo a una escala relacionada a los ingresos. La tarifa en tales casos puede ser nominal, aunque unos pocos proveen servicio gratuito.

Algo interesante es que el servicio gratuito a menudo no es muy beneficioso, porque hay una ausencia de compromiso hacia el proceso terapéutico. Si se cobra una tarifa, aunque sea pequeña, involucra al cliente en mayor grado, y el beneficio es por lo tanto mucho mayor.

Algunas iglesias proveen servicios gratuitos de asesoramiento, por lo que también es una opción para ser explorada con su pastor.

¿Existe el peligro de que uno busque asesoramiento de un pastor sólo para evitar el costo?

Sí, los pastores a menudo son llamados sólo porque no cobran por sus servicios. Y por ser gratis su asesoramiento, es una tentación el continuar yendo a ellos por más tiempo del que debiéramos. Además, algunos pastores no se dan cuenta de —o no admiten— las limitaciones de su entrenamiento para tratar con casos severos de depresión. Eso también puede prolongar el padecimiento. Esté consciente también de las tremendas demandas del tiempo del pastor, y sea sensible a su

---

1. O como se le llame en su país. En algunos países son planes pertenecientes a los sindicatos.

necesidad de ayudar también a muchas otras personas. Si usted puede pagar, emplee a un consejero profesional.

¿Cómo puedo encontrar un consejero cristiano en una comunidad pequeña o rural?

Eso puede ser un problema, ya que los consejeros usualmente no se anuncian en las guías telefónicas como consejeros cristianos (aunque algunos lo hacen). El primer paso obviamente es consultar con su pastor. Si él o ella no tienen información, comuníquese con una agencia especializada en dar referencias sobre el tema. Aquí en el Instituto de Posgrado de Sicología en Fuller mantenemos un listado de referencias, como también lo hacen el Instituto de Posgrado de Sicología de Rosemead en la Universidad de Biola, y las oficinas de Enfoque a la Familia.[1]

¿Cuán exitosa es la medicación en el tratamiento de la depresión?

Las medicinas no ayudan mucho en el tratamiento de la depresión ordinaria de tipo reactivo, que es aquella que experimentamos la mayoría. El uso principal de la medicación es para las depresiones endógenas. La excepción sería el uso ocasional de algún medicamento para restaurar el equilibrio químico del cuerpo, después de haber sido perturbado por una larga depresión, como puede ocurrir durante el duelo por seres amados. Como he señalado antes, aunque la depresión reactiva tiene una causa sicológica, afecta también el sistema físico. Después de una larga depresión, ese equilibrio necesita ser restaurado antes que se comience a experimentar mejoría.

Las medicinas son usadas mayormente en las formas más severas de depresión, particularmente aquellas que tienen

---

1.– Fuller Graduate School of Psychology, 180 N. Oakland Ave., Pasadena, CA 91101; Tel (818) 944–0351; Rosemead School of Psychology, Biola University, 13800 Biola Ave., La Mirada, CA 90639, (213) 944-0351, Enfoque a la Familia, (Focus on the Family), Colorado Springs, CO 80995, Tel (719) 531–3400.

alguna base física. Las medicinas han revolucionado el tratamiento de esos tipos de depresión.

En el tratamiento de las formas de depresión muy severas que amenazan la vida, la medicina es esencial. Ha reducido la necesidad de la TEC hasta el punto donde se usa muy poco, y ha provisto alivio del ánimo depresivo para muchas personas.

Hablé hace poco con un ministro amigo mío que ha estado tomando medicinas antidepresivas durante más de 12 años debido a una depresión endógena. El comparó la primera parte de su ministerio con la segunda, diciéndome que la diferencia era como del día a la noche. Por muchos años, después de haberse convertido en ministro cristiano, su estado de ánimo era constantemente depresivo. La vida era una gran carga. Después de haber comenzado a tomar antidepresivos, toda su actitud cambió. El ahora disfruta el ministerio y es mucho más efectivo en su trabajo. Su cuerpo no sabotea sus estados de ánimo, y se siente relativamente libre de la depresión que solía asediarlo.

La medicación puede ser usada en ocasiones para las depresiones reactivas o sicológicas que tienen larga duración, donde el equilibrio químico del cuerpo pudiera verse afectado. La medicina ayuda a darle al cuerpo una «carga». Sin embargo, en depresiones neuróticas de larga duración la medicina antidepresiva es de poco valor. La razón es simple: esas depresiones no son verdaderas sino problemas en la forma de vivir.

¿Qué tipos de medicinas se prescriben?

Hay básicamente dos tipos de medicina, los antidepresivos tricíclicos y los inhibitorios mono–ámino–oxidosos (conocidos como los MAOI). Los tricíclicos son administrados bajo una variedad de nombres comerciales y son la forma más común de antidepresivos. Son usados frecuentemente en combinación con un tranquilizante para controlar la ansiedad y la depresión, particularmente en depresiones agitadas.

La segunda forma principal de medicamento, el MAOI, es usada con menos frecuencia y normalmente sólo después que los tricíclicos han demostrado no funcionar. Por causa de los importantes efectos laterales, el MAOI usualmente se administra en un hospital, donde el individuo puede ser cuidadosamente observado. Una dieta restringida y estricta tiene que ser aplicada. Sin embargo, con más y más frecuencia, el MAOI está siendo usado en pacientes externos con gran efectividad.

¿Qué tipo de efectos secundarios ocurren con estas medicinas?

Algunos de los efectos secundarios generales son sequedad en la boca, mareos, insomnio y estreñimiento. Sólo la sequedad en la boca es importante, y eso usualmente desaparece en una semana. Un número de efectos secundarios ocurren en diferentes individuos, y aun esos ocurrirán con intensidad variada. Si la persona no puede tolerar los efectos laterales, todo lo que usualmente se necesita es disminuir la dosis de la medicina y el cuerpo rápidamente se ajusta a ese nivel. Cuando desaparece el efecto secundario, la persona puede regresar al nivel prescrito.

Los efectos secundarios son más intensos durante las primeras semanas. Las drogas antidepresivas, a diferencia de muchas otras, demoran para hacer efecto (hasta tres semanas). Esto es bueno porque evita que la persona desarrolle una dependencia a ellas. La adicción no es un problema. El aspecto más importante para recordar es que el beneficio se encuentra más allá de los efectos secundarios. Aquellos que necesitan estas drogas no deben posponerlas por causa de los efectos laterales ni deben rendirse con facilidad.

¿Qué variables contribuyen a la severidad de los efectos secundarios?

La llave de las variables es la sensibilidad del individuo a las drogas. Las personas tienen diferentes sensibilidades. Algunos pueden soportar grandes cantidades de cierta medicina en particular en sus cuerpos y ni siquiera notarlo. Otros apenas pueden soportar el tomar una aspirina.

Otra variable general es el grado al que uno está involucrado con la vida misma. Por ejemplo, alguien que ha sido hospitalizado por dos o tres semanas mientras comenzaba con una medicina, tiende a no notar los efectos secundarios como aquel que está bajo presión y continuando con la rutina normal de la vida.

¿Cuán rápidamente se pueden esperar resultados?

Hay una acumulación lenta con los antidepresivos. No debiera esperarse una mejoría significativa antes de las tres semanas después de haber comenzado con la medicina. Para algunos, puede ser que tome un poco más de tiempo. De la misma forma, las personas nunca debieran dejar de tomar los antidepresivos de forma súbita. Deben ser abandonados lentamente, a través de un período de tres semanas más o menos.

A menudo es necesario probar varios antidepresivos antes de encontrar el correcto; la perturbación bioquímica puede tomar muchas formas, y se usa diferente medicación para tratar cada una.

¿Existe la tentación de optar por medicación en vez de sicoterapia, como una cura rápida para la depresión?

En ocasiones sí, pero en el caso de la depresión reactiva o sicológica, la idea de una cura rápida está infundada. La medicina tiene poco valor en su tratamiento. En ocasiones la medicina se prescribe para ayudar a la persona a dormir, pero si no hay un defecto físico real en esas depresiones, la medicina no puede cambiar nada.

¿Cuánto éxito tiene la terapia electroconvulsiva (TEC)?

Un gran porcentaje de depresiones endógenas, incluyendo las depresiones sicóticas severas, reaccionan bien a la TEC. Esto trae una mejoría rápida y por lo tanto es justificada cuando la persona corre un alto riesgo de suicidio. Desafortunadamente, muchas personas evitan este tipo de tratamiento a causa de concepciones equivocadas sobre su uso.

¿Por qué razón la TEC es un procedimiento tan controversial?

Temor y malentendidos son la base de la controversia. La idea de que alguien tome control sobre nosotros, de tener una convulsión, produce gran temor a muchas personas. Mucho del temor está basado en malentendidos. Las personas no saben exactamente lo que sucede, así que esperan lo peor, aunque la TEC es menos destructivo para el cuerpo que la extracción de un diente.

En el pasado, la TEC fue usada en una gran variedad de personas en instituciones mentales, en ocasiones sin la autorización pertinente y de forma inapropiada. Esto ha dejado a algunos con una sospecha basada en las historias de horror que han oído. Los medios noticiosos no han ayudado particularmente en este asunto, teniendo la tendencia de perpetuar los conceptos equivocados de la TEC.

¿Qué variables controlan el éxito de la TEC?

Son varios los factores que ayudan a determinar el éxito de la TEC. La severidad de la depresión es una variable importante. Mientras más severa sea la depresión, más efectiva es la TEC. Por otro lado, las depresiones largas por lo general no responden a la TEC. La edad es otro factor importante. Mientras más joven es la persona, más efectiva es la TEC; mientras mayor la persona, más grande es el riesgo. A menudo la TEC no puede ser usada en una persona mayor por el endurecimiento de las arterias y el riesgo de un ataque repentino.

¿Existen diferencias individuales en la reacción a la TEC?

No estamos seguros de si las diferencias en reacción a la TEC son por causa de factores individuales o por las diferencias en el tipo de depresión. Posiblemente sea una combinación de ambos, pero en este momento no podemos hacer la distinción.

¿Produce la TEC algún tipo de daño cerebral?

No hay evidencia de que en personas cause ningún daño al cerebro, más allá del que ocurre normalmente. Nuestras células cerebrales están muriendo todos los días, y esa declinación aumenta después de los 30 años. También tengo que señalar que muchas personas experimentan convulsiones no identificadas con regularidad –diariamente o aun varias veces al día. Esas convulsiones son mayores que las que pudieran ser inducidas por cualquier daño de TEC. El riesgo de daño por TEC virtualmente no existe cuando el paciente es examinado apropiadamente y cuando es administrado de forma competente. El temor evita que muchas personas busquen un tratamiento efectivo para la depresión.

¿Hay algún efecto secundario con la TEC?

Los efectos secundarios son mínimos, porque el tratamiento es administrado bajo anestesia y con un relajante muscular. Usualmente hay un poco de confusión y falta de precisión inmediatamente después del tratamiento, pero eso pasa con rapidez. En ocasiones hay alguna falta de memoria de eventos recientes, pero eso también dura poco tiempo, quizás el resto del día. La mayoría de las personas pueden recibir TEC como pacientes externos y regresar a casa después de algunas horas. También debiera mencionar que hoy en día hay una gran variedad de formas en que se aplica la TEC. Puede que sea necesario convulsionar todo el cerebro, pero en muchos casos sólo lo es la mitad. Eso reduce la pérdida de memoria. Lo ideal es hacer la menor convulsión posible, pero apropiada para la depresión que se está tratando.

NUEVE

Relaciones de cuidado y apoyo

El mayor problema al ayudar a un familiar o amigo a través de la depresión es falta de conocimiento del tema, al igual que falta de sensibilidad. Si usted es una «ayuda» para esa persona, haber leído los capítulos anteriores le ha dado bastante información acerca de cómo apoyar a esa persona. La correcta comprensión de la naturaleza y las causas de la depresión es esencial para ayudar a alguien que está deprimido.

El material en este capítulo está presentado específicamente para guiar a los que ayudan a ofrecer la más efectiva comprensión y apoyo posibles a un amigo o cónyuge con depresión. No está diseñado para ocupar el lugar de la ayuda profesional, sino simplemente para hacerlo un ayudante más sabio y comprensivo. Si usted está en contacto con una persona deprimida, entonces usted será una parte importante en el proceso de sanidad, quiéralo o no.

Este capítulo tiene dos divisiones generales. La primera sección trata con preguntas y respuestas generales que se pueden aplicar a cualquier persona que usted desee ayudar –amigos o familiares. La segunda sección trata específicamente sobre cómo ayudar a miembros de la familia. Para información sobre cómo ayudar a niños y adolescentes con depresión, lea el capítulo 4.

Las personas deprimidas, ¿quieren hablar de su depresión?

Mucho, pero ellos no quieren hacerlo con cualquiera. Quieren hablar con alguien que los comprenda y no los juzgue. Cuando las personas están deprimidas, son muy sensibles. Puede haber factores en su relación que impida a la persona deprimida expresar sus sentimientos. A veces la misma cercanía en la relación hace que la persona se sienta incómoda y no quiera hablar sobre sus problemas con usted. No lo tome como algo personal.

Hablar de la depresión a veces resulta en alivio para la persona deprimida. Quizás él o ella no ha reconocido que existe tal problema. O si lo ha reconocido, al estar usted dispuesto a escuchar al menos sacará el problema a la luz. Esto aclara el ambiente y ayuda en la comunicación de la depresión.

¿Debiera dejarse en paz por un tiempo a la persona deprimida, antes de ofrecerle ayuda?

La ayuda debe llegar al principio. Es más fácil involucrarse al principio que al final. Recuerde que la depresión roba energía y autoestima, e interfiere con la habilidad o deseo de la persona para obtener ayuda. Si alguien que usted conoce muestra síntomas de depresión pero no le ha hablado de esto, muestre su amor y preocupación hablando con esa persona y animándola a que converse con usted. A menudo hay un gran alivio cuando alguien se acerca y dice: «Puedo ver que estás sufriendo. ¿Por qué no conversas conmigo y así podemos atravesar esto juntos?» A veces esto es todo lo que se necesita para dar el primer paso en busca de ayuda.

La clase de ayuda que usted pueda ofrecer puede cambiar a través de las diferentes fases de la depresión, pero la ayuda debiera estar siempre disponible, siempre y cuando exista buena comunicación entre usted y la otra persona. Si no la hay usted deberá comprender que no ha ganado todavía el derecho de involucrarse en la situación.

¿Cómo puedo reconocer en una persona los síntomas de la depresión lo suficientemente temprano como para prevenirla?

Es difícil reconocer la depresión al principio, porque usualmente surge con rapidez. Para cuándo puede ver los síntomas, ya está completamente desarrollada. Las depresiones reactivas —y especialmente las sicóticas— algunas veces sobrevienen en cuestión de horas, o tal vez en unos cuantos días. Usted no debe sentirse fracasado porque no pudo prevenir la depresión. Si ha habido alguna pérdida, la persona *necesita* estar deprimida. La depresión sobrevendrá a pesar de nuestras mejores intenciones. Lo que usted hace *durante* la depresión es mucho más importante que tratar de prevenirla o de abortarla.

Cuando la persona deprimida se retrae de todos los demás, ¿debo intentar y forzar el contacto?

La palabra *forzar* es muy fuerte, pero usted necesita ser firme y acercarse a la persona. Usted debe de iniciar el contacto. Si trata de forzarlo, lo más probable es que haya resistencia. Cierta insistencia sería, quizás, más apropiada que la idea de forzar. Pero esté preparado para ser rechazado, y también para perseverar.

¿En qué debo concentrarme durante el primer contacto con la persona deprimida?

Lo más importante es comunicar comprensión y aceptación. Los encuentros de la persona deprimida con la mayoría de la gente le harán creer que su depresión no es aceptada, que debe sentirse culpable porque está deprimida, y que no debiera estarlo. Usted puede comunicar aceptación en varias maneras, pero el mensaje que necesita enviar es: «Puedes mostrarme tu depresión. Puedes estar deprimido. Ayúdame a entender por qué lo estás». Esto inicia un importante proceso hacia la sanidad de la depresión.

¿Qué es lo más importante que puedo hacer a favor de mi amigo o cónyuge deprimido?

No puedo enfatizar lo suficiente la importancia de comunicar amor y aceptación, y no juzgar a la persona.

No estoy diciendo que la aceptación sea fácil. Todos tenemos gran dificultad en aceptar a alguien que está deprimido, porque tememos que la depresión se nos pegue o que nos haga sentir incómodos. Pero cuando usted esté cerca de una persona deprimida, necesitará aceptar la realidad del problema. Ese problema está presente y es real, gústele a usted o no, y su responsabilidad es comunicar amor y aceptación de la manera que pueda.

¿Cómo puedo hallar equilibrio entre empatía, lástima, afirmación repetida, y confrontación al relacionarme con alguien que está deprimido?

Raramente veo que la confrontación sea útil. Algunas veces hay que hacerlo, pero sólo en raras ocasiones. Yo prefiero *reflejar* en vez de *confrontar*. Al reflejar, es como si usted pusiera un espejo para que la persona reconozca la imagen de sus emociones y pueda aceptarlas.

Usted puede hacer esto de manera efectiva usando preguntas aclaratorias. En lugar de decir: «Bueno, estás enojado, y por eso estás deprimido; pues desecha tu enojo y no tendrás más depresión», usted podría decir: «¿No crees que pudiera haber una gran cantidad de enojo en tus emociones? Háblame de ese enojo». Al conversar de esta manera usted está reconociendo que las emociones de la persona no son siempre deliberadas, y puede ser que él o ella no desee estar airado, sentir autoconmiseración o lo que fuere, aunque sea eso lo que sucede. Esto le proporciona a su amigo la oportunidad de apropiarse de estas emociones y aceptarlas, en lugar de acumular resistencia a confrontaciones que incluyen juicios.

Empatía, la comunicación de comprensión y aceptación, es la actitud más beneficiosa. Reconfírmelo: «Aunque personalmente no puedo experimentar tu depresión, estoy contigo. No te voy a dejar solo. No te voy a abandonar». Esto es lo que usted necesita comunicar.

¿Hay lugar para la confrontación en esta clase de relación?

Obviamente, en las relaciones genuinas hay lugar para la confrontación. Pero le advierto que no debe usar la confrontación como un estilo usual. La mayoría de las veces es dañina porque usualmente se lleva a cabo con cierto contenido de ira y frustración. ¿Cómo es posible que usted, un extraño, pueda confrontar si no conoce todos los detalles? Usted sólo ve su lado de la situación. Queremos entrar de súbito porque vemos algo que es muy obvio desde nuestra perspectiva, pero no siempre comprendemos todo el contexto. Es mejor esperar y tratar de comprender primero. Esto le da a usted el derecho para una confrontación más tarde.

Una excepción calificada sería la fase de recuperación de la depresión, como he mencionado antes. En ese momento una confrontación suave, estímulo y un cariñoso empujón, pueden ser de provecho.

¿Qué debo hacer? ¿Mostrar compasión y tratar de entrar en el estado de ánimo de la persona deprimida, o tratar de alegrarla?

La palabra clave es *empatía*. No muestre demasiada lástima. No entre en los estados de ánimo del individuo hasta el punto que usted mismo comience a sentirse deprimido. Esto no lo ayuda a usted ni a la otra persona. Pero comunique comprensión y aceptación. El o ella quiere que alguien vea la pérdida desde su perspectiva, y dentro de este contexto déle su apoyo.

206 / NUBES NEGRAS CON INTERIOR DE PLATA

Haga lo que hiciere, no dé consejos. Algunos piensan que no han hecho nada útil hasta que ofrecen consejos. No critique. Esté preparado para escuchar, y esté decidido a comprender lo que la persona siente.

¿Por qué parece que tenemos la necesidad de dar consejos cuando apoyamos a familiares o amigos?

Como amigos y seres queridos, queremos ayudar, y optamos por dar consejos. Esto está basado en la idea errónea de que nuestros amigos y familiares no tienen razones para estar deprimidos. Siempre hay una razón para la depresión. Yo no digo que toda depresión sea apropiada, pero si respetamos el derecho de la persona de estar deprimida cuando lo está, entonces podremos aliviar mucha de nuestra ansiedad y podremos ser de más apoyo.

¿Debería tratar de convencer a la persona de que salga de su depresión?

Nunca trate de convencer a la persona de que salga de su depresión. Es muy común para alguien que está deprimido y que revela estos sentimientos a otro, recibir una respuesta como esta: «Vamos, amigo. No tienes ninguna razón para estar deprimido. ¿Por qué no te sacudes esa depresión y te olvidas de tus emociones?» Estas respuestas son insensibles y crueles. Sólo hacen que las personas deprimidas se sientan peor.

¿Cuánto ayuda el «identificarse» con la persona que está deprimida?

La razón por la cual las personas se aíslan cuando están deprimidas es que temen que otros no se identifiquen con ellos en su depresión. Piensan que no van a ser aceptados en este estado de depresión –como el síntoma de aislamiento experimentado por pacientes de cáncer, cuando la enfermedad o el tratamiento les causa cambios en sus cuerpos. No es tanto que quieran estar solos, sino que quieren evitar estar con personas que no van a aceptar su depresión. Es, en realidad, una medida de protección. Mientras más pueda identificarse con la depresión de otra persona –sin llegar a deprimirse usted mismo– de más ayuda podrá ser.

Cuando la Biblia dice: «Llorad con los que lloran», ¿quiere decir que debo tratar de compartir sus sentimientos depresivos?

No, eso no quiere decir que usted deba deprimirse. Este versículo es un llamado a la comprensión, no a cargar con el dolor de otro. Por alguna razón, nuestros mecanismos de culpa no nos permiten servir de apoyo o darle comprensión a una persona deprimida sin antes querer deprimirnos con ella. Esta es una de las razones por las cuales evitamos a las personas deprimidas. Nuestra tendencia a sentir lástima induce el mismo dolor en nosotros.

Al «llorar con los que lloran», recuerde que mientras usted comparte sus emociones –y ciertamente llora porque ellos están en dolor– sólo agravará la depresión si usted mismo también se deprime. Debe comprometerse con los sentimientos de la persona, pero debe retener una comprensión objetiva.

Acuérdese de que esta depresión es de ellos, y no suya. Y que usted no es Cristo. Sólo El sufrió por nosotros y cargó con nuestras enfermedades en la cruz. Lo mejor que usted puede hacer es tratar de comprender.

¿Debo ayudar a la persona deprimida a identificar la pérdida, o sencillamente ser un oidor imparcial?

Es importante que la persona deprimida identifique la pérdida. Al prestarle oídos, usted puede ayudarla a comunicar esta pérdida y en cierta manera comprender los eventos que la causaron. La clave de las mejores terapias es ayudar al cliente a descubrir cuál es la causa del problema, porque cuando se hace este descubrimiento toda la situación se torna mucho más significativa y es mucho más fácil encontrar medidas correctivas.

Su misión es facilitar el descubrimiento de la pérdida o el entendimiento del disturbio fisiológico. Desde luego, si usted ve algo que obviamente se está ignorando, debe tratar de presentárselo. Al hacerlo, preséntelo en forma de una pregunta y no como declaración dogmática. Por ejemplo, puede preguntar: «¿Crees que estás aferrado a tu último trabajo porque tienes miedo de no encontrar otro?» Esto es mejor que decir: «Yo creo que tienes miedo de que nunca puedas encontrar otro trabajo».

Usando una pregunta, se le permite a la persona reflexionar en eso. Si la idea es rechazada, más tarde usted puede volver a hacerle la misma pregunta. De esta manera le puede ayudar a darse cuenta de la importancia de lo que está sugiriendo.

¿Es útil indagar?

El escuchar activamente es la técnica clave aquí, y no el interrogatorio repetido. Es decir que usted está constantemente verificando lo que le está diciendo la otra persona, y lo refleja en un proceso de clarificación: «¿Es esto lo que estás queriendo decirme?» «¿Estás diciendo que el hecho de que tu cónyuge se haya marchado representa esto para ti, o estás más preocupado por lo que los niños han perdido, y no por lo que has perdido tú?» El escuchar activamente clarifica las cosas para usted, pero más importante que esto, está clarificándolas para la otra persona.

Además de escuchar, ¿hay otros aspectos básicos en los que debo concentrarme cuando trato de servir de apoyo?

Además de ayudar a la persona deprimida a identificar las perdidas sufridas –o en el caso de las depresiones endógenas, asegurarse de que el tratamiento necesario sea obtenido– usted puede ayudar a explorar las implicaciones de la pérdida. La persona necesita ir más allá de las razones «globales» («perdí mi trabajo») a lo que justamente esto significa para él o ella. Puede haber muchas pérdidas asociadas, como la pérdida del respeto por sí mismo o del respeto por los padres o un amigo. Una vez que la persona tiene esa mejor comprensión, podrá sufrir sus pérdidas y finalmente continuar con su vida normal.

Usted también necesita apoyar el sistema de medicación de la persona. Las personas deprimidas tienen la tendencia a no querer tomar sus medicinas.

Usted no necesita ser un consejero profesional para hacer estas cosas, pero se podría autodescalificar como consejero útil si se involucra extremadamente de manera personal con la depresión. Si las pérdidas de la persona evocan en usted sentimientos de inseguridad, entonces retroceda. Por esto, en nuestra sociedad, resulta más efectivo ir a un consejero profesional.

¿Cuál es el error más peligroso que puedo cometer al aconsejar a una persona deprimida?

Hacer que la persona se sienta culpable por estar deprimida. Por otro lado, si de alguna manera usted puede romper este ciclo de culpa, logrará aliviar y acortar la depresión. Reducimos el sentimiento de culpa al asegurarle repetidamente a la persona que comprendemos y aceptamos su estado de ánimo. Siempre y cuando le mostremos amor y aceptación constante, no agravaremos la depresión.

¿Cómo puedo reconocer las tendencias suicidas en la persona deprimida?

No siempre es fácil, porque si las personas tienden al suicidio, por lo general se vuelven muy silenciosos, reservados y no le hablan a nadie. Sin embargo, frecuentemente hay un «llamado de auxilio» en algunas acciones. Si ellos repetidamente hablan de quitarse la vida y usted no les presta atención, es fácil que lo hagan.

Contrariamente a lo que se cree, no es cierto que si la persona habla de suicidio, no lo hará. Muchas personas que han cometido suicidio han hablado de esto durante un largo tiempo antes de hacerlo, y nadie les prestó ninguna atención. Muchos hacen comentarios como: «Ojalá estuviera muerto», «No puedo aguantar más», «Mi familia estaría mucho mejor sin mí» o «Quisiera irme lejos».

Algunos inclusive le hablan a un amigo del plan de suicidio antes de ejecutarlo. Si un amigo o cónyuge habla así, tómelo en serio. Se necesitan pasos inmediatos para evitar cualquier daño futuro. Si su amigo o cónyuge quiere hablar del suicidio, anímelo a que hable de ello. La persona deprimida necesita tener la libertad de hablar sobre esos sentimientos.

Si usted siente que la persona está deprimida pero no habla de suicidarse, pídale que exprese sus pensamientos sobre la muerte. Vigile los síntomas de reserva, hostilidad o agresión. La persona suicida a menudo tiene una gran hostilidad que no puede expresar. Cualquier intento de su parte para ayudar a la persona a hablar de esta ira será beneficioso.

¿Cómo puedo empezar a motivar a una persona deprimida?

La motivación, proviene de este tipo de relación de apoyo. Las personas con depresión no se sienten motivadas a buscar ayuda, y mientras más se profundiza la depresión, menos la buscarán. La depresión en sí destruye la motivación. Esta empieza y va creciendo a medida que ellos encuentran comprensión y apoyo. Cuando usted se ofrece a escucharlos de una manera comprensiva, empieza a haber motivación.

¿Cómo puedo reconocer cuál es el momento de dejar de escuchar y empezar a dar sugerencias positivas?

Usted nunca debe dejar de escuchar. La pregunta más apropiada sería: «¿Cuándo, además de escuchar, puedo añadir algunas sugerencias positivas?» Esto depende de la severidad de la depresión y de la etapa en el cual usted encuentra a la persona. Durante la fase de recuperación usted puede ser mucho más afirmativo y direccional. Es un tiempo seguro para hacer esto. El error está en intentarlo en las etapas iniciales de la depresión, cuando la persona no está lista para responderle.

No es fácil para la persona laica saber exactamente cuándo ocurre el punto de cambio. Una clave importante es cuando la depresión demuestra algún pequeño síntoma de alivio. Quizas allí hay momentos en que la depresión no es tan intensa, o la persona puede reír por un momento. Ahora usted puede ser un poco más positivo y directo en lo que dice, pero nunca deje de escuchar.

¿Qué puedo hacer para producir un «cortocircuito» en la depresión de un familiar o de un amigo?

La noción de «cortocircuito» siempre implica que usted hace algo para prevenir que el proceso de la depresión complete su curso. Por ejemplo, cuando usted intenta que la persona inmediatamente obtenga un nuevo gato para reemplazar al que murió, invariablemente usted agrava la depresión.

En pocos casos, usted puede hacer el comentario correcto para darle a la persona la perspectiva que necesita para resolver la depresión antes que ésta se agudice. Pero esto sería una cuestión más de suerte que de destreza. No deberíamos tenerle tanto miedo a la tristeza. Juega un papel importante en el desarrollo de la madurez.

Ciertamente no hay reglas generales que le pueda dar para ayudarle a crear un cortocircuito en la depresión. Un énfasis más importante es permitirle al que sufre de depresión la libertad de experimentarla plena y apropiadamente. Esta es la manera más rápida de obtener sanidad.

Amor, aceptación, y comprensión pueden hacer milagros para apresurar nuestro proceso de aflicción. Un ejemplo de esto es una pareja que vino a verme porque el esposo tenía una depresión profunda. A medida que conversé con ellos, se hizo obvio que él tenía algunas razones legítimas para sus depresiones. En el tratamiento, todo lo que hice fue ayudar a la esposa a aceptar mejor y comprender las pérdidas del esposo. En pocos días, el hombre había superado su severa depresión. El sufría más que por su pérdida original. Esta había sido aumentada por la pérdida del amor, la aceptación y la comprensión por parte de su esposa, lo cual prolongaba su depresión. Usted no puede equivocarse dando apoyo cariñoso.

Si yo no he experimentado depresión, ¿esto no me descalifica para ser efectivo y servir de apoyo?

No, no lo descalifica, siempre y cuando no lo haga menos comprensivo. Lamentablemente, la gente que no ha experimentado una gran depresión, no siempre es comprensiva. Si nunca ha experimentado mucho dolor es difícil entender lo que significa pasar por mucho dolor. Si usted no ha experimentado depresión, es difícil el saber qué es estar deprimido. Pero el ser un buen oidor le enseñará rápidamente, y es la mejor manera de aprender.

Si he tenido depresión, ¿debo describir mis experiencias?

Habrá momentos en que describir su propia depresión puede ayudar, pero evite hacerlo con una actitud de «Bueno, yo también he estado deprimido, y a mí no me afectó tanto como parece afectarte a ti». Usted puede pensar que está ayudando a la otra persona al poner su experiencia en la perspectiva de su propia depresión, pero esta actitud de autoglorificarse sólo aumenta la culpabilidad del otro, y por supuesto la depresión.

Comparta sus experiencias de manera sensible manteniendo siempre el enfoque en la otra persona. Una actitud de «todos estamos en la misma situación» ayuda. Lo importante es tratar de lograr comunicación, que la persona deprimida se sienta que puede abrirse a usted con confianza. Antes que usted pueda empezar a describir su propio pasado, debe establecer una base de aceptación, la cual es concedida por la persona deprimida.

¿Estoy en peligro de deprimirme otra vez al ayudar a alguien deprimido?

De ninguna manera. Como he mencionado varias veces, la depresión *no es* contagiosa en este sentido. Las razones particulares de su depresión pueden ser muy diferentes de las de otra persona, así es que no es probable que usted se deprima por el solo hecho de ayudar. Sin embargo, puede convertirse en una persona más comprensiva y tal vez acepte mejor sus propias experiencias. Usted, desde luego, no debe sentir lástima por la persona. Esto podría llevarlo a la depresión. Al mantenerse objetivo y recordarse que ésta no es su depresión, puede evitar ese peligro.

¿Cómo puedo animar a alguien deprimido a que consulte a un terapeuta profesional?

Si la persona no es su cónyuge, usted necesita consultar primero con aquellos más cercanos a ella –el cónyuge o el familiar cercano más importante. Todos ustedes necesitan estar de acuerdo sobre qué acción debería recomendarse. Es mucho mejor si el consejo llega de aquellos más cercanos a la persona deprimida. Usted les puede hacer la sugerencia a ellos y animarlos para que lo lleven a cabo.

Si usted es la persona más cercana o si no hay nadie más, entonces necesita presentarlo de una manera directa. Asegúrese de ponerlo en el contexto de su amor y cuidado hacia su amigo o familiar; no lo presente de manera crítica ni haciendo juicios.

¿Hay peligro de que la persona deprimida se enoje por la sugerencia?

Este es el riesgo que usted corre. Si hay una respuesta enojada, necesitan hacer frente a esa ira juntos. Recíbala, no se retire ni se sienta ofendido. Enfréntese a la ira: «¿Por qué te enfada que me preocupe tanto por ti? ¿Será acaso porque no te das cuenta de lo deprimido que estás?» De esta manera, usted puede sacar mucho enojo y atravesarlo hasta el punto en que la persona esté lista para aceptar su sugerencia.

¿Puedo ayudar a alguien a sobreponerse a preocupaciones del pasado que están causando depresión?

Usted puede hacer mucho en este aspecto. No puede ayudar a su amigo o cónyuge a deshacerse de cada problema, pero hay mucho que puede hacer para ayudarlo a soportar estas cosas con mayor valentía. Los primeros traumas de la vida tienen la tendencia de fijar memorias que más tarde pueden recrear los sentimientos dolorosos de esas experiencias. Entonces, éstos nos persiguen y muy a menudo causan depresión.

Lo más importante que puede hacer es animar a la persona a que hable de esto. Mientras más lo haga la persona, más rápidamente podrá surgir alguna perspectiva sobre estos primeros eventos. Simplemente hablando de ellos con usted la persona puede obtener una gran perspectiva y llegar a una experiencia de mayor entendimiento. Entonces, todo empieza a aclararse.

Este escuchar es crucial para ayudar a vencer los primeros traumas que puedan estar molestando a la persona. En cierta oportunidad debí aconsejar a una joven quien un año atrás había tenido un aborto. Vino a consultarme porque estaba severamente deprimida, pero no sabía realmente por qué. Al explorar con ella lo que había estado sucediendo en su vida, empezó a pensar mucho acerca del aborto. Ella no lo había querido, pero su esposo había insistido. Ella se dio cuenta en aquel momento que eso estaba mal, pero por complacer a su esposo lo había hecho, y ahora lo lamentaba.

Mientras hablábamos y ella decía lo que había pasado, exclamó: «¿Sabe lo que se me ha ocurrido de repente? Que no hay nada que pueda hacer para cambiar los eventos de mi pasado». Su rostro se iluminó. Esa idea la liberaba. Ella había aceptado el perdón de Dios y estaba dispuesta a continuar con su vida. Al final de la sesión, habíamos roto el espinazo de su depresión.

No podemos cambiar la historia, y no siempre podemos olvidar el pasado, pero sí podemos remover de nuestras memorias el poder para recrear heridas en el presente. Fue esto lo que le dio a esta mujer la libertad de desistir de su depresión.

Si recrear emociones del pasado puede llevar a la depresión en el presente, ¿podremos dar vuelta las cosas y ayudar a una persona a que se salga de la depresión, recreando emociones placenteras asociadas con el pasado?

Sí, podemos ayudar recordando a las personas deprimidas las experiencias placenteras del pasado. Pero esto sólo ayuda en la fase de recuperación de la depresión. Durante la fase temprana, cuando la persona todavía está adentrándose en depresión, ésta distorsiona su perspectiva, incluyendo la memoria. Al poner atención en las cosas buenas del pasado, puede que estemos acentuando la noción de las cosas malas del presente.

Una vez que hayan empezado a recuperarse y estén empezado a mostrar señales de normalidad, el concentrarse en experiencias y emociones placenteras del pasado puede ayudar a poner las cosas en una mejor perspectiva. Al recordar lo que es sentirse bien, empiezan a sentirse más esperanzados.

¿Cómo puedo ayudar a una persona deprimida a no volverse al alcohol como manera de combatir la depresión?

Si se provee el tratamiento apropiado, hay poca tendencia del individuo a volverse al alcohol. El alcohol es primordialmente un tranquilizante, usado para aliviar la ansiedad. La depresión en sí no hace a una persona propensa al alcohol; es la ansiedad asociada con la depresión lo que lo causa. Así que todo lo que usted haga para aliviar la ansiedad, reducirá la necesidad del alcohol. Se puede administrar algún tranquilizante suave, pero el mejor antídoto para la ansiedad, que yo sepa, es estar rodeado de familiares y amigos que sean cariñosos, se preocupen, y lo acepten.

¿Cómo puedo ser positivo en mi influencia como cristiano con mi amigo o cónyuge, sin parecer superespiritual, o más espiritual que el otro?

Sea natural. No intente aires de espiritualidad ni de ser superior. Pero hay ciertos valores y perspectivas que, como cristianos, tenemos que recordarnos mutuamente. Es la actitud con la que hacemos esto la que nos libra de dar la impresión de que somos superespirituales, o mejores que el otro. Lo más positivo que podemos hacer como cristianos –y la influencia más positiva que podemos ofrecer– se resume en el concepto del amor cristiano. Si éste es el contexto de su preocupación, usted no necesita temerle a la reacción. Cumplirá con sus responsabilidades como cristiano de una manera beneficiosa.

¿Hay alguna manera efectiva de ayudar a un amigo o familiar anciano a enfrentarse a la depresión?

Las personas que se acercan al final de la vida y se vuelven deprimidas necesitan más que nada dos cosas, *estructura* y *apoyo*.

Uso el termino *estructura* en un sentido amplio. Cuando las personas llegan a la ancianidad, su memoria no funciona tan bien como antes, así que necesitan saber que todo está en su lugar. Para un hombre mayor puede que en su taller necesite tener sus herramientas en el lugar apropiado, donde sus manos las alcancen con facilidad. Para una mujer, es saber que una cacerola en particular está siempre en su lugar. Esto es una estructura física necesaria.

Las personas mayores necesitan también estructura sicológica. Asegúrese de que tengan estructura emocional y social. No cambie el patrón de las cosas sin necesidad. Establezca una rutina. A menudo está el deseo de sacar a la persona mayor deprimida fuera de su entorno regular, pero eso a menudo causa confusión.

No hace mucho vi a un hijo ya adulto, bien intencionado, insistir en que su madre anciana y deprimida se fuera a vivir con él a California. Ella había vivido toda su vida en la parte atlántica. El pensó que un cambio de ambiente la ayudaría. Obviamente la depresión empeoró. Cuando el hijo consultó conmigo, mi primera recomendación fue devolverla a su estructura y a su ambiente familiar. Es más probable que ella pueda hacer frente a su depresión en una estructura familiar que fuera de ella.

La segunda cosa que una persona mayor necesita es *apoyo*. La tendencia de evitar a las personas deprimidas se acentúa cuando éstas son mayores. Este esconderse y ser evitado, especialmente de parte de la familia, agravará la depresión. Déle su apoyo. Provea todo el amor que pueda. Esto es esencial para la recuperación, mientras que evita que haya otras pérdidas.

¿Puede un marido aconsejar de manera efectiva a su esposa, o una esposa a su marido?

Las parejas necesitan aceptar que hay un límite en lo que el asesoramiento puede hacer entre cónyuges. Usted no puede ser «el todo» de su pareja, y animo a las parejas a que no traten de aconsejarse mutuamente. Por causa de la relación íntima entre ellos, hay a menudo demasiado interés personal y emocional en lo que el cónyuge está pensando o haciendo. Usted no puede permanecer imparcial y desprendido emocionalmente. Sencillamente aceptando esta limitación puede ser crucial evitando el sentimiento de culpa por no poder ayudar. También da a su cónyuge la libertad para buscar a otra persona como consejero.

Habiendo dicho esto, también me doy cuenta de que hay mucho que un cónyuge puede hacer para ayudar al otro. Mi esposa es para mí una tremenda ayuda como amiga y confidente. Y esto mejora a medida que se envejece. Al ir construyendo una relación madura, la habilidad para ayudarnos mutuamente aumenta.

Me frustra tratar de descubrir la causa de la depresión de mi esposa. ¿Debo continuar indagando?

¡Manténganse en una actitud de escuchar y así nunca cometerá ningún error! Usted ya sabe que la depresión puede ser endógena, lo cual tiene base bioquímica. Esto significa que no tiene causa sicológica. Puede ser un síntoma prematuro de una aflicción o enfermedad.

Si usted continúa indagando demasiado, puede causar más confusión. Esto intensificará la depresión.

¿Qué impacto tiene mi reacción a la depresión de mi cónyuge para que él/ella se sobreponga rápidamente?

En los casos severos de depresiones endógenas, su reacción no va a tener tanto efecto. El problema es más fisiológico, más interno para el individuo. En las depresiones reactivas, sin embargo, y especialmente en la fase de la recuperación, donde hay potencial para que la persona regrese a la depresión– puede ser dañino. Sé de muchos casos donde el sólo lograr que el cónyuge acepte mejor la depresión, ha ayudado grandemente a que la persona se recupere.

Recuerdo a una pareja en particular en que el esposo había estado deprimido por muchos meses. Su negocio no estaba marchando bien, así que él estaba en un continuo estado de pérdida y estaba deprimido la mayor parte del tiempo. No podía hablarle a su esposa sobre sus problemas, porque ella había cerrado la comunicación para autoprotegerse de la depresión. El no forzaba el asunto, pues tampoco quería.que ella se deprimiera. Así es que lo guardó todo dentro de sí. Yo pude prepararla para que pudiera recibir sin deprimirse lo que él quería decirle. El sólo poder compartir sus problemas con ella ayudó al hombre a salir de la depresión.

Lo maravilloso fue que tan pronto como la depresión se alivió, él pudo hacer algo para restaurar su negocio. Había estado atrapado en un círculo vicioso. No estaba haciendo un efectivo trabajo de ventas por causa de su depresión. Eso estaba afectando su negocio, lo cual lo deprimía más. Al poder compartir su depresión con su esposa y al aceptar ella sus emociones y cooperar con él, lo liberó para ser más efectivo en su trabajo. Como resultado, pudo sacar su negocio del pozo donde había estado.

¿Cómo puedo lidiar con la frustración de no poder ayudar a mi cónyuge a salir de su depresión?

Usted necesita comprender que ayudar a su cónyuge está más allá de sus recursos. Usted no está calificado para ayudar, hasta cierto punto por causa de su relación. En realidad, usted podría ser parte·de la causa de la depresión, en cuyo caso necesitará mantenerse a un lado. Su enojo y frustración sólo harán que aumente el sentimiento de culpa de su cónyuge por estar deprimido. El papel de un cónyuge es primordialmente uno de apoyo. El trabajo terapéutico principal necesita ser realizado por un profesional.

¿Debo llegar al punto de forzar a mi cónyuge a que vaya a un consejero?

En depresiones muy severas, la persona no querrá buscar ayuda. Usted necesitará ejercer control en tal situación. Desde luego, no debe optar por forzarlo hasta haber agotado cualquier otro medio de razonamiento y persuasión. Señálele que la depresión no sólo es destructiva para él o ella, sino también para todos los que están a su alrededor. Solamente si todo lo demás fracasa debe usted usar fuerza para obtener ayuda profesional. Si usted consulta a un profesional, sicólogo o siquiatra, allí le explicarán los derechos legales para forzar tratamiento.

Siento un creciente resentimiento por el hecho de que mi esposa tiene que hablarle a otro para resolver su depresión.

Puedo comprender ese sentimiento. Pareciera una intrusión en la privacidad e intimidad de su relación. Este sentimiento a menudo surge porque creemos que debemos ser todo para nuestros cónyuges, y que deberíamos poder resolver todos los problemas en privado. Hasta cierto punto, sí podemos, pero las cosas son distintas cuando existe severa depresión.

El resentimiento que usted siente puede surgir por lo que se está diciendo a sí mismo: *Si yo fuera la clase de esposo (o esposa) apropiado, podría ayudarlo (la) más* o *¿Quién puede ayudarla(lo) mejor que yo? Yo la (lo) conozco mejor que nadie.* Usted debe comprender que la depresión puede ser un síntoma de una enfermedad, o que las pérdidas sufridas son tan severas que se hace necesaria la ayuda profesional. Concéntrese en dar amor, y en ofrecer apoyo y comprensión.

¿Cómo puedo evitar que mi cónyuge se sienta más culpable de lo que ya se siente?

La manera más importante es aceptar la depresión. Si usted comunica cualquier tipo de resistencia a ella, cualquier sentimiento de carencia como resultado de ella, va a aumentar el sentimiento de culpa. Las personas que están deprimidas no quieren estarlo (aunque paradójicamente, si la depresión dura mucho tiempo, les resulta difícil abandonarla). Si su cónyuge se da cuenta de que su depresión le está causando a usted dolor, la culpabilidad se intensificará.

¿Qué cambios en la rutina de la casa pueden aliviar una depresión?

El cambio que yo sugeriría es eliminar responsabilidades innecesarias. Si es la esposa la que está deprimida, provea ayuda en la cocina, la limpieza, o el cuidado de los niños. Usted deberá modificar las expectativas de todos en la casa para evitar el aumento de la carga que siente la esposa. Exigir de ella un desenvolvimiento normal y completo es totalmente irrazonable.

Otros cambios que pueden ayudar incluyen el proveer estímulos adecuados al cónyuge. El o ella puede estar deprimido por falta de variedad –nada interesante o emocionante está sucediendo. Provea un cambio de rutina ocasionalmente. Lleve a su cónyuge a cenar, por ejemplo. Esto ofrece un cambio y también quita responsabilidades.

¿Debo procurar mantener la casa tranquila, o debo dejar que las cosas sucedan como siempre?

Mantenga las cosas tan normales como sea posible. El hacer demasiados ajustes puede reforzar la depresión, al comunicar a la persona deprimida que ella está interrumpiendo la rutina normal. El mantener la rutina ayudará a crear un sentido de seguridad y de resguardo.

¿Serán suficientes las responsabilidades que el cónyuge siente para motivarlo a la acción?

No. La misma depresión que causa el problema también distorsiona la percepción del cónyuge en cuanto a sus responsabilidades. Esto es muy cierto en depresiones severas donde, por ejemplo, una madre puede no darse cuenta de la responsabilidad que tiene hacia su niño que necesita cuidado. Usted debe suave, cariñosa y comprensiblemente, razonar con su cónyuge y convencerlo o convencerla de seguir andando.

¿Cómo puedo ayudar a mi cónyuge a comenzar la mañana?

Primero, déle mucho amor y apoyo. Asegúrese de no comunicar molestia o irritación. Mantenga cierta presión al explicarle claramente cuán importante es que él o ella se levante y empiece a andar. Déle razones para levantarse. No crea que porque usted lo dijo una vez, ya lo comprendió. Recuérdele a su cónyuge una y otra vez cuán importante es que se levante y empiece a andar para evitar que su sistema físico se deteriore innecesariamente.

Sin embargo no exija nada. No invente cosas que se deben hacer. Esto sólo crea conflicto. Sé de quienes hacen jueguitos con sus cónyuges inventando cosas para hacer. El cónyuge deprimido se dará cuenta y lo resistirá. La razón más importante que podemos darle para que se levante es que algo de energía y actividad es importante para ayudar al período de recuperación.

La depresión de mi esposo nos está poniendo en un verdadero aprieto económico. ¿Cómo puedo hacer frente a esto encima de todo lo demás?

Cuando una depresión agota los recursos económicos de una familia es muy inquietante. Esto crea más pérdidas. Lo que usted necesita hacer es buscar ayuda. Asegúrese de estar recibiendo toda la ayuda que pueda de su plan médico y que los profesionales que están usando sepan lo que está sucediendo. Tal vez usted necesita cambiar de un terapeuta caro a una clínica en la comunidad donde pueda pagar de acuerdo a su escala de ingresos.

Sobre todo, tiene que recordarse cuáles son sus prioridades. Conozco esposas que se quejan de la depresión de sus esposos y lo que está costando por la medicación y la terapia, y después salen y compran cosas que son relativamente sin importancia pero muy caras. Esto también sucede con los hombres. Ellos pueden ir y comprar un automóvil nuevo, mientras que se quejan por lo que les está costando el tratamiento de la esposa.

Usted debe enfrentar sus prioridades y asegurarse de que se encuentran en equilibrio. La felicidad de su cónyuge debería tener prioridad sobre otras demandas en sus finanzas.

Temo que la depresión de mi esposo se agudice hasta el punto que no pueda proveer económicamente para nosotros. ¿Cómo puedo evitar que esta ansiedad complique su depresión?

Usted necesita ayuda para controlar esa ansiedad. Háblele a su pastor o a su médico. Encuentre a alguien con quien compartir sus sentimientos. Tratando de llevarlos en su interior es una manera segura de comunicar ese dolor a su cónyuge.

En el ejercicio de mi profesión, si veo a un esposo que está profundamente deprimido, enseguida invito a la esposa a que venga también. Yo comprendo la carga que la depresión impone sobre ella. Necesita hablar de su reacción, y de cómo está manejando su ansiedad para que a mi vez yo pueda ayudar a reducirla. Usted, igualmente, necesita encontrar maneras para mantener su propia ansiedad en el nivel mínimo.

¿Es probable que mi esposo deprimido me hiera a mí o a los niños?

En realidad no. La depresión en sí no es un desorden peligroso, y tampoco crea ningún peligro. De hecho, es todo lo contrario. Su cónyuge probablemente se vuelva pasivo y se retirará de cualquier conflicto en lugar de volverse agresivo contra la familia. No hay nada que temer cuando un cónyuge está deprimido.

¿Cómo puedo ayudar a mis hijos a sobrellevar la depresión de mi cónyuge?

Los niños son extraordinariamente elásticos. Ellos tienen la habilidad de desprenderse, si es necesario, para protegerse a sí mismos. La mayoría del tiempo usted no deberá preocuparse de cómo sus niños están manejando la situación. Pero la reacción de ellos hacia su cónyuge podría agravar la depresión de éste. Usted necesita sentarse a solas con ellos y explicarle la naturaleza del problema. Mientras más información tengan, más pueden llegar a comprender y aceptar la situación. Después, anímelos a no juzgar y enfatice la aceptación y el amor.

¿Debería fomentar contactos sociales con nuestros amigos, aun cuando mi cónyuge no lo desee?

Puede animar los contactos existentes con sus amigos cercanos, y ciertamente con otros familiares que acepten la depresión. Mantenga contacto con ellos lo más que pueda. Pero no exponga a su cónyuge a amigos más distantes que puedan no aceptar la depresión o sean incomprensivos. Los extraños deberían mantenerse alejados. Su cónyuge deprimido no podrá iniciar nuevas relaciones.

¿Cómo puedo empezar a lograr que mi cónyuge vuelva a ser activo socialmente?

Animarlo a la actividad social sólo debiera considerarse en la fase de recuperación. No será útil forzar la actividad social durante las primeras fases, y ciertamente no durante la parte más profunda de la depresión. En la fase de recuperación empiece por invitar a amigos cercanos y comprensivos para renovar el contacto con ellos después de un tiempo. Comience con aquellos más cercanos a usted, y poco a poco expanda el círculo hacia afuera, a medida que su cónyuge adquiere tolerancia social. Unas cuantas buenas experiencias con otros aumentará la confianza de la persona deprimida. Si la experiencia es mala, usted a lo mejor tendrá que esperar un poco antes de volver a intentarlo. Desde luego, estoy dando por sentado que se ha mantenido el contacto con familiares cercanos, donde hay un mayor nivel de aceptación.

¿Debo decirle a nuestros padres que mi cónyuge está haciendo tratamiento con un sicólogo o siquiatra?

Como regla general, creo en la sinceridad total. No tenga secretos. Yo lo animaría a ser abierto hasta donde sea posible.

No veo ningún valor en esconder el hecho de que su cónyuge recibe ayuda, aunque algunos tendrán que hacer excepciones en aquellos casos donde los padres no son comprensivos. Usualmente, sin embargo, mientras más personas lo sepan, más amor y buen ánimo puede recibir su cónyuge de ellos.

Necesitamos también romper con el estigma en contra de buscar ayuda. No sólo que no debemos avergonzarnos de esto, sino que es una señal de madurez y valentía cuando estamos dispuestos a exponer nuestras necesidades y a buscar ayuda de alguien fuera de la familia.

Conclusión

Después de haber leído este material sobre la depresión, usted ha visto dos temas principales. 1) La depresión es a menudo una emoción apropiada o un síntoma de algún desorden biológico. 2) El comunicar comprensión y aceptación es la clave del apoyo efectivo a la persona deprimida. El segundo tema claramente descansa en el primero, porque si usted no acepta la depresión como una experiencia inevitable de la vida, no puede dar el apoyo compasivo que ayudará a resolver la depresión.

Yo lo animaría, como persona que se preocupa por ayudar, a que persista en desarrollar una comprensión de la depresión. Pero más importante aun, lo insto a que trate de comunicar comprensión y aceptación del amigo o familiar deprimido dentro del contexto del amor. Esta es su responsabilidad como cristiano, y sólo se puede llevar a cabo a través del poder de Cristo. Usted va a necesitar toda la ayuda que El le puede dar.

Creciendo a través de la depresión

En esta última sección, tres conocidos escritores cristianos describen su propia pugna con la depresión. También revelan lecciones que aprendieron como resultado de la misma, y también las maneras en que Dios les proveyó ayuda.

Mi petición al Señor es que estas historias lo animen e inspiren con la confianza de que Dios conoce de su dolor y le importa, y la seguridad de que hay fin para el sufrimiento.

DIEZ

Joni Eareckson Tada

La historia de Joni es bien conocida. Un accidente al zambullirse en el agua la dejó paralizada de los hombros hasta los dedos de los pies. Ello también trajo aparejado el subsecuente desarrollo de una fe vibrante y un ministerio crucial, que han sido el punto central de varios libros y una película. Ella también ha dado testimonio de manera personal en cientos de compromisos como oradora.

En esta ocasión, Joni describe sus experiencias con la depresión; desde la depresión severa y suicida poco tiempo después de su accidente, hasta las continuas amenazas de depresión, producidas por las frustraciones del diario vivir con una pérdida permanente y tan importante.

Este material ha sido extraído de una entrevista en junio de 1980, cuando Joni se encontraba en cama desde hacía dos semanas y estaba batallando con la frustración, la claustrofobia, y un creciente sentido de estar desvalida.

El testimonio de Joni en cuanto a la fidelidad de la obra de Dios en su vida a través de su accidente y de las subsecuentes depresiones, confirmará el principio de que los propósitos de Dios son buenos, y de que El proveerá una oportunidad para crecer a través de las circunstancias más devastadoras, si depositamos nuestra confianza en Dios.

Crecí en las afueras de Baltimore, en una familia donde la depresión no era común. Siempre disfrutamos de buena salud y óptimas relaciones familiares. Muy raramente había discusiones serias. No estoy segura si fue por causa de la alegría que existía en mi familia o por el hecho de que mis padres tienen tan buen carácter y la disciplina era parte estructural de la vida cotidiana en mi hogar. De cualquier forma, no tengo memoria de haber luchado con depresión severa durante mi niñez.

Sin embargo, cuando entré en la adolescencia, al igual que la mayoría de los adolescentes, atravesé ese período de sentirme inadecuada y luché con mi autoestima. Fue un tiempo de crisis en mi identidad personal. Encontré a Cristo como mi Salvador cuando estaba en el segundo año de la escuela secundaria, y esto me dio un profundo sentido de satisfacción; al mismo tiempo alivió muchos problemas, al menos superficialmente.

Pero en 1967, cuando estaba por graduarme de la escuela secundaria, sufrí un accidente que traumatizó y cambió mi vida.

Mi hermana Kathy y yo estábamos nadando en la Bahía Chesapeake en un caluroso día de julio. Me lancé de cabeza en lo que resultó ser un lugar de aguas poco profundas, e inmediatamente me golpeé contra el fondo. El impacto sacó de sitio mis vértebras, quebró la espina dorsal, y en un instante quedé paralizada, sin el uso de mis manos o de mis pies.

Durante las primeras semanas posteriores a mi accidente, el problema de la depresión no fue demasiado. Creo que fue porque estaba disfrutando la novedad que significaba estar en el hospital y que me vinieran a visitar, me enviaran flores, y otras cosas. Tampoco me daba cuenta de la seriedad de mis lesiones. Pero a medida que esas semanas se convirtieron en meses, comencé a caer más y más en la depresión.

La depresión se convirtió en algo más severo a medida que descubrí lo permanente de mi parálisis. Cuando comencé a entenderlo, descubrí un profundo y desesperante sentido de desesperanza. No había la más mínima esperanza de volver a caminar otra vez. No había esperanza de volver a usar mis manos. Ninguna esperanza de disfrutar de un matrimonio con hijos y todas esas cosas con las que tanto había soñado cuando niña. Quería ponerle fin a mi vida, y la frustración que sentía al no poder hacer esto por mi cuenta sólo lograba intensificar mi depresión. Estaba tan desesperada que le rogué a una de mis amigas que me ayudara a ponerle fin a todo.

Lo que parecía agudizar mi depresión era la forma en que había escondido por tanto tiempo mis verdaderos sentimientos durante aquellas largas semanas de hospitalización. Por no querer alejar a mis familiares y amigos con mi amargura o enojo por la situación, no había expresado los sentimientos de ira que llevaba calladamente.

Lentamente durante los meses que siguieron a mi hospitalización, comencé a compartir lo que sentía con un pequeño grupo de amigos íntimos. Cuando vi que ellos me aceptaban y me amaban, mucha de la amargura desapareció, y esto me ayudó a enfrentar mi depresión en forma más sincera.

Primero empecé a comprender que era normal estar deprimido. Es más, esto era parte del ciclo por el que pasaron tanto David, como Moisés y Salomón.

Entonces, empecé a reconstruir la verdadera esperanza que provenía de la Palabra de Dios. Por ejemplo, una cosa que realmente me ayudó en medio de la desesperanza y depresión, fue saber que al menos tenía la esperanza real de que algún día podría volver a disfrutar de un cuerpo que funcionara. De volver a tener manos que abracen y pies que corran. No necesariamente un disfraz de ángel, sino un cuerpo glorificado, muy parecido al que Cristo tuvo después de su resurrección. El caminó con sus apóstoles, comió con ellos e hizo cosas muy terrenales y humanas. Me dio gran consuelo saber que no había sido abandonada en mi desesperanza, que Dios había provisto la respuesta por medio de su promesa de un nuevo cuerpo.

Parte de la ira silenciosa que experimentaba era enojo contra Dios. En mi interior, y muy silenciosamente, yo gritaba y me encolerizaba contra El en mi interior. Creo que es mejor enojarse contra Dios que abandonarlo. Es mejor enfrentarnos a nuestros sentimientos sinceramente y decirle cómo nos sentimos. Esto es terrible, mi almohada está mojada con mis lágrimas, estoy cansada de esto, y no puedo aguantarlo ni un minuto más. Esto es mejor que ponerse una «sonrisa *Colgate*», apretando los dientes y pretendiendo que no hay sufrimiento.

Admito que después me sentí algo culpable. Pero me animaba al leer ejemplos en los Salmos. En muchos de ellos, David clama y se encoleriza, y simplemente no puede comprender qué está haciendo Dios. Pero al final invariablemente hay un rayo de esperanza. «Así y todo, en ti confiaré».

El ejemplo de Jeremías también fue de mucho ánimo. El estaba terriblemente deprimido en medio del horror, la batalla, la invasión, la crueldad y la burla a su alrededor. Sin embargo, Jeremías dice que el amor y la bondad del Señor nunca cesan, su misericordia se renueva cada mañana, su compasión nunca falla, por lo tanto en El confiaré. Jeremías escogió creer lo que él sabía era verdad acerca de Dios, en lugar de descansar en una evaluación basada en circunstancias presentes.

Estos ejemplos de personas de las Escrituras, seres muy reales, muy sinceros y muy humanos, fueron un gran consuelo para mí. Ellos se enfadaban, se angustiaban, y se deprimían. No eran santos de yeso, sino verdaderos hombres y mujeres que sentían y se enojaban, y que a pesar de todo se mantenían firmes en lo que sabían que era cierto sobre Dios, desde el punto de vista histórico y de su Palabra.

Y fue así como esencialmente luché con mi sentimiento de culpa. Descubrí que no estaba sola con mis sentimientos de depresión y de ira. La Biblia estaba llena de personas que se sentían terriblemente confundidas y angustiadas, y sin embargo confiaban en su Dios. Me di cuenta de que estas emociones eran parte de lo que significa ser humano, y que sentirnos culpables por estar deprimidos era en realidad sentirnos culpables porque somos humanos.

Tuve que lidiar también con el asunto de mi profunda discapacidad física. Aquí estaba yo, una muchacha que había sido muy atlética, que disfrutaba los deportes, que amaba la equitación y la natación, y ahora estaba reducida a depender totalmente de los demás. Tenía un terrible sentido de invalidez; un sentido de que mi vida, de ahora en adelante, estaría girando alrededor de los horarios de otras personas, y del tiempo y la atención de otras personas. Desde luego, esto contribuía a mi depresión, pero con el tiempo, y al compartir con las otras personas de este pequeño e íntimo grupo, empecé a darme cuenta de que no había nada malo con tener que depender.

También comencé a darme cuenta de que no era una víctima de las circunstancias. Dios ha declarado en su Palabra que El es soberano y protector, y que en su cuidado personal por mí, todas las circunstancias habían sido moldeadas a fin de que resulten para bien. Yo no era un accidente de un truco monstruoso concebido en el cielo; no era un peón en un juego de ajedrez ni estaba en medio de un campeonato de lucha libre entre Dios y Satanás. Dios me había asegurado que tenía sus razones para esto, y aunque ciertamente no las comprendía todas, por lo menos podía confiar en su naturaleza y carácter divinos. El había prometido en su Palabra que todo iba a ayudar para bien, no sólo para el mío, sino también para su gloria, y yo podía descansar en la verdad, el amor y la justicia de su carácter −lo cual, desde luego, está perfectamente explicado en el sacrificio de la cruz.

Me consolaba mirar a Jesús y saber que por haber estado clavado y paralizado en esa cruz, El comprendía exactamente cómo me sentía. Tenía un Salvador que había sido tentado, probado y juzgado en todas las cosas igual que yo.

Además, desde luego, mis sentimientos de inutilidad contribuían a mi depresión. Al no poder usar mis manos, me aferré a la idea de que era una persona inadecuada e improductiva. ¿Con qué podría contribuir a la sociedad? ¿Habría algo que yo pudiera hacer que tuviera valor o significado?

Cuando había caminado, había usado medidas corrientes para determinar utilidad, productividad o logros: riquezas materiales, oportunidades en la profesión, matrimonios exitosos. Un deportista te mide por tus habilidades atléticas, un estudiante de seminario por tu inteligencia. Después de mis lesiones, todas esas formas de medir fueron destruidas. Tuve que encontrar una manera totalmente nueva de considerar lo que era verdaderamente productivo, significativo y de valor.

Lentamente comencé a darme cuenta de que lo que pudiera darme una posición meritoria en la sociedad y un sentido de autoestima, era tal vez diferente de los valores con que la sociedad me había medido antes. Ya no llenaba esos requisitos. ¿Te imaginas? ¡Si iba de compras veía un maniquí y lo envidiaba porque le quedaban mejor las ropas a él, tieso, que a mí en una silla de ruedas!

Tuve que poner todas esas normas sociales a un lado y aferrarme de nuevo a lo que sabía era cierto en cuanto a mí de acuerdo a la Palabra de Dios. Dios ha dicho que lo que verdaderamente cuenta en la eternidad es mi respuesta a mis situaciones. Puede que yo no haya sido responsable de terminar en esta silla de ruedas, pero sí soy responsable de cómo reacciono a ello. Aun cuando significa llanto y aburrimiento –o, como ahora, una depresión profunda– Dios me ha llamado a ser responsable.

Dios conoce nuestra estructura. El junta nuestras lágrimas, cura las heridas de los corazones rotos, y no se complace en nuestro dolor. Pero a pesar de todo, nos llama a ser responsables.

Mi sentido de valor propio llegó al saber que lo que contaba para la eternidad era el modo en que yo reaccionara a estas circunstancias, no importa lo desalentadoras, irritantes, o frustrantes que fueran. Esto era lo que me estaba ganando un preciado premio en el cielo y una vida cambiada aquí en la tierra. El cultivo de un carácter como el de Cristo, al responder responsablemente a mis lesiones, me dio un sentido de valor.

Desde luego, cualquiera puede decir: «Claro que es fácil para Joni hablar así. Después de todo, ella impacta a millones de vidas con sus libros, películas, trabajos de arte y sus compromisos de oratoria. ¡Cómo no va a tener un sentido de valor!» Permítame decirle que estuve en mi silla de ruedas 8 años antes que alguien se acercara para hablarme de ese primer libro. Empleé casi todos esos años lidiando con varias de estas luchas, mucho antes de ser popular.

Uno de los resultados de todos estos componentes de la depresión fueron fuertes sentimientos de autoconmiseración. Luché con ellos de dos maneras. Primero, desde una perspectiva humana me di cuenta de que si me ponía a llorar por mí en un rincón, nadie a mi alrededor –ni siquiera yo– iba a estar muy feliz; así que era mejor que me compusiera. Esta fue una medida que tomé y me ayudó.

La otra manera fue de nuevo a través de la Palabra de Dios. Recuerdo el incidente donde Pedro se estaba enfadando porque parecía que Jesús mostraba cierto favoritismo hacia Juan. Pedro se enfrenta a Jesús y le dice: «Mira, ésta es la forma que tratas a Juan, y no me parece justo».

Jesús le contesta: «Pedro, ¿por qué te metes en esto? Sígueme». En otras palabras: «A ti no te importa lo que yo hago con la vida de Juan. Tu parte es mantener tus ojos fijos en mí». Uno hubiera esperado que Jesús dijera: «Vamos, vamos Pedro. Todo saldrá bien», y que le hubiera palmeado la cabeza o que lo hubiera abrazado. A lo mejor esto hubiera contribuido a la lástima que Pedro sentía de sí mismo; no lo sé. Pero en su lugar Jesús lo amonesta severamente. En cierto sentido, lo señala con el dedo y le dice: «¿En qué estás pensando, Pedro? Tú debes confiar en mí. No compares tu destino con el de otra persona. Pon la atención en lo que debes –en el autor y consumador de tu fe».

Cuando me fijé larga y detalladamente en esta porción de las Escrituras en Juan 21, me di cuenta de que estaba cometiendo el mismo error que Pedro. En cierta forma, estaba comparando mi suerte en la vida con la de todos aquellos que estaban de pie, ¡aun los maniquíes! Y siempre salía perdiendo, porque desde mi juvenil, limitado y humano punto de vista, parecía que a los demás les iba mejor que a mí. Otros estaban de pie. Otros podían usar sus manos. Otros iban a la universidad, tenían trabajos y criaban hijos. En mi manera de pensar, yo estaba recibiendo la peor parte.

Pero, Dios usó varios regaños severos para quitar mi atención de otras personas y enfocarla en El, confiando en que El tenía un propósito y un plan, y que a través de El tenía esperanza y un gran valor. Así que, básicamente, luché con la autocompasión, volviendo a poner mis ojos en Cristo.

No quiero parecer voluble o irresponsable al sugerir que esto fue fácil para mí –realmente no lo fue. Me tomó muchos años poder lograr tener un ánimo constante en cuanto a mi fe, porque mis emociones habían jugado un papel tan importante a los comienzos de mi fe cristiana, cuando aún podía caminar. Si yo un día me sentía con deseos de confiar en Dios, lo hacía. Si no me sentía con deseos, no lo hacía. Me bamboleaba de un lado al otro por los sentimientos inestables.

Pienso que mi accidente fue la forma que Dios usó para refinar mi fe, de manera que ésta no descansara tanto en mis emociones sino más bien en su carácter y naturaleza. A medida que hacía frente a cada uno de estos componentes de lo que el Dr. Hart llama «la espiral de la depresión», comencé a considerar mi pérdida desde la perspectiva de la Palabra de Dios, de su amor, su propósito, y control, y finalmente salí del hoyo de la depresión.

Una de las cosas más difíciles con las que debí batallar fue el sentido de claustrofobia, algo que nunca desaparecerá. Yo estaría así para siempre, consumida por este terrible, terrible dolor. Me asustaba en gran manera pensar que nunca cesaría. Lo que lo hacía tan claustrofóbico era que me parecía imposible salir de allí. Estuve acostada en la cama del hospital día tras día, mes tras mes, por casi dos años. Algunas veces el calendario parecía volar, y en otras ocasiones parecía que no se movía, pero yo no podía hacer nada al respecto. Yo permanecía igual.

Parece gracioso, pero las vidas de todos mis amigos y familiares parecían continuar. Mis amistades llegaron a los 18, 19, ó 20 años de edad; y parecía que yo seguiría siendo eternamente una joven de 17 años para quien se había detenido el tiempo. Todo se había detenido ¡y yo no podía escapar! Esta claustrofobia y la desesperación que creaba, me llevaron a las páginas de la Escritura.

Todavía lucho con la terrible sensación de claustrofobia. Es interesante que estoy dando este testimonio mientras me encuentro acostada en una cama, donde he estado por varias semanas, tratando de que se sane. Todavía lucho con el desánimo y la depresión, porque ese terrible sentido de claustrofobia se intensifica cuando me encuentro acostada. Cuando me acuesto, tengo menos movimiento aun que cuando estoy sentada, pues la ley de la gravedad opera en contra de mí. Hasta mi voz se debilita.

El estar acostada aquí día tras día, sin poder leer mucho y no pudiendo hacer mucho con mi tiempo, no es muy divertido. Así que, aunque se han escrito libros, aunque le hablo a muchas personas, y aun cuando hemos hecho una película, la parálisis no desaparece. Una y otra vez tengo que luchar estas batallas contra el desánimo y la depresión. No las vences de una vez y para siempre. Dios aún está usando mi parálisis para enseñarme acerca de mí misma, y a través de todo esto Él me está purificando de la amargura o de aquellas cosas que nunca fueron propiamente sanadas mientras estaba en el hospital. Las lecciones que aprendí de esos severos ataques de depresión tienen aún gran significado para mí, mientras atravieso por episodios depresivos más leves.

Al pensar en mis primeras batallas con la depresión en el hospital, lo que más me ayudó fue que mis familiares y amistades me visitaban continuamente. Esto parecía aliviar la depresión. No eran breves visitas esporádicas; si yo sabía que alguien vendría a verme el viernes por la mañana y se quedaría toda la tarde, era un gran incentivo –a lo mejor me leería poesías de Robert Frost, o me arreglaba las uñas, o me traía un plato de buñuelos, o pizza para almorzar, o traía una guitarra o discos de grabación, o miraba la televisión conmigo.

El lunes a la mañana empezaba a pensar en que el viernes a la mañana llegaría mi hermana Jay. Yo sabía que cuando ella venía siempre traía una sorpresa. Ya fuera una pintura de uñas de diferente color, o una revista nueva, o un libro del cual había oído comentarios pero no había podido leer todavía; de alguna manera ella me sorprendía. Y cuando comenzaba la semana, lo que me daba la esperanza de que a lo mejor podría soportar el lunes, martes, y miércoles era saber que mi hermana vendría a verme el viernes en la mañana, y nos íbamos a divertir juntas.

Por eso pienso que las visitas regulares son la mejor manera de ministrar a una persona que está deprimida o que se encuentra atravesando un trauma severo. No tienen que ser tan a menudo. Mi hermana venía sólo una vez por semana. Pero era un tiempo separado para mí, y yo sabía que ella sacrificaba otras responsabilidades y cosas para venir y estar conmigo en medio de mi dolor. Invariablemente, ella traía muchos pañuelos, porque sabía que yo iba a llorar. Sin embargo, me sentía segura en sus brazos, sabiendo que mi llanto no la alejaría de mí. Ella regresaría el viernes, tal como yo lo esperaba.

Esta idea de ministerio tangible y concreto –y no siempre con listas estereotipadas de versículos bíblicos, pero en forma regular y realista–nos otorga el derecho de ser escuchados y, finalmente, cuando deseemos compatir algún consejo, será más fácilmente recibido porque hemos demostrado nuestra amistad.

Aquellos que van a las personas con depresión, y le dan una palmada en la espalda, diciéndoles: «Escucha, hermano, tienes que alabar al Señor. Pon una sonrisa en tu rostro», están yendo en contra de las Escrituras. La Biblia dice que tenemos que llorar con aquellos que lloran. Es necesario llegar hasta el fondo del abismo con ellos, ponerles los brazos alrededor, y sufrir con ellos, en vez de presentarles ideales ilusorios que por el momento, al menos, no tienen ninguna manera realista de lograr.

Usted no tiene que haber experimentado el mismo trauma para poder hacer esto. Ciertamente una persona con todas sus facultades físicas no podría entrar aquí y decirme: «¡Ay, Joni!, has estado en esa cama por tres semanas con esa llaga en tu cuerpo. Lo siento mucho, y puedo entender cómo te sientes». Sin embargo, esa misma persona puede sentarse a mi lado por un rato, tomarme la mano, o simplemente conversar o leerme poesías, o algo por el estilo. Es de mucho consuelo saber que hay alguien a quien no le importa meterse en mi cama, por así decirlo, y acompañarme por varias horas. Usted no tiene que estar en una silla de ruedas para ofrecerme esta clase de consuelo. Hay muchos niveles de sufrimiento, y Dios nos usa a cada uno, sin importar dónde estemos, para consolar a otros que están en diferentes niveles de esa escala de sufrimiento.

Algunos de ustedes que leen estas líneas están deprimidos. Usted necesita comprender que hay diferentes clases de depresión y muchas razones diferentes por las cuales las personas se deprimen. Algunas son debido al pecado, mientras que hay otras que no tienen nada que ver con el pecado. Algunas tienen que ver con la estructura química del cuerpo. Otras son simplemente la típica depresión de los lunes a la mañana.

No puedo hablar de la depresión en general, pero sí puedo hablar de la depresión que es consecuencia de un accidente, enfermedad, o alguna otra circunstancia negativa. Lo animo a que siga el consejo de Pablo cuando dice que lloremos con alguien que pueda llorar con nosotros. Usted necesita sufrir, llorar, y quizás también expresar su enojo contra Dios. Como dije anteriormente, es mejor estar enojado con El que alejarse de El.

Permítase suficiente tiempo para trabajar con sus sentimientos a fin de poder comenzar a ver con claridad a través de la locura de su dolor. Luego comparta lo que siente con un pequeño grupo de amigos íntimos. Permítales que le ministren de maneras tangibles. Entonces, con este grupo de amigos, empiece a reconstruir su fe desde las páginas de la Escritura. Deje que ella sea su luz y guía, pero especialmente su esperanza y consuelo.

Usted también necesita comprender que sus experiencias con el sufrimiento no son ajenas a la vida cristiana. La Biblia lo dice claramente: cuando nos enlistamos en el ejército de Cristo, significa que habrá golpes y arañazos a lo largo del camino. Los escritores del Nuevo Testamento dicen sin titubeos que las pruebas y tribulaciones van a tener gran parte en lo que concierne al crecimiento en la gracia y el conocimiento del Señor. Cuando venimos a Cristo no tenemos la garantía de que El va a borrar todo nuestro dolor o problemas. Lo que sí nos garantiza es ayudarnos a través de todos ellos y de la depresión que es resultado natural de enfrentarnos con ello.

Esta seguridad no la sentí de inmediato. Recuerdo el horror que sentía al ver todo lo que Dios estaba permitiendo en mi vida. Pensaba: *«Si Dios está permitiendo que yo pase por todo esto en mi juventud, ¿qué rayos irá a hacer El a continuación?»* Y verdaderamente luché con esa falta de confianza. Pero empecé a ver que lo que yo sufría no era más que lo que la raza humana entera tiene que sufrir colectivamente. Cristianos y no cristianos sufren de igual forma. La diferencia es que los que pertenecemos a la familia de Dios tenemos la confianza de que todo es parte de un buen plan, de una voluntad perfecta, de una mente superior. Pero necesitamos aclarar que el precio del discipulado para algunos, significará la comunión íntima con el sufrimiento.

Lo más grande para aquellos que luchan con la depresión como resultado de una lesión, es que tenemos esperanza. Tenemos la seguridad de que las cosas no siempre van a ser así. Que no siempre nos sentiremos tan terriblemente tristes. Que hay una luz al final del túnel. Hay gozo en la mañana después de haber estado llorando toda la noche. Aun frente a una permanente y severa incapacidad física o una enfermedad terminal, tenemos la esperanza del cielo. Tenemos la seguridad de que Dios dará significado a todo nuestro actual sufrimiento sin sentido, y la seguridad de que un día todas las cosas serán sanadas. Habrá una perfección y glorificación de nuestros cuerpos y el dolor será erradicado.

Para mí, las luchas con la depresión, tanto en el pasado como en el presente, no han sido fáciles. Sin embargo, como Job, quiero confiar en Dios frente a mis preguntas sin respuestas. Y creo, de acuerdo a su Palabra, que hay un lugar y propósito para mis luchas.

ONCE

Florence Littauer

La depresión ocurre en las mejores circunstancias. Florence Littauer había logrado todas las metas que se había trazado desde jovencita. Ella desarrolló y perfeccionó sus excelentes capacidades en oratoria, artes dramáticos y el idioma inglés; añada a eso la brillantez y la sofisticación de una persona de la sociedad. Se casó con un joven y exitoso hombre de negocios de una familia de prestigio, en una ceremonia de bodas que recibió cobertura en la revista Life; y se convirtió en una fuerza influyente en una variedad de organizaciones.

Sin embargo, ninguno de estos éxitos llenó el vacío que existía detrás de las apariencias de un matrimonio exitoso. Nada de esto protegió a Florence de la devastación emocional como consecuencia de haber tenido que observar que sus dos hijos enfermaran de un mal misterioso que en unos cuantos meses, los transformó de bebés felices y normales, en bebés sin ninguna actividad cerebral. Su relato de cómo el Señor la ayudó con las depresiones causadas por la pérdida, la ansiedad, la culpabilidad, y la ira es un testimonio del amor y la gracia de Dios en las más desesperantes circunstancias emocionales. Este testimonio ha sido tomado de una entrevista llevada a cabo en mayo de 1980.

Desde el principio de mi vida quise lograr grandes cosas y establecí metas para poder lograrlas. Me crié en tres habitaciones detrás del almacén de mi papá, donde para ir de mi recámara al cuarto de baño, tenía que pasar por la caja registradora; y pensé que en algún lugar de esta vida debía de haber algo mejor para mí. Empecé desde muy temprano en mi vida tomando la decisión de convertirme en algo grandioso. Pensaba que si forjaba metas, podía alcanzarlo todo.

En la escuela secundaria hice todas las cosas necesarias para distinguirme. Estudié arduamente, fui miembro de los grupos estudiantiles correctos, y recibí una beca para cursar estudios en la universidad estatal. Emprendí la tarea de recibir una carrera universitaria y convertirme en la clase de persona que verdaderamente quería ser.

Mi esfuerzo fue arduo en la universidad, donde me especialicé en oratoria, inglés y educación, mientras que mi especialización secundaria fue la sicología.

Estudié para modelo e incursioné en arte dramático, leí libros de ceremonial y urbanidad, me uní a la fraternidad de mujeres, organicé fiesta, y fui presidenta de la sociedad estudiantil —en otras palabras, hice todo lo posible para desarrollar en mí un buen sentido de la gracia social. Cuando me gradué de la universidad, sentía que no sólo estaba totalmente preparada académicamente sino que también era una dama con donaire en el aspecto social. ¡Estaba lista para emprender mi carrera!

Regresé al pueblo que me vio nacer a enseñar en la escuela secundaria, y de nuevo todo lo que tocaba se convertía en un éxito. Comencé un curso de oratoria y tuve un alumnado numeroso (probablemente porque era la única maestra menor de 50 años). Gané $1.800 durante mi primer año y sentí que era rica. Pensé que había logrado todo lo que podía soñar una muchacha pobre que venía de tres habitaciones en la parte trasera de una tienda.

Mientras me gloriaba en mi éxito, un miedo empezó a apoderarse de mi corazón, como le pudiera haber sucedido a cualquiera otra maestra de inglés soltera residiendo en las colinas del estado de Massachusetts: «¿Y qué si no encuentro un hombre?» Uno de los problemas que una tiene después de haberse preparado tan maravillosamente para la vida es que muy rara vez una encuentra un hombre que sea apropiado, y no queremos casarnos con alguien que sea menos de lo que una es. Miré y no encontré a nadie en Haverhill que fuera digno para mí.

Ese verano enseñé arte dramático en un prestigioso campamento para muchachas en los bosques del estado de Maine.

Una tarde Janice, la instructora de navegación de vela, y yo nos encontrábamos recostadas sobre una roca cerca de un hotel Howard Johnson, en busca de distracción. De repente apareció un hombre joven, buen mozo. Me dije: «*Esto es lo que has estado esperando todos estos años*», y empecé a hacer planes para conocerlo. Mientras lo observaba, él y su hermano se dirigieron a Janice, pues la conocían de la universidad, y todos nos conocimos. No tenía idea en ese momento de que Fred provenía de una mansión inglesa estilo Tudor, con sirvientas uniformadas y todas las cosas que yo había estado buscando siempre.

Empezamos a salir juntos, noviamos durante un año, y a causa de ciertas circunstancias interesantes, nos casamos en una ceremonia que recibió cobertura en la revista *Life*. Todos estos eventos me condujeron al último escalón de mi ascenso de categorías y confirmaron el control que yo siempre había tenido sobre mi vida.

Sorprendentemente, sin embargo, cuando me casé, de buenas a primeras me convertí en una tonta. Fred me sacó de mi pueblo y me llevó a Nueva York, donde ya no era la reina de Haverhill. Un indicio de las cosas venideras se presentó cuando regresamos de la luna de miel. Fred me anunció que me iba a poner en un programa de entrenamiento. No lo podía creer. Después de todo, yo me había entrenado a mí misma. Sabía que era perfecta, y por primera vez en la vida alguien me estaba diciendo: «Tú no eres perfecta. Necesitas mejorar». Saber que mi esposo pensaba que yo necesitaba mejorar fue un golpe serio a mi autoestima, y me llevó a una leve depresión. Sin embargo, no se compararía con lo que vendría más tarde.

Materialmente, nuestra vida de casados iba muy bien. Fred tenía éxito en su empresa de servicio de comidas y siempre estaba en demanda como orador en convenciones. Me di cuenta de que estaba casada con un hombre como yo. A los dos nos importaba el éxito. Siempre y cuando mantuviéramos nuestros ojos en nuestras metas nos iba bien. Pero cuando comenzábamos a constatar lo que hacía cada uno, no nos iba tan bien. Yo no hacía las cosas como él quería que las hiciera, y por mi parte sentía que no estaba recibiendo de él la atención que merecía. Empezamos a distanciarnos y desarrollamos un nivel de no interferencia mutua. Me hice miembro de muchos clubes y organizaciones, llegando a ser presidenta de un buen número de ellos. Tuve nuestra primera hija, Lauren, y cuatro años más tarde tuve otra hija, Marita. Finalmente, y para nuestro alivio, tuvimos un varón, Frederick Jerome Littauer III. Aunque que no me gustaban mucho las obligaciones de madre, hice bien el oficio de preparar a mis niños para hablar correctamente, vestirse apropiadamente, y comportarse como niños modelos. Me parecía importante que los niños vivieran de la mejor manera, que asistieran a una escuela buena, y que recibieran lecciones apropiadas. De lo que no me di cuenta, sin embargo, fue de que no tenía el corazón de madre, pues no sabía cómo amar a otra persona. Sabía mucho de preparación y control, las cosas externas y superficiales de la vida, pero no comprendía el amor.

Cuando nuestro hijo tenía seis o siete meses de edad, no parecía tener el mismo desarrollo que nuestras dos hijas habían mostrado. Las personas a las que les preguntaba solían decirme: «Bueno, los varones son más lentos que las niñas. No esperes que sea igual». Pero mi preocupación se incrementó cuando vi que a los ocho meses de edad él no podía sentarse, no podía sostener bien las cosas, y al mirarme no parecía enfocar su mirada en mí. Empezó también a tener períodos de llanto y gritos. Muchas veces durante la noche lo encontraba rígido, y no lo podía consolar.

Los espasmos empeoraron, hasta que finalmente, casi al cumplir los nueve meses lo llevé a nuestro pediatra, quien también era amigo mío. Le entregué al bebé con confianza y le dije: «Dick, por favor, cuida de este niño y arréglalo. Búscale el médico que necesite, haz lo que haya que hacer. El dinero no representa un obstáculo».

Dick me mandó que saliera de la habitación y llamó a un especialista al otro lado del corredor. Hablaron por un rato, y después me hicieron entrar de nuevo. Dick me dijo: «Creo que es mejor que llames a tu esposo y le digas que venga a escuchar lo que tengo que decirles».

Llamé a Fred, pero él estaba demasiado ocupado para venir. Me dijo que le informara cuando regresara a la casa. Entonces el médico me dijo: «Florence, siento tener que decirte esto a ti sola, pero tu hijo tiene daño cerebral. No sé qué le habrá pasado, pero temo que no hay esperanza. Me parece que vas a tener que ingresarlo en la clínica y olvidarte de él. A lo mejor puedes tener otro hijo».

No lloré hasta que llegué al auto y estuve a solas. En el camino de regreso a casa miré a mi hijo y pensé: «*El no puede estar desahuciado. Es tan bello. Algo se debe poder hacer por él*».

Fred pensó lo mismo después de haber oído las noticias. Después de todo, éste era su hijo. No le podía pasar nada malo.

Al día siguiente, el médico me llamó para decirme que había hecho una cita para que Freddie viera a un neurocirujano en el Hospital de Yale New Haven. Este médico condujo una serie de exámenes mientras nosotros observábamos. Finalmente dijo: «Este niño es sordo, ciego, y su cerebro no funciona. A este niño nada le está funcionando, excepto que está vivo. No hay ninguna esperanza para él».

Tanto Fred como yo estábamos abrumados. Este médico lo dijo con seguridad. El no dijo: «A lo mejor...» No; él dijo: «Nada se puede hacer por este niño». El lo tuvo que haber dicho como diez veces, porque nosotros no lo queríamos entender. No queríamos creerlo. Los dos nos creíamos «superseres». ¿Cómo era posible que hubiéramos producido un niño tan anormal? Esto hería nuestro orgullo, nuestra familia, nuestro trasfondo. Tratamos de refutar su diagnóstico de todas las maneras que se nos ocurría, pero el médico pacientemente esperó mientras le decíamos por qué estaba equivocado. Concluyó diciendo: «No importa lo que ustedes digan, este niño tiene daño cerebral más allá de toda esperanza». Esa fue la respuesta.

En lugar de unirnos, esta tragedia casi termina nuestro matrimonio. Fue como si Fred me hubiera dicho: «Adiós. Ahora me voy a ocupar más de mi negocio». El se involucró en todo lo que pudo, y venía a casa lo menos posible.

Como Fred se desentendió, yo tuve que entenderme con la situación. Debí asumir la responsabilidad completa de

Freddie. De unas pocas convulsiones por día, llegó a tener entre diez y doce. La enfermera venía a darle inyecciones que supuestamente le controlaban las convulsiones, pero esto tampoco funcionaba. Hice todo lo posible para aliviarle el dolor que aparentemente tenía, pero nada ayudaba a la situación.

Conversé con mi médico obstetra la posibilidad de tener otro hijo, y él me dijo que era lo mejor que podía hacer para despejar mi mente de la preocupación de este niño. Fred y yo lo hablamos, y a pesar de que él no estaba interesado en tener más hijos, pensó que sería lo mejor para de esta manera poder calmarme. Quedé embarazada, y porque me preocupaba la posibilidad de daño cerebral, me inscribí en un programa especial en el Hospital de Yale New Haven para madres de niños con daño cerebral. Me habían asegurado que nada pasaría esta vez.

Durante este embarazo tuve suficiente tiempo para evaluar mi vida. Me sentaba y cargaba a Freddie mientras él sufría convulsiones; las lágrimas corrían por mi rostro, y me preguntaba qué era lo que había hecho mal. ¿Cómo era posible que una persona con tan buena motivación y tanta dirección positiva en la vida pudiera verse en una situación como ésta, donde todo parecía sin esperanza? No podía entender cómo había terminado teniendo en mis manos un problema que no podía controlar.

Tuve mi cuarto hijo, otro varón, Laurence Chapman Littauer. Mientras estaba en el hospital, Fred, que siempre estaba pendiente de mí cuando había una necesidad seria, llevó a Freddie a un hospital de niños privado. El también decoró la habitación para el nuevo bebé. Cuando regresé a la casa, Freddie y todo lo concerniente a él había desaparecido de nuestras vidas. Los dos estábamos deprimidos por nuestra frustración con esta experiencia, y lo único que sabíamos hacer era olvidar las circunstancias adversas que habían causado la depresión. Tratamos de escaparnos de ellas o de ignorarlas, y tratamos de concentrar nuestras mentes en algo nuevo. Procurábamos no mencionar a Freddie. El se había ido de nuestras vidas. Le di toda mi atención al nuevo hijo.

Por primera vez en mi vida me convertí en una madre fanática. Vigilaba a Larry Jugaba con él. Lo cuidaba. No permitía que nadie lo tocara. Esta experiencia empezó a derribar la pared exterior que yo misma había construido, y empecé a exteriorizar algunas de las emociones que tenía tan bien escondidas. Desarrollé cierta comunicación con mis dos hijas y las llegué a conocer como nunca antes las había conocido. Nos convertimos en una familia –sin Fred; sólo los tres niños y yo.

Cuando Larry tenía seis meses, recibimos una llamada del hospital de niños diciéndonos que Freddie había fallecido. Fred y yo fuimos al funeral, y recuerdo cómo me sentí al mirar en el féretro y ver a este niño que había sido tan bello. Sus brazos y sus piernas parecían palitos de madera, y tenía moretones a los lados de su cuerpo donde había chocado con su cuna durante las convulsiones. Aun peor era que estaba vestido con ropas, obviamente, donadas como caridad –una combinación descolorida de ropas usadas. Me dije a mí misma: «*Este es mi hijo, con ropas de segunda mano, y con terrible apariencia. ¿Por qué ni siquiera pude ocuparme de él, de haberlo visitado, o de haber hecho algo?*» Los sentimientos de culpa empezaron a inundarme.

Estaba verdaderamente deprimida y me preguntaba si podría haber algo bueno en la vida. Cuando regresé a la casa y vi a mis dos hijas, siempre portándose bien y luciendo tan lindas, y vi a mi nuevo hijito, pensé que si sólo podía olvidarme de Freddie otra vez, estaría bien. Y así traté de enterrar en mi memoria esta escena y me olvidé del funeral. Comencé a actuar con júbilo y traté de cobrar ánimo.

Una semana después del funeral de Freddie, fui a sacar a Larry de su cuna, y noté que él no parecía responderme ni aun escucharme. Batí mi mano en frente de sus ojos, y nada sucedió. Lo alcé y lo sacudí mientras decía: «¡No me hagas esto! ¡Tú tienes que estar bien!» Verdaderamente había puesto mi fe de felicidad en este nuevo cuerpo. Recuerdo haberlo apretado en mis brazos y haberlo llevado al mismo médico. Entré rápidamente y anuncié que necesitaba ver al Dr. Grainger de inmediato. Cuando notó mi mirada, vino corriendo hacia donde yo estaba. Examinó a Larry, y en cuestión de pocos minutos me dijo: «Florence, creo que es la misma cosa».

El hizo los arreglos para que lleváramos al niño al centro médico John Hopkins, seis meses más tarde, en agosto.

Mientras esperábamos Larry empeoró. Lo observé entrar en convulsiones y hacer lo mismo que había hecho su hermano. Entré en una profunda depresión; lloraba día tras día. Pensaba que la vida no tenía sentido. Pensé en el suicidio, pero cuando llegó agosto, traté de tener un poco de esperanza. A lo mejor este nuevo médico tendría un método nuevo, o alguna idea nueva, algo nuevo que ayudaría a este niño. Sin embargo, cuando finalmente pude conversar con el médico, me dijo: «Bueno, señora Littauer, no tengo buenas noticias para usted».

Le pregunté: «Por lo menos dígame, ¿hay alguna esperanza?» Y él me contestó: «Creo, señora Littauer, que usted sabe muy bien la respuesta». Entonces supe que no había esperanza.

Nos llevamos a Larry para la casa, con su cabeza hinchada envuelta en gasas, y después de unas cuantas semanas su llanto y sus convulsiones nos hacían llorar a todos. Fred y yo llevamos a nuestro hijito Larry al mismo hospital donde su hermano había fallecido sólo seis meses antes. Recuerdo haberlo besado y haberle dicho adiós con lágrimas en mis mejillas y habérselo entregado a mi esposo, quien lo llevó adentro. Yo sólo pude sentarme en el auto y sollozar. Esa fue la última vez que lo vi. Nos dijeron que probablemente no viviría más allá de los 2 ó 3 años (su hermano había muerto a los 2 años), pero al momento de esta entrevista él tiene 19 años y todavía está en el mismo hospital en Connecticut.

Desde ese momento, mi depresión fue tal que me hubiera tratado de suicidar, pero no podía por el hecho de tener esas dos hijas. A mí ya no me importaba Fred, porque él nunca estaba en casa; sólo vivíamos juntos. Nunca nos peleábamos. Los dos éramos demasiado refinados, demasiado educados, y estábamos demasiado en control de las cosas como para algo así. Estábamos totalmente indiferentes el uno hacia el otro –divorciados emocionalmente.

No sabía qué hacer con mi depresión. Básicamente, yo no era una persona que se deprimiera con facilidad. En realidad, era extremadamente optimista. A medida que el tiempo iba de a poco sanando la depresión y ya no estaba llorando día tras día, empecé a controlar la depresión manteniéndola escondida. Quería que la gente viera que era valiente y fuerte, y que podía soportar. Las amistades me decían: «No comprendo cómo puedes con tanto», y este comentario de alguna manera me animaba. Era un estímulo artificial, pero esto me llevaba por el camino correcto. Empecé a salir y a involucrarme en cosas, y esta actividad empezó a levantar mi espíritu.

Fue en este punto que el hermano de mi esposo, Dick, y su esposa, Ruthie, estaban escuchando a Billy Graham en un programa de televisión y oraron para que Cristo entrara en sus vidas. Como resultado, nos empezaron a decir que a lo mejor nosotros necesitábamos ayuda espiritual. Ruthie me invitaba repetidamente a un club de mujeres cristianas, pero yo pensaba que se trataba probablemente de un grupo de ancianitas vestidas de negro y con Biblias, tratando de ser espirituales, y yo no quería tener nada que ver con eso. Pero un día Ruthie me dijo que habían planeado una exhibición de modas. Esto sí que me llamó la atención, y me decidí a ir.

Sorprendentemente, la exhibición de modas fue hermosa, hubo buena música, y las decoraciones eran atractivas. Entonces escuché al predicador, cuyo nombre era Roy Gustavson. El narró la historia de una mujer que se parecía tanto a mi historia que yo verdaderamente creí que mi cuñada le había adelantado información sobre mí. El citó Romanos 12:1–2 y dijo que si había presente alguna dama así, ella necesitaba presentar su cuerpo como sacrificio vivo, santo y agradable a Dios, lo cual era su culto racional. Ella no debía conformarse al mundo sino que debía ser transformada por medio de la renovación de su mente. El también dijo que ella debía dejar el control de su vida en manos del Señor Jesús.

Para mí, Jesús era una persona en la historia del pasado que contó amenas parábolas y que evidentemente había sido un buen hombre. Yo me preguntaba qué posible conexión podía existir entre El en el pasado, y yo aquí, en el presente. El predicador completó este pensamiento al decir: «Usted a lo mejor no ve ninguna conexión, pero el Señor Jesús vive y El cambiará su vida. El hará algo por usted si usted está dispuesta a entregarle su vida a El».

Oré con el predicador y pedí que no me conformara al mundo, que Jesús entrara en mi vida y me cambiara, haciendo de mí lo que El quisiera. Nada traumático o poco usual sucedió en ese momento. En realidad no sabía lo que había hecho. No sabía que me hubiera convertido en algo. Pero gradualmente mis actitudes empezaron a cambiar.

No quiero dar la impresión de que en cuanto recibí a Cristo en mi vida la depresión se fue y me puse contenta otra vez. No sucedió tan pronto. Sin embargo, la experiencia de mi conversión sí afectó mi depresión de varias maneras.

Por primera vez empecé a darme cuenta de que existía un control más allá de mí misma. Yo sabía que no podía cambiar a mis dos hijos ni sus circunstancias. Uno estaba muerto, y el otro estaba internado en un hospital, y las cosas estaban fuera de mis manos. Yo siempre había sido religiosa, pero nunca había oído decir que había *un ser* que no era yo que podía hacerse cargo de mis problemas y darme una nueva perspectiva.

No creo que antes hubiera estado dispuesta a aceptar este hecho, porque era decidida y arrogante, y necesitaba tocar fondo antes de considerar algo que estuviera más allá de mí misma.

Convertirme en cristiana creyente no revivió a mis dos hijos, aunque eso era lo que yo quería que sucediera. Ser cristiana no hizo lo imposible, pero me hizo ver que no todo estaba perdido. Había esperanza en la vida. Me gusta lo que dice Pablo en Filipenses 4:11: «...he aprendido a contentarme, cualquiera que sea mi situación». Es un gran consuelo para mí saber que aunque Dios no necesariamente cambia nuestras circunstancias, cuando aprendemos a aceptarlas, El nos lleva hacia algo mejor, emocional y espiritualmente.

El aceptar mis circunstancias tomó su tiempo. Uno de los problemas que persistía era que yo quería que mis dos hijos fueran restaurados, y nadie sabía cómo hacer esto. No importa lo que hiciera para sentirme mejor al involucrarme en distintas cosas, siempre que regresaba a casa, y entraba por la puerta, regresaba a mi memoria el hecho de que había tenido dos hijos en esa casa y ya no estaban conmigo. Podía encontrar cosas para mantener mi mente ocupada, y aun llegaba a sentirme bastante contenta. Pero siempre, al regresar a la casa y ver a mis dos hijas y mi casa, sabía que había perdido dos hijos. Nunca podía ir más allá de esta deprimente realidad.

No fue sino hasta que tuve algún conocimientos de la Biblia y experiencia en aplicarla a mi vida, que verdaderamente pude decir: «Señor, tienes que ocuparte de este problema. Yo no puedo seguir viviendo con esta desesperación y preocupación constante». Cuando empecé a enfrentar el problema de esta manera, y pensaba y oraba por esto, el Señor me dio paz.

Algunas amistades bien intencionadas me habían hecho sentir culpable por enviar a Larry a un hospital en lugar de cuidarlo en la casa. Oré para recibir sabiduría, y pronto pude aceptar que había hecho lo mejor para mi hijo. Me dije: «*El está donde debe estar. El no me conoce a mí. El no me necesita. El está en una situación en que no importa lo que suceda, tiene a su disposición el mejor cuidado. El está en el mejor lugar para él*». Solamente el Señor nos puede quitar la culpa.

El momento crítico que ayudó a resolver mi depresión fue decidir que quería hacer algo para deshacerme de ella. Esto puede parecer elemental, pero hay cierto consuelo en la depresión. Trae a personas a nuestro alrededor. Recibimos atención. Personas que quieren consolarnos y cuidarnos nos tienen lástima. El punto decisivo para mí fue cuando decidí salir de la casa, donde había estado deprimida y llorando durante meses, a fin de entonces empezar a moverme y hacer algo. Esto puede haber sido una solución humana, pero también funciona en el reino espiritual.

Mi experiencia con la depresión y los consejos a cientos de otros me ha dado un verdadero aprecio por lo que pueden hacer las amistades y los familiares por las personas deprimidas. En mi caso, ellos no hicieron mucho por mí. No digo esto en sentido negativo; sino que ellos no sabían qué hacer conmigo. No sabían qué decirme. Por esta razón, muchas amistades miraban para el otro lado y hacían de cuenta que nada había pasado.

Algunos de mis amigos me animaban a que regresara a las actividades normales de la vida. Aun en esto tuve que ser persuadida. Me resultaba más cómodo quedarme en la casa y sentirme miserable, pero ellos me animaron a que regresara a la actividad. Una amiga me acompañó cada vez que tenía citas con los médicos que estaban tratando de ayudar a mis dos hijos a atravesar las diferentes etapas de su enfermedad. Ella fue la única que estuvo a mi lado y me alentó.

A aquellos que quieren servir de apoyo, les digo: Vayan y consuelen a su amigo o familiar deprimido, diciéndole: «Te amo, y estoy aquí para lo que necesites. Quiero ayudarte». Ponga su brazo alrededor de su amigo, y tómele la mano. El contacto físico es muy importante. Es sorprendente cuánta gente anhela una palmadita en la espalda, o una mano en el hombro, o una mirada que diga: «Estoy pensando en ti». ¡Cuán frecuentemente podemos ayudar a una persona sólo con esto, cosas que no se me hubieran ocurrido antes! El Señor me ha enseñado cuán importante es el amor, y mi propia experiencia me ha enseñado la necesidad de tener compasión por otros. Algunas de las mejores cosas que podemos hacer para ayudar son las más simples.

Como amigo, usted puede hacer estas cosas y no tiene que haber experimentado la depresión. Bien puede decir: «No entiendo lo que te está sucediendo, pero te amo, y quiero que sepas que siempre estaré a tu lado para ayudarte». Usted puede animar a los demás, puede escuchar sus problemas, darles ánimo y sacarlos a pasear aunque nunca haya experimentado depresión en carne propia.

Si ha experimentado depresión, comprenderá mejor la profundidad de la desesperación de su amigo o amiga. No sea apresurada con el consejo que dé. La tendencia natural es decirle a la persona deprimida: «¡Oye, vamos! ¡Sal del pozo!», como si eso fuera tan fácil. Si alguna vez usted ha estado deprimido, sabe lo que esta clase de consejo puede hacerle a usted –lo puede enterrar más profundamente en su estado. Las experiencias de depresión lo pueden ayudar a comprender por lo que está pasando otra persona, pero cualquiera puede dar amor y apoyo a aquellos que están deprimidos.

Esas experiencias de profunda depresión sucedieron en mi vida hace muchos años, pero las memorias de los sentimientos de depresión, desesperanza y futilidad aún están vívidamente grabados en mi mente. Quizás por eso el Señor me ha concedido la gracia y la bendición de un ministerio de hablar y aconsejar a personas deprimidas. A través de estas experiencias, el Señor ha llevado a cabo la renovación de mi ser y la sanidad de mi matrimonio.

Hoy Fred y yo llevamos a cabo seminarios para matrimonios en los Estados Unidos. Sabemos que podemos ayudar, porque los principios que enseñamos rescataron nuestro casi destruido matrimonio y han demostrado ser ciertos desde ese entonces. No es que hoy yo esté más allá de la depresión, pero tengo confianza en Uno que tiene el control, Uno que me ha amado lo suficiente como para llevarme a las profundidades de la depresión, a fin de mostrarme mis propias limitaciones y su gran poder.

DOCE

Ben Patterson

Los ministros y pastores también experimentan depresión. Ben Patterson ha estado en ministerio profesional de tiempo completo o tiempo parcial por casi veinte años al momento de escribirse este libro. Mucho de ese tiempo lo ha dedicado a ministerio entre la juventud, aunque ya hace varios años que trabaja como pastor. Aquí Patterson habla de dos encuentros graves que él tuvo con la depresión. Este testimonio fue tomado de una entrevista en enero de 1981.

Mi primer encuentro grave con la depresión ocurrió hace 11 ó 12 años. En aquel entonces yo era director de Young Life (Vida joven) en Riverside, California. Era también el jefe residente del pabellón de varones de Azusa Pacific College (Colegio Azusa del Pacífico) y estaba contratado en el campamento cristiano Forest Home (Hogar en el Bosque) como orador y predicador a la juventud. Además, era estudiante de tiempo completo en el seminario y atravesaba por el proceso doloroso de haber roto mi relación con una muchacha, la cual había sido el foco de mis energías hasta ese punto. En adición, me encontraba en conflicto con la iglesia donde había crecido, mientras que estaba atravesando por cambios en mi vida a nivel teológico. Yo estaba en tensión, con demasiadas actividades.

Una noche tuve una pesadilla horrible. Me encontraba en una habitación donde varias figuras espantosas estaban apresando partes de mi cuerpo. Me desperté verdaderamente sacudido. Todavía era temprano –probablemente alrededor de las 11:30 de la noche– y todas las cosas del dormitorio estaban en su lugar a mi alrededor, no obstante tuve que decirme: «¡Oye, mira! ¡Todo está bien! ¡Sólo fue un sueño!» Verdaderamente estaba impresionado. Cuando pude reconciliar el sueño, dormí profundamente hasta las 10 de la mañana siguiente, entonces desperté en medio de un fuerte sopor.

Tenía por costumbre deshacerme de los sentimientos negativos con actividad física, por eso fui a la pista de carreras de la universidad a correr por un rato. En esta ocasión particular, la puerta del cercado tenía cerrojo. Esto no era raro, a menudo había encontrado la puerta del cercado con cerrojo, pero simplemente me subía y brincaba sobre la cerca y me ponía a correr. Esta vez, sin embargo, recuerdo que al llegar al portón y al mirarlo, la idea de tener que subirme y brincar sobre la cerca para poder correr en el campo de carreras, parecía imposible. Y me puse a llorar.

Pensé: «Oye, hombre. Estás en problemas. Tienes que hacer algo, y necesitas ayuda». El hecho de considerar la posibilidad de ir a un consejero profesional indicaba cuán seria pensaba que era la situación. Para mí esto era extremadamente difícil de hacer, pues siempre había desdeñado esta clase de debilidad. Estaba bien para otros –yo era condescendiente en mi actitud– pero siempre había podido manejar mis propios problemas. Acudir a un consejero era una verdadera admisión de fracaso.

No sólo tuve que admitir fracaso en eso, sino que debí dejar mucho de lo que estaba haciendo. Dejé el seminario, pero la experiencia más dolorosa fue tener que dejar Young Life. Lo que tornó difícil esta decisión fue que se suponía que yo era la persona clave, la que lo mantenía en funcionamiento. Pero ahora debía alejarme porque era yo quien no podía funcionar. Esto fue duro para mí, como ex deportista. No me sentí en libertad de decirle a la administración la verdadera razón –que si no lo hacía me iba a volver loco. Sólo les dije que estaba cansado, y en mi pensar esto me tornaba en un fracasado, un mal tipo.

Mi vida espiritual iba en decadencia durante este tiempo, hasta quedar en ella sólo lo esencial. No rechacé nada, pero más o menos le dije a Dios que no iba a lidiar con ciertas cosas que había entre El y yo. Mantuve mi fe en El y continué confiando en Cristo como su Hijo, pero en mi estilo de vida, me rebelé completamente contra el comportamiento cristiano tradicional de mi crianza.

Durante esta época de depresión y recuperación hice de todo un poco. Bebí mucho, experimenté con muchas drogas y atravesé por un período de promiscuidad sexual. Siempre había conducido un Volkswagen, pero fui y me compré un Mustang con un motor grande. (Después de haberme casado, dos años más tarde, pasé los primeros años de matrimonio tratando de encontrar una póliza de seguro que pudiera pagar, porque eran muchas las multas que había recibido durante este tiempo.)

Si usted me hubiera conocido antes de esto, se hubiera encontrado con un hombre joven, responsable, quien tenía todo bajo buen control e iba a llegar lejos. Pero mientras trataba de hacerle frente a esta depresión gigantesca, no podía hacer todas las cosas que estaba tratando de hacer, y al necesitar consejo de un profesional, era verdaderamente una persona diferente. Cuando me casé, muchas personas miraron a mi novia, sacudieron sus cabezas, y pensaron: *«Esa pobre muchacha... se ha casado con un hombre salvaje».*

Por lo que sé sobre la depresión, mis reacciones no parecían ser la norma. En lugar de refugiarme en mí mismo y aflojar el paso, me torné frenético en mi actividad. En lugar de inmovilizarme, me mantenía en constante movimiento. Tenía muchos amigos y pasaba mucho tiempo con ellos. En realidad, evitaba el estar solo. Cuando lo estaba me sentía desesperanzado, y cuando dejaba de moverme, me sentía yendo en espiral hacia abajo; como un giroscopio: siempre y cuando estuviera dando vueltas –pensaba yo– mantenía el equilibrio. Cuando aflojaba el paso, pensaba que iba a caerme.

Dos cosas sobresalían en mi mente mientras me batía con la depresión y cuando comenzaba a recuperarme de ella. Ambas eran importantes a mi recuperación de este tiempo traumático. Primero, mi consejero era un hombre que me apoyaba y me nutría. A pesar de que yo había tomado suficientes cursos de asesoramiento como para saber lo que él estaba haciendo –cosas como las diferentes metodologías, los cambios en el tono de voz, etcétera– me entregué completamente a su asesoramiento. Lo que él hizo por mí, más que ninguna otra cosa, fue darme permiso para no tener que ser fuerte. El me repetía que estaba bien, que yo podía dejar de hacer lo que estaba haciendo; que estaba bien, que podía fracasar; que estaba bien, que podía caerme y que también podía llorar. Que yo no tenía que ser necesariamente el atleta, el dirigente, o el personaje espiritual que creía que tenía que ser. Estaba bien, podía ser débil.

La segunda cosa importante fue la aceptación de mis amigos. Sin embargo, no de todos. Con algunos la premisa de nuestra relación era la integridad de mi vida cristiana. Cuando esto empezó a desaparecer, también nuestra amistad empezó a hacerlo. La teología de algunos de mis amigos era bastante liberal, y ellos no tenían problema con lo que yo andaba haciendo; por eso me encantaba estar con ellos. Pero desde que regresé a mi antigua manera de ser, estos amigos también han desaparecido de mi vida.

Pero un amigo en particular estuvo a mi lado durante esta época difícil. El aborrecía lo que yo estaba haciendo, pero no había duda de que me amaba y era mi amigo. El estaba en contra de que bebiera alcohol y de mis otras actividades, pero sentía amor por Ben Patterson. Cuando mi comportamiento provocó que me despidieran del trabajo, él hizo todo lo posible para encontrarme uno nuevo, y también se aseguró de que yo no sufriera económicamente. El apoyo que me dio fue probablemente lo que más ayudó en mi recuperación de la depresión.

Mi segundo encuentro grave con la depresión ocurrió alrededor de dos años antes de estar escribiendo esto. Yo tenía lo que se conoce como una «hernia de disco», lo cual apretaba el nervio ciático en mi espalda y me causaba un dolor enorme. El médico había ordenado un total de tres semanas de reposo en la cama, que terminó siendo descanso absoluto en el piso, pues la cama no era lo suficientemente firme. Permanecí en el piso por tres semanas, y después tomó otras tres semanas antes que pudiera regresar al trabajo.

Las noches eran las más difícil. Me dormía, pero me despertaba repetidas veces durante la noche. Hay algo que uno aprende allí, tirado en el piso frío, en la oscuridad y el dolor. Me pude dar cuenta de cómo las personas en el dolor pueden caer fácilmente en una dependencia abusiva de las drogas. Lo único que me separaba del alivio era un frasco de medicinas. Muchas veces tomaba la última pastilla para el dolor antes de acostarme a dormir, sabiendo que la próxima me tocaba recién a las 4:00 a.m., y recuerdo que muchas veces permanecía despierto, vigilando el reloj hasta que llegara la hora en que podía tomar la próxima dosis de medicina.

También había perdido el control de mis emociones. En diferentes ocasiones, los amigos me llamaban por teléfono para ver cómo estaba, y aunque no me sentía «emocional», en el momento en que yo ponía el teléfono a mi oído, me quebrantaba y empezaba a llorar, al punto de tener que regresarle el teléfono a mi esposa. No podía mantener la compostura; era verdaderamente un manojo de nervios.

Varios aspectos de esta enfermedad contribuyeron a mi depresión. Había usado la actividad física para contrarrestar mi depresión previa. Podía hacer ejercicios o participar en juegos deportivos. Podía salir y hacer cosas. Pero esta vez no me podía mover. Estaba apresado en mi cuarto y esto era terrible. El hecho brutal de estar inmóvil –para una persona que siempre valorizó su fortaleza física y su habilidad atlética– era verdaderamente deprimente. Hasta este entonces no me había dado cuenta de cuánto de mi identidad varonil dependía de mis proezas físicas.

Por encima de todos estos problemas estaban mis sentimientos de culpa al ver cuán duramente tenía que trabajar mi esposa para cuidarme. Teníamos dos niños, uno de tres años y medio, y el otro de un año de edad. Los dos muchachos eran curiosos e intranquilos y el más pequeño necesitaba que se lo alzara y se lo ayudara en sus necesidades de niño pequeño. No sólo que me encontraba incapacitado para ayudar a mi esposa con estos quehaceres, sino que yo mismo era una carga adicional. Me dolía terriblemente ver cuánto estaba dando ella de sí misma, mientras que yo no podía ofrecer nada.

Probablemente la clave de mi depresión fue la inmovilidad, causada por el problema con mi espalda. Eso me puso en contacto con mi propia mortalidad. Esta fue mi primera experiencia real con lo que es muerte. Mi padre había muerto previamente, pero eso no me había afectado tanto como lo estaba haciendo el deterioro de mi propio cuerpo. Esto me enfrentó cara a cara con el hecho de que el control de las cosas esenciales de esta vida –aun la vida misma– no estaba en mis manos.

Durante esta época, el consejo que más me ayudó vino del mismo amigo que me había apoyado durante mi depresión previa. El había sufrido también con una espalda accidentada y pudo ministrarme de una manera en la que ninguna otra persona podía hacerlo. Muchos visitantes venían y me dejaban extenuado. Este hombre, sin embargo, podía estar conmigo tres o cuatro horas, y cuando se iba, yo sentía como si me hubieran dado vida nueva.

Lo que él hizo fue suavemente tocar todos mis miedos –miedo de quedarme tullido por el resto de mi vida, miedo de ser una carga intolerable para mi familia por largos años, etcétera. El me ayudó a lidiar con el miedo de admitir la responsabilidad parcial por mi condición. Porque él había pasado ya por esto, suavemente podía tocar todas las áreas doloridas de mi situación. Al traerlas a la luz, el proveyó sanidad.

Muchas otros tuvieron parte en el alivio de mi depresión. No puedo ni empezar a calcular el valor de las personas que nos ayudaron con necesidades básicas. Limpiaban la casa, nos traían comidas, vigilaban a los niños mientras mi esposa salía a despejar un poco su mente o a la peluquería –o cosas por el estilo.

Debo relatar un evento específico que sucedió. Una mañana cuando desperté, no podía levantarme ni moverme, y empecé a llorar de tal manera que no podía contenerme. Mi esposa se sentó en el piso donde estaba y me ofrecía consuelo. Mientras que esto sucedía, algunos amigos golpearon a la puerta de atrás de la casa. Como nosotros no oímos el toque, ellos se fueron, pero dejaron una caja grande llena de rosquillas fritas con una nota adjunta.

Cuando hubo concluido mi ataque de llanto, mi esposa salió a recoger el periódico y afuera encontró las rosquillas.

Tal vez parezca una locura, pero fue casi tan bueno para mí como aquella conversación con el amigo que mencioné anteriormente. Mi mundo estaba limitado a mi recámara, pero aquí había evidencia de que algo estaba sucediendo afuera. Aun en medio de mis lágrimas, alguien allá afuera estaba pensando en mí y había dejado algo para mí. Este hecho, aunque simple, me sirvió como medicina poderosa.

Así que mientras que mi consejero/amigo se sentaba a mi lado y llegaba a mi corazón como la superestrella de mi recuperación, dramáticamente hablando, yo tenía un grupo de gente hermosa que apoyaban esta obra de una manera práctica. Estas dos cosas fueron igualmente importantes al atravesar por la depresión y mi recuperación.

El hecho de que soy una persona de propósitos, causaba, a intervalos, intensificación y también alivio de la depresión. Por una parte, estaba frustrado y deprimido por no poder desempeñar muchos de mis planes. Por otro lado, aun así empecé a estructurar mi tiempo. Me embarqué en un programa gigantesco de lectura, y cuando no podía desempeñar este plan por causa de mi posición en el piso, diseñé un plan para familiarizarme con música clásica (lo cual fue una bella experiencia). Siempre trataba de hacer algo, de ir a algún lugar, aunque no podía ir a ningún lado. Pensar en estas cosas aliviaba mi depresión, aunque mi concentración a veces no me acompañaba.

Me di cuenta de que Dios estaba más interesado en lo que El me podía enseñar a través de mi depresión, y no tanto en cómo sería aliviada mi depresión. Así como aprendí muchas lecciones espirituales de mi depresión, no puedo señalar el momento específico de mi recuperación espiritual. Aprendí acerca de Dios y acerca de mí mismo. Dios verdaderamente obró en mi orgullo. El me aclaró que soy sólo una criatura. No soy Dios, y no voy a durar para siempre.

Aprendí a asirme de Dios. Sentí gran necesidad de El, aunque en mi enfermedad me tomó mucho tiempo llegar al punto de relajarme y permitir que El me ministrara y me enseñara.

Además de mi relación personal con Dios, lo más significativo fue lo que aprendí en oración. A través de esta experiencia el Señor me bendecía con largos períodos de comunión con Él y me dirigía a la oración intercesora. Antes me había sido difícil orar por otros o por cosas, debido a que deseaba salir y actuar. El Señor empezó por enseñarme que cuando oraba, estaba actuando. Esto me dio un tremendo sentido de propósito: estaba haciendo cosas. En una de mis conversaciones con el Señor le conté la pena que sentía porque cuando estaba sano no disponía de tanto tiempo para estar con Él. Él me dijo: «Tú tienes tanto tiempo cuando estás sano como cuando estás enfermo. Son las mismas veinticuatro horas de todos los días». Hoy soy un hombre diferente en lo que se refiere a la oración.

Un problema con el cual no tuve que lidiar fue la preocupación de cómo Dios estaba involucrado en todo esto. Yo había estudiado extensamente sobre el problema de la maldad, y eso fue una tremenda preparación para mi experiencia con el sufrimiento y la depresión. Nunca me pregunté si Dios me estaba castigando o algo similar. No decía: «¿Por qué yo?» En realidad, mi sentimiento era: «¿Por qué no yo?»; soy un candidato para el sufrimiento como cualquier otro.

Pero otros sí se hacían estas preguntas, y me encontraba en la posición de tener que explicarles mi enfermedad. Esto era difícil, pues no sólo estaba mi ánimo caído, sino que debía explicarle a mi grey, como su pastor, por qué me sentía desanimado. Estaba dispuesto a aceptar que la mano de Dios estuviera en medio de mi enfermedad, y dispuesto a compartir las lecciones que había aprendido.

Más allá de esto, tratar de encontrar la mano de Dios en mi experiencia con algún sentido ulterior era como un callejón sin salida. Mi primer sermón cuando regresé a predicar tuvo por título «Ya que preguntas...» en respuesta a todas las preguntas que había recibido. En mi sermón señalaba que no tenía ningún valor para nadie el saber por qué uno se enferma o se deprime, a no ser que esto revele algo en sus acciones o estilo de vida que haya contribuido a la enfermedad. El tratar de encontrar la razón con un sentido cósmico no te lleva a ningún lado.

Al considerar nuevamente mis experiencias con la depresión, veo que he aprendido algunas lecciones que me ayudarán a lidiar más efectivamente con la depresión cuando venga, si es que viene de nuevo. Estaría dispuesto a dejar que la depresión venga. No trataría de luchar contra ella, ignorarla o huir. Mi depresión empeoró cuando luché contra ella. Creo que muchos de los problemas emocionales que he tenido se han intensificado porque temía que si los reconocía y dejaba que vinieran, me devorarían. Cuando finalmente estuve dispuesto a aceptar la depresión como parte de la vida, esto ciertamente me ayudó a vencerla.

También me apuraría a pedir ayuda. Me asiría de Dios y mantendría abierta la comunicación entre nosotros. Le pediría ayuda a mi iglesia y a mis amistades en cosas prácticas –limpieza de la casa, vigilancia de los niños, comidas. No dejaría que el orgullo nos metiera en un hoyo. En pocas palabras, lucharía por tener un punto de referencia más allá de mí mismo. Mientras que conversamos a menudo sobre las tendencias centrífugas en las vidas de las personas, tendencias que las dividen, lo opuesto también es igualmente negativo –la tendencia de guardarse todo adentro. Esto es depresión con una D mayúscula. Haya sido la fuerza principal de la oración, la acción bondadosa de los amigos o una sinfonía de Beethoven, todos estos puntos de referencia externos fueron críticos en la modificación las tendencias centrífugas de mi depresión. Trataría ardientemente de desarrollarlas y mantenerlas en caso de cualquier ataque futuro.

La depresión es, por definición, un alejamiento del crecimiento. Para muchos es mucho más que esto –es una experiencia devastadora que puede marcar sus vidas con inseguridad y temor. Doy gracias a Dios que El ha usado mis depresiones para llevarme en la dirección del crecimiento.